Findlinge

Dear
lieben _E..._

[signature]

11. 2. 2016

Inge Glaser

Findlinge

Prosa

Gedruckt mit Förderung der Kulturabteilung
des Landes Salzburg

Kultur
Land Salzburg

und der Stadt Salzburg

sowie der Kulturabteilung der Stadt Wien,
Literatur

Bibliografische Information der Deutschen Nationalbibliothek
Die Deutsche Nationalbibliothek verzeichnet diese Publikation in der
Deutschen Nationalbibliografie; detaillierte bibliografische Daten sind
im Internet über http://dnb.d-nb.de abrufbar.

ISBN 978-3-7069-0720-0

© Praesens Verlag
http://www.praesens.at
Wien 2012

Inhaltsverzeichnis

Die Laufkatze

Der siebte von links, von rechts der dreiundfünfzigste – sein Spind! Alles noch im Kopf! Auch die Hitze, die aus dem Schmelzofen kam, wenn er platzte und den glühenden Metallbrei ausspie. Albträume sind lebenslänglich. Obwohl – man müsste diesem rolligen Ding, das auf Schienen läuft, nur den Hals umdrehen, dann wäre Schluss. Nein, auch dann nicht. Katzen sind zäh, nicht nur lebendige ... Tanner schippert träumend die Grachten entlang – zur Linken und Rechten bunte Spinde! Er denkt nur in Spinden, auch wenn es Häuser sind.

He, aufmachen! Mit einem Satz ist der Mann an der Tür. Verschlafen? Thanner ist wieder einmal von Sinnen. Hinein in Hemd und Hose. Die Schranktüren stehen offen. Aus dem Inneren glotzt ihm Leere entgegen. Womit sollte er ihn füllen? Weiß Gott, wie er zu diesem Prachtexemplar von einem Kasten gekommen war. Wenn Antworten lange genug ausbleiben, weiß man die Fragen nicht mehr dazu. Du hattest Besuch? Sandor kann nerven. Wir tranken aus der Flasche – wie damals, sieht man das nicht?, Thanner angelt nach seinen Schuhen. Wer ist wir? Keine Antwort. Sie fluchten auch wie damals, aber das sagt er nicht, auch nichts von der Frage, die wieder stumm zwischen ihnen stand. Die Birne soll wieder spucken, sagt er dann doch ganz beiläufig, und aha!, der andere. Einen schönen Spind hast du da, sagte der Besucher von gestern Abend und deutete auf den Schrank, ehe er ging, und das hätte er nicht sagen sollen. Der Mann an der Tür drängt zum Aufbruch. Ihr habt euch gestritten?, fragt er noch im Gehen. Streiten? Mit Hans, dem Freund? Obwohl – Freund? Thanner schweigt und schultert das Zeitungsbündel, das Sandor gebracht hat. Im Stiegenhaus begegnen sie dem Blinden, er wohnt einen Stock tiefer. Durch ihn hatte er Sandor kennen gelernt.

Unten auf der Straße quietscht die Elektrische. Autofahrer halten an, kaufen Zeitungen, das bringt Geld, etwas davon bleibt. Ein langer Morgen. Wieder zurück zum Ziegelbau am Bahndamm in der Eichenstraße. Er hätte doch den Hausbesorgerposten annehmen sollen. Jetzt aber gibt es diesen nicht mehr. Auch keine Eichen weit und breit. Er wohnt auf 12. Und Katzen sind auch um die Wege – er hat genug von ihnen ...

Mit Handschellen wird man ihn nicht mehr abführen. Ihn nicht!

Er hat seine Papiere wieder! Sie werden sie ihm nicht wieder klauen, und er wird auch nicht mehr das Weite suchen. Flüchtende sind immer verdächtig, das wäre zu bedenken. Man holt sie ein, führt sie vor und dann ab. Er aber war nicht der Gesuchte, vorerst nicht. Dort, auf dem Wasser, in Frederiks Hausboot, hatte er wenigstens gewohnt, bevor er festgenommen wurde. Jetzt haust er – zwischen Bahnlärm und Motorgeräuschen. Die Fenster zittern leise, wenn Züge vorbei donnern. Wenn er aus dem Haustor tritt, schlagen ihm Abgase entgegen. Dennoch öffnet er das straßenseitige Fenster und betrachtet den Verkehr. Auf dem Hausboot in einer der vielen Grachten, sah er den Schiffen zu. Weniger Gestank, mehr Ruhe. Dann das bittere Ende ...

Nachdem man ihm den Bart rasiert und die Haare gestutzt hatte, staunten die Vernehmenden. Ein ganz anderer Fisch war ihnen da ins Netz gegangen. Unschuldig vorerst, hatte er sich nach vielen Zugstunden in Richtung Heimat dann doch zu verantworten. Aber wofür? Das tut nichts mehr zur Sache. Der Weg zurück, dachte er damals, während die Räder auf die Schienen schlugen. Ein langer Weg! Bald war er dort, wo man ihn haben wollte, aber er leugnete hartnäckig. Gefängnis, Gitterstäbe, Rundgänge, Vernehmungen. Gute Worte, schlechte Worte. Flucht macht verdächtig, wie schon gesagt. Der Schuss? Ich habe nicht geschossen! Aber in ihrem Spind fand sich ...! Fand sich was? Geben Sie es doch zu! Nichts gab er zu. Zeugen? Es gab keine Zeugen. Er allein hielt sich damals in der riesigen Halle auf, und es war Mittagspause. Manchmal kam da Eva in die Kantine, die Freundin eines Kumpels, genauer gesagt, seines Freundes. Sie hatte die Geschmeidigkeit einer Katze und kalte Augen, doch daran mochte er jetzt nicht denken! Thanner sagte nichts von Eva. Aber mit ihr hatte alles zu tun, da war er sich sicher. Sie ließ nicht ab von ihm. Thanners Aufmerksamkeit jedoch galt einer anderen Katze, einer, die auf Rollen von recht nach links und dann wieder von links nach rechts lief. Bei dem Lärm jedoch konnte ihn dieses blutleere Vieh kaum verstehen. Schade, denn es wusste alles von ihm. Zwischen: Gib Gas, du faules Stück, und: Feierabend, meine Teuerste!, vertraute er dem stählernen Tier so manches an. Seiner Bitte, ihm endlich Eva vom Leib zu halten, entsprach es nicht. Wie denn auch! Mit der Birne redete er kaum. Sie ging immer schwanger. Ihre Geburten nahmen ihn mit. Diese Hitze war oft unerträglich.

Sie ließ ihn wohl nie wieder los, kroch auch durch dicke Mauern und zündete ihn immer wieder an, dass er brannte. Auch einer anderen, die aus seinem Inneren kam, wenn Eva sich ihm näherte, war er ausgeliefert – damals! Alles das und der Gedanke an eine düstere Zukunft beschäftigte ihn, als er nun am Zellenfenster stand und nach draußen stierte. Seine Habe aus der Bude unweit der Fabrik, die er mit Hans teilte, befand sich noch immer an Ort und Stelle, auch die Hölzer. Und sie waren das Wertvollste, was er besaß. Er suchte in den Wäldern danach. Der Verkauf brachte Geld ein. Geigenbauer rissen sich um diese Kostbarkeiten, und bald schon lernte er ein besonderes Handwerk kennen. Wenn es die Zeit und die Meister erlaubten, versuchte er sich darin. Mit einfachen Arbeiten anfangs, aber er wäre geschickt, ließ man ihn wissen, als er sich mit Zargen und Schnecken abmühte. Da waren auch noch die Stege, die den Saiten Halt gaben. Schon als Kind wusste er, wenn ein Baum sang. Er wurde nicht ernst genommen. Als er sich selbst ernst nahm, konnte er wenigstens ganz leidlich geigen und nebenbei seinen Holzgeschäften nachgehen. Und er sparte. Schließlich wollte er studieren. Nicht immer aber fand sich der richtige Baum, so kam er zur Birne, das war ein noch besseres Geschäft und vor allem ein sicheres. Hans, der Studienfreund, heuerte ihn an. Mit Schwielen an den Händen hörte sich das Saitenspiel auf, aber er hatte den Kopf frei für die Zukunft. Nun aber kommt er nicht mehr zur Ruhe. Tags nicht und schon gar nicht nachts. Er hätte auf Frederik hören sollen. Stelle dich, du hast doch nichts zu befürchten, redete er oft und oft auf ihn ein. Ob er ihn verraten hatte? Frederik? Niemals! Wer aber dann? Die Männer auf dem Hausboot nebenan? Hin und wieder luden sie ihn ein, sie spielten Karten zusammen, tranken auch. Zuweilen kam Weiblichkeit an Bord. Thanner nahm sie kaum wahr, es war alles noch so fremd hier, und er nahm Frederiks Warnungen ernst, zweibeinigen Katzen nicht zu trauen ...

Manchmal dachte er an seinen Vater, den es vielleicht irgendwo in der Welt noch gab. Er soll dem Wahnsinn verfallen sein, nicht zurecht gekommen sein damit, dass er auf Menschen geschossen hatte im Krieg. Als die Zieheltern mit dem Auto verunglückten, überlebte nur Thanner, und dieser Mann glaubte, seine Zukunft auch ohne sie zu meistern. Dann aber kreuzte eine Katze seinen Weg ... An den Kanälen und der rauen See versuchte er zu vergessen, alles hinter sich zu lassen. Für Frederik, dem er in die Quere kam und dabei glücklicherweise in die Hände fiel, übernahm er den Fischfang, wenn dieser zu viel über den Durst getrunken hatte. Wenn Thanner rührselige Seemannslieder geigte, flossen die Münzen reichlich. Weiß Gott, woher der Fischer dieses Instrument hatte. Thanner entdeckte es auf dessen Kahn in einer der vielen Grachten, wo er sich später häuslich einrichten durfte. Frederik hielt es nie lange in der Stadt. Er musste hinaus aufs Meer, das war seine Welt. Als er wieder einmal nach seinem Schützling sehen wollte, war Thanner verschwunden.

Alles, dem er damals entflohen zu sein glaubte, holte Thanner wieder ein, als man ihn aufgriff, zurückschickte, einsperrte und vor den Richter brachte. Und da waren sie nun – die Ankläger und ihre Fragen, die er bald schon auswendig kannte, und da war auch Anteilnahme. Mangels an Beweisen wurden die Akten geschlossen. Eine Katze musste ihr Leben lassen, aber sie war nicht aus Fleisch und Blut. Trotzdem! Warum floh er? Ferngesteuert trieb ihn ein Flammeninferno irgendwohin. In einem Gebüsch fand er sich wieder. Er röchelte, rang nach Luft, aber niemand hörte ihn. Vielleicht hatte er auch alles nur geträumt? Sein Leben hing an einem dünnen Faden, und er wusste es nicht, wusste auch nicht, wie er in das leere Bahnabteil gelangt war. Als sich der Zug in Bewegung setzte, gab es kein Zurück mehr – zu schwach, um auszusteigen, gerade noch so viel Kraft, um sich zu verbergen, wartete er auf ein Ende. Irgendwann war Endstation. Wie er vom Bahnhof zum Hafen gelangte? Er wusste keine Antwort darauf ...

Beim Lokalaugenschein gab es ein Wiedersehen mit den Spinden und mitleidiges Schulterklopfen der Kameraden. Alle dort hatten die Verhöre schon lange hinter sich – von der Unternehmensleitung angefangen. Auch sein Freund Hans, der »Weberknecht«, wegen seiner langen Beine und den dünnen Armen so genannt, stand in Verdacht, der sich aber als haltlos erwies. Nach Thanners Verschwinden hatte er die gemeinsame Bude für sich alleine. Auch nach seinem Auftauchen. Thanner dachte nicht an eine Rückkehr. In seinem Spind – fremdes Gewand! Er braucht ihn nicht mehr, sagte er sich. Es wurde Bier gereicht. Die neue Laufkatze grinste ihn an, eine Birne spuckte wie die andere zuvor auch, erbrach, gebar – wie immer man das sehen mag. Ihm war, als müsste er sich in ihren Schlund stürzen. Er schaffte es nicht, und es fand sich niemand, der ihn hineinbeförderte. Los, werft mich hinein, wollte er schon rufen. Aber er hörte sich nichts sagen. Keinen Ton. Seine Blicke suchten nach der Katze, sie lief auf und ab. Alles wie sonst, dachte er, aber er sprach nicht mit ihr. Die Versicherung dürfte für allen Schaden aufgekommen zu sein. Alles wie neu und doch alles wie immer. Ob er hier wieder arbeiten möchte, hörte er jemanden fragen. Arbeiten? Gewiss! Aber nicht hier! Oder doch? Er dachte an seine schwieligen Hände. Nach der Flucht verschwanden sie. Es lebte sich nicht so schlecht zwischen Bahndamm und Straße. Es ist laut dort, das überdeckt vieles. Die Arbeit an der Birne verschaffte ihm die Mittel, die er benötigte, um weiter zu kommen, aber das, was dann geschah, brachte ihn um alles.

In schlaflosen Nächten versuchte er dahinter zu kommen, warum er davonlief. Zuweilen kamen Bruchteile von Erinnerungen wieder zum Vorschein. Ein Ganzes wurde nie daraus. Es wurde auf die Katze geschossen, dann ging das Licht aus, und eine Feuerhölle brach los. Nur fort, dachte er und rannte wie besessen nach draußen. Rannte oder träumte er? Dann wurde es schwarz vor seinen Augen. Von Ferne noch hörte er die Folgetonhörner, später dann Hundegebell. Warum nur fanden sie ihn nicht? Wie kam er in den Zug? Er wusste nichts darüber, und niemand glaubte ihm das. Verständlich! Keine Papiere, keine Antworten, nichts! Hätte Frederik ihn nicht zu seinem Kutter geschleppt, was wäre wohl aus ihm geworden? Als er inmitten von Fischen und Netzen erwachte, mühte sich der Seemann ab, den Fang einzubringen. Thanner war noch zu schwach, ihm an die Hand zu gehen. Später ankerte er in ruhigeren Gewässern – auf Frederiks Hausboot, seiner Zweitwohnung, wie er es nannte! An Deck standen Konservenbüchsen mit Pflanzen aller Art. Thanner sorgte für deren Wohlergehen. Auch Katzen trieben sich dort herum. Nirgends hatte man Ruhe vor ihnen, dachte er bitter. Zuweilen schlenderte er durch die Straßen und Gassen. Mädchen drehten sich um nach ihm, aber er sich nicht nach ihnen. Die Bartstoppeln passten nicht so ganz in sein fein geschnittenes Gesicht. Doch sein Spiegelbild kümmerte ihn nicht. Du siehst verdammt gut aus! Weißt du das?, forschte Frederik, als er einmal mit ihm durch die Stadt spazierte. Fahrräder, wohin man schaute. Und alle fest in Ketten! Bald verstand Thanner sich darauf, Netze auszubessern. Irgendetwas musste er tun. Wenn Frederik kam, brachte er diese Arbeit für ihn mit und auch etwas zu essen. Bald aber ähnelte er jemandem, für dessen Ergreifung eine Belohnung ausgesetzt war. Müßig sich zu wundern, warum Thanner abgeführt wurde.

Am Haken an der Tür hing der abgetragene Rock, auf einem Schemel daneben lag die Hose, darunter standen die Schuhe. So hatte einiges wieder seine Ordnung. Nun wohnte er nicht mehr zu Wasser, sondern an Land. Auch gut! Man verschaffte ihm dieses Loch von einer Bleibe – weit weg von der Fabrik. Das war ganz in seinem Sinne. Die Kochnische beherbergte nicht viel an Gerät: zwei Teller, einen Topf, Löffel, einige Gabeln, ein Messer, einen Kochlöffel und eine Schüssel. Auf einem Tisch stand eine Vase ohne Blumen. Wenn er irgendwo welche pflückte – meistens Kuckucksnelken, Margariten oder Gänseblümchen, verschenkte er sie an den Blinden im Haus, der dankbar daran roch, sie glückselig betastete und meinte: Die besten Dinge im Leben sind nicht die, die man für Geld bekommt. Thanner suchte dann aber immer das Weite, um nicht die Weisheiten dieses Mannes, dem es gefiel, Einstein genannt zu werden, hören zu müssen. In diesem alten Ziegelbau hätte er wieder aufblühen können.

Hätte – wäre da nicht eines Tages Sandor mit einer Geige erschienen. Nicht mit seiner eigenen oder irgendeiner! Was für ein Instrument!, konnte Thanner nur staunen. Spiele sie! Thanner ließ sich nicht lange bitten und geigte wie von Sinnen. Der Schweiß stand ihm auf der Stirn. Das Läuten war nicht mehr zu hören. Erst als Hausbewohner an die Tür trommelten, brach er das Spiel ab. Er öffnete ihnen nicht. Was sagst du?, fragte Sandor lauernd. Gutes Stück, meinte Thanner, woher hast du sie? Frag nicht!, meinte Sandor, den er für seinen Freund hielt. Thanner ließ sich überreden, das Instrument für einige Tage aufzubewahren, wie es Sandor wünschte. Ansonsten war nichts aus ihm über die Herkunft dieser Geige herauszubringen. Und wieder nahm ein Verhängnis seinen Lauf und brachte ihn hinter Gitter, und wieder drehte sich alles um ihn herum im Kreis.

Vorerst aber deutete nichts darauf hin, dass es wieder Ärger geben sollte. Sandor, der Gelegenheitsarbeiter, ließ keine Dienste aus, zu Geld zu kommen. Was er damit tat, blieb lange ein Rätsel. Auch Thanner, der ehemalige Werkstudent, kam nie so recht dahinter, und es kümmerte ihn kaum. Zu Tagesbeginn verteilten sie gemeinsam die

Morgenblätter an motorisierte Mitbürger. Bei Rot stürzten sie sich zwischen die Autoreihen und reichten die Zeitungen durch die herunter gekurbelten Fenster. Lebensgefahr? Nur, wenn man bei Grün nicht rechtzeitig zur Seite sprang. Sandor war einen Kopf kleiner als Thanner und leichter zu übersehen. Doch er war flink und wendig. Thanner hingegen wirkte oft abwesend, zählte meist das Wechselgeld nicht nach. Mit den Trinkgeldeinnahmen war er zufrieden.

Ortswechsel – später dann. Sandor ließ nahe einer Bedürfnisanstalt auf seiner »Brettlgeige« Wiener Lieder auf die Passanten los, während Thanner versuchte, druckfrische Abendausgaben an den Mann zu bringen. Er klapperte Lokale ab, roch Rauch, fing Blicke von jungen Damen auf. Karten wurden ihm zugesteckt. Thanner aber wirkte wie immer abwesend.

Später dann fand er sich bei Sandor ein. Pause. Essen. Heute kein Bier?, maulte der Musikant. Auch die Klofrau, die da ihre Dienste tat, gesellte sich zu ihnen. Sie hörte dem Spielmann zu, bis sie ihn dann des Abends so weit hatte – oder er sie ...

Als sich Thanner erstmals ganz zufällig an diesen dunklen Ort verirrte, erweckte er offensichtlich ihr Interesse. Sie war aber nicht sein Typ. Ihr Blick irritierte ihn. Vor allem aber ihre Stimme. Er dachte an Frederik, der ihn einen Stockfisch nannte. Wie du aussiehst, könntest du jedes Weib haben, sagte er. Doch Thanner besah sich kaum im Spiegel. Ehe er das Weite suchen konnte, entdeckte er plötzlich den Blinden von Nr. 12, der dort um Almosen bettelte. Seine Weisheiten, die er zwischen seine Bitten um eine milde Gabe streute, widerten ihn an – mehr noch das Gefiedel eines Mannes, der neben ihm stand. Thanner war der einzige Zuhörer damals, obwohl ihn störte, was dieser da zum Besten gab. Ob er nicht vielleicht auch etwas anderes spielen könnte, fragte er ihn. Vor allem aber machte er ihn darauf aufmerksam, dass seine Geige verstimmt wäre. Das ließ Sandor nicht auf sich sitzen. Auch die Klofrau gab dazu ihre Kommentare ab, bevor sie Thanner gefährlich nahe kam. Der Blinde hatte ihn vermutlich an seiner Stimme erkannt und stellte ihn dem Geiger als seinen Nachbarn vor. Deine Freunde sind auch meine, rief dieser begeistert und stieß mit Bier auf ihn an. Nachbar, ich bin ein Nachbar!, verbesserte Thanner, doch das schien Sandor zu überhören. Du suchst Arbeit?, fragte er ihn. Sieht man das?, murmelte Thanner und wandte sich zum Gehen. Der Geiger hielt ihn zurück.

Du willst hier spielen?, fragte er ihn dann. Hier?, Thanner schüttelte den Kopf. Zu dritt? Hier betteln?, mischte sich der Blinde ein. Thanner hatte nun endgültig genug von diesen beiden und verließ die dunkle Straßenunterführung, wo es stank und hallte.

Schon bald darauf bekam er vom Geiger Besuch. Er hatte einen Pack Zeitungen dabei, die Thanner mit ihm unter die Leute bringen sollte. Ich bin Sandor, stellte er sich vor. Ich weiß, sagte Thanner müde. Nun ging dieser Mann nicht nur bei dem Blinden, sondern bald auch bei Thanner ein und aus. Zuweilen schlief er, der ansonsten unter Brücken und auf Parkbänken nächtigte, auf Nr. 12. Meistens aber hielt er sich bei dem Blinden auf, der sich für einen Philosophen hielt, um zu Papier zu bringen, was dieser an Weisheiten von sich gab. Für jeden Tag schien er einen Spruch zu haben. Viele davon verstand er nicht – eigentlich die meisten. Dass wir miteinander reden können, macht uns zu Menschen, das leuchtete Sandor ein – schließlich können Tiere und Blumen nicht sprechen. Warum sind Blindschleichen keine Menschen?, fragte er einmal Thanner und auch die Klofrau. Ihr seid wohl keine Philosophen!, stellte der Geiger fachkundig fest – sie wussten die richtige Antwort nicht, faselten etwas von Gliedmaßen, aufrechter Fortbewegung und wunderten sich über die Frage, ob sie denn schon einmal zwei Blindschleichen miteinander reden gehört hätten? Es wurde gelacht und von Papageien war dann noch die Rede. Sprechen sie miteinander? Der Blinde war nicht zugegen ...

So ging alles gut im neuen Leben von Thanner, bis Sandor eines Tages mit diesem wundervollen Instrument aufkreuzte und sich kurz darauf die Hand verstauchte. Nun übernahm Thanner das Kommando auf Sandors Geige und spielte neben der Klofrau sogar die langweiligen Lieder, um zu einigen Münzen zu kommen. Da trat der Blinde zu ihm und deklamierte in den Spielpausen seine Sprüche. Vorstellungskraft ist wichtiger als Wissen! Wer sagt das? Du? Einstein?, Thanner war gereizt. Der Blinde schien sich mit dieser Weisheit in der Gegenwart eines Studierten, wofür er diesen Thanner hielt, zu sonnen. Von den Vorübereilenden nahm niemand Notiz von den weisen Ergüssen. Auch Thanner hatte dieses Geschwätz satt und ließ ihn nicht mehr zu Wort kommen. Er hoffte vergeblich, die Klänge von St. Pauli würden ihn in die Flucht schlagen, aber er wurde diesen Mann nicht los. Ständig wurde er in Gespräche verwickelt, obwohl Thanner ihn unmissverständlich wissen ließ, dass er von alledem, was er da daherredete, nichts hielt. Das hätte er nicht tun sollen, der Blinde brach einen Streit vom Zaun, der die Spendierfreudigkeit der Passanten zu beeinträchtigen drohte. Thanner wollte nicht mit leeren Taschen vor Sandor dastehen, so ließ er den Blinden gewähren und spielte lustlos weiter. Obwohl – irgendwas war an dem Spruch schon dran, sinnierte Thanner, und stellte sich vor, er geigte in einem großen Konzertsaal statt in dieser finsteren Straßenunterführung. Doch der Applaus ließ zu wünschen übrig. Schließlich kam ihm die herrliche Geige in den Sinn, die ihm zugefallen war und nutzlos zu Hause lag. Warum spielte er nicht darauf? Ob sie nun im Schrank lag oder hier erklang? Nein, hier war wirklich nicht der passende Ort, mit einem so edlen Stück zu musizieren. Überdies hätte er sich vorher mit Sandor absprechen müssen. Besser wäre es wohl gewesen, Sandor ins Gebet zu nehmen, um heraus zu finden, was es mit dieser Geige auf sich hatte. Weiß Gott, von wem dieser Zigeuner sie erstanden hatte und für wen sie bestimmt war. Von Geheimnistuereien hielt Thanner wenig, doch einzig und allein lag dieses herrliche Instrument da in dem prächtigen Schrank. Nur für diese Geige allein schien dieser gezimmert worden zu sein.

Bald danach ging alles sehr schnell. Sandors Hand war wieder brauchbar, die Saiten zu streichen. Er spielte wieder dieses schreckliche Zeug vom alten Nussbaum, der irgendwo herumstehen soll, und trank. Als Sandor ihm vorschlug, zu zweit zu spielen, nahm das Verhängnis seinen Lauf. Beide starrten sie wie gebannt in den leeren Schrank. Du Hund!, Sandor fasste Thanner an der Gurgel. Und der wusste wirklich nicht, wie ihm geschah. Wie viel haben sie dir gegeben? Wofür? Ha? Wer? Was?, stammelte Thanner und schüttelte verständnislos den Kopf. Sandor drehte alles in der Wohnung um, bis Thanner wütend einschritt. Wo hast du das Geld? Wo ist die Geige?, Sandor war außer sich. Auch Thanner! So merkte er nicht, wie die Tür plötzlich ins Schloss fiel und Sandor wütend davonstürzte. Machen Sie auf! Polizei! Thanner glaubte zu träumen. Das ging aber schnell! Sandor hatte ihn tatsächlich ans Messer geliefert. Auch die Wachebeamten fanden nicht, wonach schon Sandor gesucht hatte.

Dann kamen die Fragen, und Thanner hatte wieder nichts zu sagen. Er war sprachlos. Vielleicht war es ihm sogar recht, abgeführt zu werden. Vorerst ging es nur auf die Wachstube. Die Ermittlungen gingen schleppend voran. Man erinnerte sich wieder an das Geschehen von damals in der Fabrik, vor allem an den Sachschaden. Versicherungen geben nie Ruhe! Vor allem dann nicht, wenn viel Geld auf dem Spiel steht. Verständlich! Unerklärlich blieb, dass keine Personen damals bei dem Unglück zu Schaden gekommen waren. Unglück? Davon schien man nicht mehr auszugehen, und Thanner musste abermals in Untersuchungshaft! Plötzlich wurde an seiner Unschuld wieder gezweifelt. Wegen einer verschwundenen Geige? Lächerlich! Den Wert dieses Instruments, das als vermisst gemeldet worden war, wird er wohl nicht unterschätzt haben? Gewiss nicht, aber welche Rolle spielt das? Sie arbeiteten doch damals in der Fabrik, wo sich das Unglück zutrug? Ja, nur – was hatte er damit noch zu schaffen? Dann aber ging Thanner ein Licht auf, das ihn in die nächste Finsternis stürzen sollte. Er rang nach Luft ...

So kam er vorerst auf die Krankenstation. Da er nur schwieg, wurde ihm verschwiegen, warum. Eine Ärztin lächelte ihm aufmunternd zu, doch der mühsam verborgene besorgte Blick entging Thanner nicht. Schlimm?, fragte er fast belustigt. Sie lächelte, die Augen aber nahmen daran nicht teil. Oder warfen ihre langen Wimpern die Schatten? Mit einem Fingerzeig verschloss sie ihm den Mund, nicht aber sein Herz. Als sie ging, traten andere an sein Krankenbett. Kennen Sie diesen Mann? Man zeigte ihm ein Foto. Das Bild verschwamm vor Thanners Augen. Er fiel ins Wasser, wollte sich an den Spinden festhalten, aber die Türen klemmten. Du sollst Seemannslieder spielen, rief ihm Frederik zu. Frederik! Frederik ...! Die Beamten notierten alles, auch diesen Namen. Ärzte stürzten sich nun auf ihn. So viel Weiß auf einmal, dabei wurde ihm wieder schwarz. Das wird schon wieder, hörte Thanner von weit her jemanden sagen. Da war wieder eine Katze, die auf ihn lauerte, sich duckte, zum Sprung ansetzte ... Oder war es eine Birne? Eine kleine Birne, die nicht spuckte, sondern tropfte, als wäre sie undicht. Wo bin ich?, würde man glauben, müsste Tanner jetzt denken. Sein Kopf fiel aber nur schwer zur Seite, und das Atemgerät hatte alle Mühe, ihm zu geben, was er brauchte.

Zwei Tage blieben ihm die Luft und auch die Antworten weg. Hat man Sandor gefunden?, fragte er eine Schwester, die ihm zulächelte. Alsbald sank Thanner wiederum in einen tiefen Schlaf. Viel später war er dann wieder vernehmungsfähig. Auf einer Pritsche versuchte er Ordnung in die Vorkommnisse zu bringen. Er wird gefragt werden, woher er den Schrank hätte. Ja, das würde er gefragt werden und vieles mehr. Er wird schweigen, einfach zu allem schweigen. Ein weiser Entschluss, wird Thanner gedacht haben, denn er sprang auf und war wieder voll Leben. Nicht mit mir! Mit mir nicht mehr!, redete er sich ein. Aber schon der Gedanke, Sandor zu verraten, ließ ihn wieder kraftlos auf die Pritsche sinken. Sandor ein Gauner? Was wissen Sie über diesen Mann?, wollten die Herren wissen. Was hätte Thanner ihnen sagen sollen? Dass er Feuer im Blut hatte und ihn hin und wieder Tannenbäumchen nannte? Auf ungarisch, versteht sich ...

Wie fühlen Sie sich? Wie schon! Das Geschwätz der Wärter widerte Thanner an. Dann drehte er im Gefängnishof seine Runden. Was er verbrochen habe?, fragte man ihn. Was schon! Nichts! Niemand hatte hier etwas verbrochen. Mitleidiges Gelächter. Einer torkelte, statt gemessenen Schrittes zu gehen, wie es den Häftlingen aufgetragen worden war. Ein Aufseher nahm ihn zur Seite und ließ ihn auf einer Kiste rasten. Alkoholiker!, stellte jemand fest. Entzugserscheinungen!, ein anderer. Was er noch hörte, ließ Thanner aufhorchen. Die Buschtrommeln im Bau funktionierten. Eine Fabrikhalle in die Luft jagen, man traut es ihm nicht zu. Der greift doch zehnmal daneben. Wobei greift er daneben? Thanners Herz hüpfte vor Erregung, sein Atem ging wie eine Uhr, die viel nachzuholen hatte. Die Luft wurde knapp, er rang danach. Dann wieder die Ärztin. Fast zärtlich wischte sie ihm den kalten Schweiß von der Stirn. Simuliert er? Haben Sie öfter solche Anfälle? Diese Frage ging an ihm vorbei, nur der Klang dieser Worte ließ ihn aufhorchen. Er wollte sich erheben, fiel wieder zurück auf seine Pritsche, diesmal wurde er länger auf der Krankenstation festgehalten.

Ob die Ärztin ihn bald wieder entlassen würde? Sie ließ ihn nicht. Wenigstens zurückflirten könnte sie, überlegte Thanner und strich sich sein Haar zurecht. Rasiert war er auch nicht. Es muss wohl an ihm liegen. Sind Sie ledig? Was geht Sie das an? Nein, niemand hat etwas gesagt. Er nicht, sie nicht. Dann setzte sie sich zu ihm auf die Bettkante – nicht nur um den Puls zu fühlen. Sie hielt seine Hand, aber sie sah ihn nicht an. Beide wussten sie das Schweigen nicht zu brechen. Ehe sie ging, stellte sie ihm noch ein Glas Wasser auf das Tischchen nebenan. Thanner trank es in einem Zug leer. Was sagte Eva stets, wenn er ihr Begehren nicht erwiderte? Wenn man sich mit Bäumen einlässt, ist es kein Wunder, wenn man ein Holzklotz wird! Frederik dachte ähnlich von ihm. Wenn sie durch den Hafen schlenderten, konnte er sich für keine der Damen erwärmen, die ganz offensichtlich an ihm Gefallen fanden. Junge, du bist ein Stockfisch geworden, meinte er. Du musst wieder unter Leute, riet er ihm damals ... Bald wurde er wieder für haftfähig erklärt.

Den nächsten Gefängnisrundgang konnte er kaum erwarten. Der Mann vom letzten Mal, der zu schwanken begonnen hatte, war aber nicht dabei. Enttäuscht kehrte er in die Zelle zurück. Er wurde wieder vernommen. Wenn Sie versprechen, nicht wieder davon zu laufen, können Sie nach Hause, hörte er die Beamten sagen. Aber er wollte gar nicht weg. Doch ein Geständnis?, wurde er gefragt, als er sich nicht vom Fleck rührte. Ja, ja!, erwiderte er gedankenverloren. Nein, nein!, beeilte sich Thanner schließlich zu sagen. Also! Übrigens, das mit der Fabrik hat sich nun endgültig geklärt. Wir haben ein Geständnis. Da sind noch einige Entschädigungszahlungen für Sie fällig! Werden Sie wohl gebrauchen können!? Wo ist die Geige hingekommen?, hörte sich Thanner fragen, während es immerzu in seinem Kopf hämmerte: Wer hat gestanden! Wer? wer? wer? Die Beamten lächelten nachsichtig und zuckten die Achseln. Vermutlich der Mann vom Gefängnishof!, kam es Thanner in den Sinn, als er nach Hause ging und seine Tür aufschloss.

An den darauf folgenden Tagen bekam er einen Besuch nach dem anderen. Wie schnell sich nur alles herum sprach. Endlich war ein Täter gefunden! Thanner demnach nun ganz offiziell unschuldig. Ehemalige Kumpels gaben sich die Klinke in die Hand, auch der Werksleiter kam und auch Hans – nur Sandor nicht. Er wollte nicht an ihn denken. Und wieder mangels an Beweisen ... Mit mir nicht, hörte sich Thanner unentwegt sagen. Nicht mit mir! Von wem nur war die Geige? Wer hat sie aus dem Schrank genommen? War sie gestohlen? Wer besaß einen Schlüssel zu seiner Wohnung? Alles überprüft, meinten die Wachebeamten, keine Spur. Zum Kuckuck, wer hat mich denn angezeigt?, schrie Thanner alle an. Sie kennen doch diesen Mann nicht! Wieder zeigte man ihm ein Bild. Diesmal sah es sich Thanner genau an und glaubte, den Mann schon irgendwo gesehen zu haben. Er wäre gut beraten gewesen, hätte er den Mitbewohnern im Ziegelbau mehr Aufmerksamkeit geschenkt.

Eine Nachuntersuchung, die für den nächsten Tage anberaumt war, bescherte ihm wieder eine Begegnung mit der Ärztin. Finanziell sind Sie nun wohl bald abgesichert, meinte sie. War das alles, was diese Frau ihm zu sagen hatte? Sein Puls schnellte hoch. Die Ärztin maß nochmals. Dann nahm sie sich Zeit für ihn – viel Zeit. Zuletzt hatte alles wieder seine Ordnung, nicht nur der Puls. Sie kamen ins Gespräch. Ihr Tätigkeitsbereich ging über die Landesgrenzen hinaus. Der nächste Einsatz sollte in Afrika sein. Was redet sie da. Weiter weg geht es wohl nicht mehr, dachte Thanner, der Holzklotz, der Stockfisch, bitter. Seine Zärtlichkeiten behielt er für sich, freiwillig. Sie würde irgendwann zurückkommen, ihn dann mitnehmen. Vielleicht ... Das war wohl nicht ihr Ernst? Ihn, den Fabriksarbeiter, den Zeitungsverkäufer, der nichts gelernt, vor allem nichts dazu gelernt hatte! Sie waren Student?, fragte sie zuletzt. Thanner nickte. Wie sie ihn nur ansah! Dieser Blick ging ihm durch und durch. Auch ihr Aussehen – sie trug das Haar hochgesteckt, ihr bezaubernder Nacken entzückte ihn. Überglücklich zwinkerte er nun allem zu, was ihm unter die Augen kam – angefangen von der Nachttischlampe bis hin zur Flasche, die ihn gesund tropfte.

Wieder zu Hause im Ziegelbau. He, aufmachen! Mit einem Satz war Thanner an der Tür! Verschlafen? Thanner schlüpfte in Hemd und Hose und hatte doch schon längst beschlossen, mit dem Zeitungsverkauf an der Straße aufzuhören. Wo aber kam Sandor plötzlich her? Es war nicht Sandor, auch nicht die Polizei. Draußen stand – Frederik! Du? Zaghaft trat er ein. Er roch nach Hafen und Meer. Schönes Stück, strahlte er den Schrank an und klopfte mit seiner kalten Pfeife darauf. Steht dir zu, dieser Spind, sagte er, und die Fenster zitterten, da ein Zug vorüberbrauste. Ich mache es kurz – er ist von mir, sagte er. Frederik!, Thanner war außer sich. Später begleitete sein Besucher ihn sogar bis auf die Straße. Diesmal sollten die Zeitungen nichts kosten. Thanner war voll des Glücks, und das musste weiter geschenkt werden. Zwischen zwei Windstößen, die das bedruckte Papier durch die Luft wirbelten, erfuhr er, dass Frederik für den Schrank sein Hausboot verkauft hatte. Für wen hätte ich es behalten sollen?, meinte er. Und vorwurfsvoll: Du warst ja über alle Berge! Ach, Frederik, ich hätte mich bei dir melden sollen, antwortete Thanner zerknirscht. Wie aber hatte Frederik zu ihm gefunden? Merkwürdig – alsbald aber war er verschwunden ...

Thanner wälzte sich aus dem Bett, suchte nach seinen Kleidern, rieb sich den Schlaf aus den Augen. Frederik? Alles nur ein Traum, kein Albtraum wenigstens. Er beschloss, nach Frederik zu suchen, auch nach Sandor! Sandor, dieser verdammte Sandor, wo steckte er nur? Die Klofrau schwieg, als er sie befragte. Kaum zu glauben, dass sie nichts wusste. Auch aus dem Blinden war nichts heraus zu bekommen. Er war merkwürdig schweigsam geworden. Keine Sprüche. Vermutlich ging ihm Sandors Verschwinden nahe. Unweit von ihnen waren Sanitäter damit beschäftigt, eine Alkoholleiche abzuschleppen. Einer der Helfer musste sich übergeben. Verstärkung war gefragt. So fassen Sie doch an, herrschte einer der Männer Thanner an. Warum auch nicht? Vielleicht war es Sandor? Er war es nicht, dennoch packte er zu.

Kein Sandor, keine Zeitungen, kein Verdienst – blieb nur der Verkauf seiner wertvollen Hölzer, die er noch hatte. Hans sollte sie ihm bringen. Dann fragten die Sanitäter bei ihm an und – es hatte sich gelohnt, sich auf eine andere Arbeit einzulassen. Endlich tat er etwas, womit er zufrieden sein konnte, auch wenn er dabei kaum etwas verdiente und sich anfangs auch des Öfteren übergab. Aller Anfang ist schwer! Ihm musste man das nicht sagen! In den ersten Nächten begleiteten Folgetonhörner seinen Schlaf – wie damals auch. Nun war für die Suche nach Frederik und Sandor keine Zeit mehr, auch kein Platz, an sie zu denken. Ob die Ärztin noch an ihn dachte? Jetzt wäre sie wohl stolz auf ihn. Im Schrank hing nun sein Medizinmanngewand, wie er es zu nennen pflegte. Ob er Arzt werden wollte, fragte man ihn einmal. Eher Musiker, vielleicht auch Techniker ... Alles Studieren war so weit weg. Eine Entschädigung stand ihm erst zu, wenn der Prozess, der nun wieder aufgerollt werden sollte, abgeschlossen war. Leider wurde er oft vertagt. Der Täter, war zu erfahren, hätte gesundheitliche Probleme. Auch Thanner sollte nochmals aussagen. Ein allerallerletztes Mal!

Irgendwann war es dann doch so weit. Im Gerichtssaal war nicht viel los. Der arme alte Mann hatte einen Pflichtverteidiger und verwickelte sich stets in Widersprüche. Thanner konnte seinen Blick nicht von der armseligen Gestalt wenden. Schluss, Schluss – einmal muss doch Schluss sein, nichts anderes konnte Thanner denken. Da saß, in sich zusammen gesunken, der Mann vom Gefängnisrundgang, wahrscheinlich war er betrunken. Er wusste vermutlich gar nicht, wovon er redete. Der Anblick war für Thanner kaum zu ertragen. In seinem Kopf überstürzten sich die Gedanken – ob er am Bahndamm hauste oder in einer Gefängniszelle, es war doch alles einerlei. Sein Leben kam ihm plötzlich so sinnlos vor. Ich war es, nicht dieser Mann, hörte er sich mit lauter Stimme sagen, und es war, als hielten alle im Gerichtssaal den Atem an. Nur der Mann da vorne schien nichts davon mitbekommen zu haben, obwohl sich die Leute nach Thanner umdrehten. Auch Eva! Sie konnte das nur bestätigen. Eva? Wie kam sie zu dieser Ungeheuerlichkeit? Aber das Geständnis hatte sich schon in allen Köpfen festgesetzt. Es gab kein Zurück mehr.

Eva! Eva! Sie hatte der Katze das Gift verabreicht! War es nicht ein Schuss? So und nicht anders musste es gewesen sein, in Thanners Kopf überschlug sich wieder alles. Was war da in ihn gefahren? Gemurmel. Kumpels schüttelten den Kopf. Er fing ungläubige Blicke auf, nun auch einen des vermeintlichen Täters, als er nach vorne trat. Was er da nun alles zusammenlog, um diesen Mann zu entlasten, war wie in einem schlechten Film, der sich wie von selbst abspulte. So einfach war das. Thanner wunderte sich über sich selbst und glaubte, alsbald für immer seinen Frieden gefunden zu haben, und hoffte, dass die letzte Verhandlung nicht mehr zu lange auf sich warten lassen würde. Eva, dieses Biest, diese Schlange, nun hatte sie zugebissen. Ich wusste es, dachte Thanner, aber er hatte sich entschieden. Er träumte nicht mehr von Spinden, Katzen und Geigen. Er besuchte die Gefängnisbibliothek, so oft es ging.

Später bekam er Besuch. Eine Sozialhelferin stellte sich mit dem alten Mann ein, für den er die Schuld auf sich genommen hatte. Teilnahmslos saß dieser vor ihm. Bedanken wollte er sich und wiederkommen. Warum? Wofür? Eigentlich redete nur die Frau. Dann kam diese alleine zu ihm und seufzte ihm allerlei vor. Thanner, der Holzklotz und Stockfisch, sah nur auf die Uhr und bat dann die Aufseher, wieder gehen zu dürfen. Er war froh, diese rollige Katze, wie er dachte, los zu sein. Als wieder Damenbesuch angesagt war, weigerte er sich zu erscheinen. Mensch, Thanner, das können Sie doch nicht machen. Er wurde wieder in den Besuchsraum gebracht. Thanner sah gar nicht auf. Verschwinden Sie!, herrschte er die Frau an, die mit dem Rücken zu ihm auf einem Stuhl saß. Wie Sie wollen, hörte er eine Stimme sagen, die ihm nur zu bekannt vorkam und deren Tonfall es ihm schon einmal angetan hatte. Als er aufblickte, erhob sich die Ärztin und wandte sich zur Tür. Sie war in Zivil. Mit ihr hatte er wahrlich nicht gerechnet.

Zwei Tage stierte Thanner nur vor sich hin. Er wusste nur ihren Familiennamen und den Anfangsbuchstaben des Vornamens. Nun hatte er sie verloren. Doch sie kam wieder. Nur kurz! Auch zur Verhandlung würde sie erscheinen. Warum tun Sie das?, fragte er. Warum tun Sie das?, fragte sie zurück. Wieder blieb er die Antwort schuldig und wartete auf das Urteil. Danach würde alles anders, irgendwie, Thanner war überzeugt davon. Es wurde keines gefällt. Thanner verwickelte sich in Widersprüche sondergleichen. Lügen haben kurze Beine! Er dachte an die wunderschönen von Eva. Das Motiv? Immer wieder wurde er danach gefragt. Hatte Eva eines? Welches? Oder gar Hans? Was immer sich Thanner zurecht gelegt hatte, es fand nicht die Zustimmung der Richter. Und der Sprengstoff?, fragte Thanner triumphierend, wie kam der in meinen Spind. Sagten Sie nicht, sie hätten dort ... Dafür fand sich tatsächlich noch immer keine Erklärung.

Wieder gab es einen Lokalaugenschein, wieder die Kumpels, viele kannte er nicht mehr. Er zählte die Spinde. Ist was?, wurde er gefragt. Der siebte von links, antwortete er zu ihrer Verwunderung und – von rechts der dreiundfünfzigste, fügte er schnell hinzu. Dann begann er zu lachen. Sehen Sie, rief er entzückt, da ist ja auch meine Katze! Na, du? Wie geht es dir? Ach, fast hätte ich es vergessen, dich haben sie ja erschossen, jetzt hat sie Junge bekommen. Ha, ha ...! Das war nicht Thanner, oder doch? Erschossen? Wann haben Sie sie erschossen? Damals! Klar doch! Wie hätte sie sonst explodieren können? Auf der Pistole müssen noch die Fingerabdrücke ... Das war auch nicht Thanners Stimme. Er redete und lachte wie ein Irrer. Schweiß trat ihm auf die Stirn. Er lag auf dem Boden. Bleich. Sanitäter standen um ihn herum. Na, du? Es waren Kameraden, die ihn erkannten. Sie lächelten ihm aufmunternd zu. Jetzt hat es dich erwischt!, bemühten sie sich zu scherzen. Wie erwischt? Die Hitze, erklärten sie. Ach so, die Hitze, ja, ja. Und da war wieder die Nachttischlampe und die Flasche, die tropfte. Aber er würdigte sie keines Blickes. Kein Flirt, nichts, nur Kälte und Hitze und schnelle Herzschläge und ein schwerer Atem. Gewiss, er war umgekippt. Darf ich? Was? Sie war da, fasste nach seiner Hand, auch um den Puls zu messen. Er drehte den Kopf zur Seite. Wie lange werden Sie dieses Theater noch durchhalten, fragte die Ärztin tonlos. Am Ende glaubte sie, er wäre wegen ihr ...? Welches Theater fragte Thanner dann doch. Sie sah ihn nur verständnislos an und ging.

Die Hauptverhandlung. Grenzenlose Neugier. Wer war dieser Verrückte, der eine Fabrikshalle in die Luft jagte? Der Unternehmer selbst soll mit ihm im Bunde gewesen sein. Von Versicherungsbetrug ist die Rede. Rote Zahlen sind immer verdächtig. Überdies war der Angeklagte mit einem Familienangehörigen des Fabrikanten befreundet! Vielleicht machte er die Schmutzarbeit für diesen? Man konnte gespannt sein, was da herauskommen würde! Laufkatze mit Sprengstoff gefüllt und durch einen Schuss zur Explosion gebracht! Die Schlagzeilen überboten sich. Auch die Zeitungen im Ausland waren voll davon und der Gerichtssaal bis zum letzten Platz gefüllt. Sogar Frederik ließ sich blicken und Sandor – diesmal träumte Thanner nicht, als er ihn im Gerichtssaal erspähte. Hoffentlich ist nun bald alles vorbei, dachte er. Alle nehmen sie teil an seiner Schmach! Wer hätte das vermutet – Thanner der Täter? Für den alten Mann zu sitzen oder vielleicht auch für Hans, den Freund? Was hatte er sich dabei nur gedacht?, kam es ihm jetzt plötzlich in den Sinn. Gar für Eva den Kopf hinzuhalten?, Thanner bezwang sich, nicht daran zu denken.

Der Angeklagte wirkte teilnahmslos, als er vorgeführt wurde. Frederik hatte sein Hausboot nicht verkauft, sondern nur gegen ein Schiff am Rhein getauscht, aber das wusste Thanner noch nicht und Frederik nichts von Thanners Schrank. Nun war er Kapitän – auf einem Ausflugsboot, beweibt und hatte Heimweh nach der See. Hätte er nur Elsa nichts von diesem Thanner erzählt, dann säße er nicht hier. So sind die Frauen! Neugierig und ohne Rücksicht. Was sich an der Donau zutrug, blieb auch am Rhein nicht verborgen. Nieder mit dem Sensationskram und auch den Touristen, die diesen zu lesen begehren und sich ereifern! Dann war es zu spät! Er hatte ihn gleich auf dem Titelbild einer Zeitung erkannt, die seine Elsa besorgt hatte. Ist er das?, fragte ihn diese Frau, ohne die er auch nicht mehr sein wollte. Und sie war es auch, die ihn drängte, hier her zu fahren. Frederiks Schiff war bei ihr einstweilen gut aufgehoben, sie steuerte es – wie auch ihn. Verdammt! Was hatte er nur hier zu suchen?

Noch nie in seinem Leben war er bei Gericht gewesen. Thanner zu begegnen, machte ihm Angst. Warum eigentlich? Er starrte auf die Gestalt da vorne. Was sollte er zu allem sagen? Zwei Reihen hinter ihm saßen Hans und Sandor. Meine Freunde, dachte Thanner bitter, sie sind auch da. Freunde? Eva war nirgendwo zu entdecken.

Hatte Hans mit ihr Schluss gemacht? Wäre ihm zu wünschen! Sandor war nicht wohl in seiner Haut. Schon gar nicht, dass er neben diesem »Weberknecht« zu sitzen kam. Der hatte ihm damals schon die Geschichte mit diesem Schrank eingebrockt. Eine Schnapsidee, wie sich letztlich herausstellen sollte. Er war ohnedies dagegen. Ein solches Prachtstück machte eine Bruchbude auch nicht wohnlicher. Im Gegenteil! Aber der gute Sandor tat überall mit. Dieses Wunder von einem Kasten in die Eichenstraße zu schaffen, war für ihn ein Kinderspiel. Thanner würde gewiss Augen machen! So oder so! Aber wie Sandor schon vermutete – die Freude hielt sich in Grenzen. Mit Mühe und Not konnte er ihn davon abhalten, zur Polizei zu gehen. Nimm es als Geschenk!, erklärte ihm Sandor. Von wem?, bohrte Thanner weiter. Sandor wusste von nichts. Wie immer! Alles war dann so glaubhaft. Kaum zu fassen, dieser Schrank nahm dem armseligen Unterschlupf wirklich alles Bedrückende. Hans hatte doch Recht.

Sandor achtete nicht darauf, was sich da vor ihm am Richtertisch abspielte. Eine Entscheidung, irgendeine von diesen Leuten da, sehnte er herbei, um endlich aufstehen und sich wieder empfehlen zu können. Nicht, dass er seinem Freund die Verurteilung wünschte, schließlich mochte er Thanner, aber er hätte dann wenigstens dieses Weib vom Hals, vor dem er derzeit auf der Flucht war. Sie würde Ruhe geben, wenn Thanner verurteilt würde, und ihn nicht mehr nach der Geige fragen oder ihn gar anzeigen. Das in Aussicht gestellte Geld war zu verschmerzen, aber ins Gefängnis, nein, dorthin wollte er nicht. Er wurde doch gebraucht, darüber aber besprach er sich mit niemandem. Unentwegt bedrängte ihn dieses Weib, redete ihm ein, dass Thanner der Schuldige wäre. Sandor war es gewohnt, auf sein Inneres zu hören, aber wenn Eva ihn umschmeichelte, setzte nicht nur sein Verstand, sondern auch das Herz aus. Seit mit dem »Weberknecht« Schluss war, hing sie an ihm wie eine Klette. Mit diesem Hans, Thanners Freund, hatte alles angefangen – zuerst die Sache mit dem Schrank, der eigentlich ein Spind sein sollte. Nein, umgekehrt. Oder doch? Ja, konnte man ihm wirklich alles einreden? Und eines Tages tanzte Eva an. Die Klofrau hatte ihn gewarnt. Aber dieses Weib war umwerfend, besser als sie! Und was war denn schon dabei, gefällig zu sein? Sandor liebte das Spiel mit dem Feuer, und in Geldnöten war er allemal – weder seine rührseligen Lieder noch der Zeitungsverkauf brachten viel ein. Die Gegenleistung für etwas mehr Geld war kaum der Rede wert, dachte er bis jetzt. Eine Geige für einige Zeit in Verwahrung zu nehmen, das war wohl eine der leichtesten Übungen. Woher dieses Instrument kam und warum dieses ausgerechnet bei Thanner untertauchen sollte, darüber machte er sich keinerlei Gedanken. Und nun saß er hier, statt sich endlich zu stellen. Vielleicht war man ihm schon auf der Spur? Davor schauderte er und nannte sich selbst einen Narren, weil er es wagte, hier zu erscheinen.

Auch der »Weberknecht« wetzte neben ihm unruhig hin und her. Ein Freund wollte er sein, ein wahrer Freund, aber Eva hatte nur Augen für Thanner. Ihn selbst benutzte sie nur. Einerseits, um mit seinem reichen Onkel in Kontakt zu kommen, andererseits, um Thanner nahe zu sein. Das wusste er wohl. Als dieser verschwunden war, witterte er seine Chance bei dieser Frau, die er heiß begehrte. Wie war er blind gewesen. Beim ersten Lokalaugenschein fiel es ihm wie Schuppen von den Augen. Er hörte auf, Evas Knecht zu sein. Einen größeren Gefallen aber konnte er ihr gar nicht machen, denn längst schon war er ihr nur noch im Weg. Ihre große Hoffnung, man würde Hans für schuldig befinden, erfüllte sich zu ihrem großen Missfallen nicht. Zur Zeit saß sie wieder einmal wie auf Nadeln, wo sie sich doch schon so oft in Sicherheit wähnte. Es beruhigte sie auch nicht mehr, dass der Unternehmer und der Betriebsarzt mit ihr zusammen in die krummen Geschäfte verstrickt waren. Von Gregor ganz zu schweigen, der es nicht fertig brachte, seine Freundin, diese dämliche Ärztin, zur Vernunft zu bringen.

Die Verhandlung wurde unterbrochen. Wichtige Zeugen wären nicht erschienen. Welche Zeugen? Thanner wurde abgeführt. Ein Spießrutenlauf! Sandor und Frederik sahen sich nicht nach ihm um, und er sich nicht nach ihnen. He, Weberknecht, meinte Sandor, als sie aus dem Saal strebten, wie wäre es mit einem Trunk? Gleichzeitig erschrak er, denn er wollte doch ... Was meinst du? War er es? War er es wirklich?, antworte der Angesprochene. Nein! Eine scharfe Stimme hinter ihnen schnitt ihnen ihre Worte ab. Sie drehten sich um. Sie? Sie! Sie können nur Frederik sein! Sandor hatte mit einem Blick erfasst, wer da hinter ihnen auf der Bildfläche erschienen war. Oft genug hatte ihm Thanner von ihm erzählt, ihn beschrieben. Mit wem habe ich die Ehre?, fragte der Kapitän irritiert und erstaunt zugleich, sind sie vielleicht der Hans? Der Hans? Nein, nein, hallo, ich bin Sandor, und das ist Herr Weber! Darf ich bekannt machen?, Sandor überschlug sich vor Aufregung und Erleichterung. Aha, der Weberknecht, antwortete Frederik belustigt. Sie wissen?, fragte dieser ungläubig. Ich weiß auch, dass der Mann unschuldig ist, stellte Frederik trocken fest und ließ sich überreden, mit ihnen auf ein Bier zu gehen.

Als die Verhandlung fortgesetzt wurde, suchte Thanner beim Betreten des Saales wieder mit den Augen alle die Sitzreihen ab. Zu seiner Verwunderung entdeckte er Frederik zwischen den Freunden. Wie gerne wäre er stehen geblieben, um ihre Blicke zu erhaschen, aber er wurde vorwärts gedrängt. Die Verhandlung schleppte sich mühsam weiter, wurde wiederum vertagt. Der Werksleiter wurde vernommen. Thanner mochte ihn nicht besonders, auch wenn dieser stets bemüht war, seinen Wünschen nachzukommen und seine Schichten so einteilte, dass Thanners Studium nicht zu kurz kam. Wieder in der Zelle, hoffte Thanner auf Besuch! Aber niemand wollte etwas von ihm wissen. Sie hielten ihn für schuldig. Auch gut! Was erwartete er eigentlich? Wer sich eine Suppe einbrockt, muss sie nun einmal auslöffeln. Auch wenn es dazu Jahre brauchen würde.

Sandor, der Untergetauchte, tauchte zur großen Freude der Polizei wieder auf. Eva soll diese Frau heißen – und wie noch? Keine Ahnung! Sandor, Sandor! Bald reute es ihn, sich gestellt zu haben. Er hatte einen Auftrag ausgeführt – für ein bisschen Geld. Wie viel? Sandor zuckte die Achseln, rückte nicht heraus mit der Sprache. Er musste sich nun zur Verfügung halten. Auch Frederik! Damit hatte dieser nicht gerechnet. Sein Name schien bereits in den Protokollen auf. Ja, sie hören schon recht, Thanner sprach von ihnen, aber Näheres wussten wir nicht. Frederik war fassungslos und bereute bald, nicht gleich wieder zu seiner Elsa und der »Lohengrün«, so hieß sein Schiff, heimgekehrt zu sein. Schließlich besuchte er Thanner. Einmal musste es sein. Die Besuchszeit reichte nicht aus, alles zu erzählen, was in der Zwischenzeit vorgefallen war. Warum tust du das?, fragte Frederik ihn sehr eindringlich. Was? Du bist doch ..., aber da fiel ihm Thanner schon ins Wort: Ich war es, ich habe dich belogen! Ich bin nicht unschuldig. Mir machst du nichts vor!, entgegnete ihm Frederik. Wovor hast du Angst?, fragte er Thanner noch, dann ging er. Als Sandor ihn dann auch noch aufsuchte, zog er wieder diese Nummer wie bei Frederik ab. Doch Sandor sagte ihm gleich auf den Kopf seine Unschuld zu. Warum bist du verschwunden? Warum?, wollte Thanner lediglich wissen. Sandor stotterte herum und verdrehte seine Augen, wie er das immer tat, wenn er nicht weiter wusste. Was war das für eine Geige? Es wird alles gut, Tannenbäum ..., stotterte Sandor. Hör auf, mich so zu nennen, fiel ihm Thanner ins Wort und drehte sich angewidert weg.

Auch Hans kam. Also, räusperte sich Thanner, der Schrank ist von dir? Ja! Du hattest doch diese Albträume mit den Spinden und in unserer Bude ..., meinte der Weberknecht. Ja?, Thanner sah ihn fragend an. Na, das Holz, du weißt schon? Ich habe es gegen diesen Schrank getauscht. Ich hoffe, ich wollte doch ... Hans hatte plötzlich das Gefühl, etwas Unrechtes getan zu haben. Mit dem Geld, dachte Thanner bitter, wäre mir mehr geholfen gewesen, davon hätte ich abbeißen können, aber er sagte nichts. Auch Hans schwieg. Warst du es denn wirklich?, fragte ihn schließlich der Freund, der ihm den Kasten verschafft und seine edlen Hölzer dafür verkauft hatte. Thanner sah ihn nicht an, aber er machte Anstalten, auf ihn loszugehen. Vielleicht warst du es? Oder Eva?, brüllte Thanner plötzlich los. Die Wärter führten ihn ab. Sein Freund schüttelte immerzu den Kopf. Im Gehen noch fluchte Thanner dem Freund hinterher. Also doch, dachte er bitter. Er hatte genug von den Besuchen. Vielleicht kam gar noch Eva – wer weiß, aber diese erschien nicht.

Dafür eine andere Frau, die Ärztin! Sie ließ ihn nicht im Stich. Thanner erzählte von seinen Freunden. Doch sie wusste schon davon. Es ist gut, dass sie alle da sind, ließ sie ihn wissen, dann wird bald alles ein Ende haben. Wie meinte sie das? Wer ist Eva?, fragte sie dann unvermittelt. Eine Katze, antwortete Tanner und lachte. Sie läuft nach links und dann nach rechts, sie schnurrt, hat Krallen und eiskalte Augen. Wer sich mit ihr einlässt, ist des Todes! Aber keine Angst, ich habe sie erschossen, verstehen Sie, ich habe ... Weiter kam Thanner nicht mehr. Die Ärztin erhob sich und ging. Thanner sackte in sich zusammen, man führte ihn zurück. Vielleicht war es doch nicht der Weberknecht. Warum dann der Kasten? Also kein schlechtes Gewissen? Nur ein gut gemeinter Freundschaftsdienst? Ein Trostpflaster? Wem konnte man wohl noch trauen?

Die Ärztin gab sich Mühe mit dem alten Mann, der seinen Entzug offensichtlich doch in Erwägung zog. Aber auf sein unsinniges Geständnis ließ er sich nicht ansprechen. Was tut man nicht alles für seinen Sohn, war ihm einmal zu entlocken. Ja, ja, Sie haben schon richtig gehört, dieser Thanner, der Angeklagte, hat einen Rabenvater, und der bin ich. Man nahm das nicht ernst. So wenig, dass dazu keinerlei Untersuchungen angestellt wurden, was ein Leichtes gewesen wäre. Er kam in einem Heim unter, dort hatte er nun seine Ruhe, wenn man von den Besuchen der Ärztin absah, und auch sein Auskommen. Lange würde er es ohnehin nicht mehr machen. Im Gefängnis hätte er es auch nicht schlechter gehabt, aber da musste ihm doch dieser Kerl von einem Sohn dazwischen funken und sich als Täter ausgeben. Hätte am Ende noch eine gute Tat vorweisen können, bevor er das Zeitliche segnete. Diese wuchs allerdings nicht allein auf seinem Mist. Da war doch diese Frau, die sich nicht mehr blicken ließ. So sind die Weiber! Ihren Besuch hätte er sich so sehr gewünscht. Das war vielleicht eine! Hatte seinen Sohn ausfindig gemacht. Aber der durfte davon nichts wissen. Wenn er so auf sein Leben schaute, war da alles schwarz in schwarz, nun ist zumindest vieles grau, und wenn diese Frau da wieder auftauchen würde, gäbe es letztlich noch etwas Farbe. Vor der Ärztin musste man auf der Hut sein, die glaubt nichts, was immer man ihr auch sagt, das fühlte er. Nein, nein, Eva würde er niemals verraten, darauf konnte die Medizinfrau lange warten.

Die Ärztin lebte nicht alleine. Seit längerem schien das Zusammenleben mit ihrem Lebensgefährten allerdings getrübt zu sein. Kaum hatte sie noch Zeit für ihn, wenn sie sich zu Hause aufhielt. Zwar gab der Mann vor, sie in ihrem Bemühen zu unterstützen, die wahren Schuldigen für den Anschlag auf die Fabrik ausfindig machen zu wollen, doch dem war nicht so. Den Rat, diese Angelegenheit kompetenteren Stellen zu überlassen, schlug sie in den Wind. So lebte Gregor in Sorge, dass doch alles aufkommen würde. Und das mit gutem Grund. Dieser Betriebsarzt! Was dieser tat, ging zu weit. Entschieden zu weit! Thanner hätte sterben können. Und Ärzte stehen doch unter Eid, Leben zu schützen! Ohne Ausnahme? Aber es kann auch um alles gehen. Das musste Gregor einsehen. Musste er? Wer half ihm aus der Klemme, wenn er Spielschulden hatte? Dieser Weißkittel! Mitgehangen, mitgefangen! So einfach war das. Wenn Eva nicht gewesen wäre, er hätte sich da niemals mit hineinziehen lassen. Nun aber war es geschehen. Wie war er froh, als er erfuhr, dass dieser Thanner noch lebte. Er durfte gar nicht daran denken, wie er ihn im letzten Augenblick zum Bahnhof geschafft hatte und hoffte, dass ihm dort Hilfe zuteil werden würde. Sogar die Rettung hatte er noch verständigt. Aus Angst, sich zu verraten, verzichtete er auf genauere Angaben. Darin wähnte er die Ursache dafür, dass Thanner vorerst nicht gefunden wurde. Nun aber war doch alles wieder im Lot. Er lebte! Warum quälte sich die Ärztin so? Das ewige Bohren in dieser Sache ging ihm auf die Nerven. Du kennst doch diesen Betriebsarzt?, fragte sie ihn eines Tages. Das wurde knapp.

Natürlich kannte er ihn, spielte mit ihm Golf, und dieser bürgte auch für ihn, wenn er wieder am Spieltisch verlor. Das war der springende Punkt. Das durfte der Ärztin keinesfalls zu Ohren kommen, denn er ließ sich von ihr aushalten. So konnte er sie auch nicht verlassen, obwohl er sich schon anderweitig umgesehen hatte. Schließlich ließ ihn seine Lebensgefährten oft für lange Zeit allein, wenn sie wieder zu einem Auslandseinsatz musste. Beim Golfen lernte er sie kennen. Nun war er froh, dass sie kaum noch Lust dazu hatte, auf den Platz zu kommen. Dort wurde auch der Plan geschmiedet, der die Fabrik retten sollte. Und sie alle waren mit dem »Betriebsunfall«, wie man das Geschehen zu verharmlosen suchte, entsprechend erfolgreich. Mit Thanner aber hatten sie nicht gerechnet. Verständlich, dass es Gregor störte, dass sich die Ärztin über ihre Tätigkeit hinaus mit einem Fall befasste, der einige Nummern zu groß für sie war. Jedenfalls redete er ihr das ein. Vor allem aber – gefährlich für ihn. Gregor hatte einen Riecher dafür.

Eifersüchtig?, fragte die Ärztin. Auf wen? Auf den Zeitungsverkäufer?, entgegnete Gregor. Er hilft jetzt bei den Sanitätern aus!, berichtigte sie ihn. Ich denke, er sitzt?, antwortete er, schon vergessen? Alle Zeitungsmeldungen über den Fall lagen auf ihrem Schreibtisch. Zugegeben, er sieht gut aus, meinte der Mann und schob die Berichte zur Seite. Wie ahnungslos sie war! Das musste auch so bleiben. Ich sage dir, da ist etwas faul, überlegte die Frau und wusste nicht, wie Recht sie hatte. Wie oft denn noch?, sprach der Mann gereizt, hör auf damit! Hat er nun gestanden oder nicht? Es wird Zeit, dass man dich als Gefängnisärztin abzieht! Das hätte er lieber doch nicht sagen sollen. Jetzt kommen wieder die Vorwürfe, mutmaßte Gregor, der verhinderte Künstler, der Tagedieb, der dem Herrgott für nichts und wieder nichts die Zeit stahl. Saß er nicht tagtäglich stundenlang bei seiner Arbeit? Aber dafür zeigte sie keinerlei Verständnis. Sie hatte eine andere Vorstellung von Broterwerb. Neuerdings versuchte er sich im Schreiben eines Romans. Vieles brachte er zu Papier, aber nichts davon konnte die Verleger überzeugen. Die Ärztin aber hielt sich diesmal zurück, fragte ausnahmsweise nicht, wie es um seinen angeblichen Bestseller stünde und ob er dafür schon einen Vorschuss erhalten hätte. Das war verdächtig. Schnell umfing er sie, schien sie zu begehren, doch sie entzog sich ihm – nicht das erste Mal in letzter Zeit. Ob sie fühlte, dass er fremd ging?

Eva war nun einmal eine wunderbare Frau. Ihr Gurren betörte ihn – ihrer erotischen Ausstrahlung konnte er sich nicht entziehen. Vor allem inspirierte sie ihn. Die Ärztin konnte ihr nicht das Wasser reichen. Es war beinahe unmöglich, Eva einen Wunsch abzuschlagen. Sie zog ihre Fäden nach Belieben, und an diesen ließ sie ihre ahnungslosen Hampelmänner tanzen. Sie bekam, was und wen sie nur wollte. Hans, der Weberknecht, hatte längst seine Schuldigkeit getan. Thanner, den Habenichts, nicht herum bekommen zu haben, war für sie eine Niederlage sondergleichen. Damit konnte Eva nicht umgehen. Dafür aber mit Geld. Für diese Droge ließ sie alle Männer fallen. Ohne Ausnahme – fast ohne Ausnahme. An Thanner aber hatte sie sich die Zähne ausgebissen. Was sie nur an ihm fand? Sie konnte es sich selbst nicht erklären. Wohl aber, dass sie sich niemals damit abfinden würde, ihre Netze umsonst nach ihm ausgeworfen zu haben. Niemals! Eine Drohung, die ernst zu nehmen war. Rache ist süß – vor allem dann, wenn sie noch einen wichtigen Zweck erfüllt. Ein Schuldiger musste gefunden werden – um jeden Preis, wenn sie sich weiterhin ihrer Freiheit erfreuen wollte.

*

Hitze. Weiche Knie. Vorsichtig nahm er den Verband von den Augen des dunkelhäutigen Mädchens. Seine Hände zitterten nicht mehr. Zuvor aber Zweifel – Thanner musste erst lernen, an sich zu glauben. Das Kind strahlte ihn an, und da wusste er – es war gelungen. Ganze Arbeit! Respekt, Respekt!, sagten die Leute um ihn herum. Er strich dem Mädchen, das ihn überglücklich anblickte, über das Haar. Auch hier ist es heiß, schrieb er an Frederik, aber es ist eine

Hitze, mit der ich zu leben gelernt habe. Hat er das? Weiß er wirklich damit umzugehen? Frederik ließ sich nicht so leicht täuschen. Fenster zur Seele wieder zu öffnen – sein Tagewerk? Thanner war zufrieden damit. Es hatte sich gelohnt, sich hineinzuhängen, zu büffeln, durchzuhalten alle die Jahre danach. Ohne die Ärztin wäre er nie so weit gekommen.

Manchmal dachte er noch an sie – und an den Vater. Für eine Weile betreute er ihn noch, gab ihm das Gefühl, nicht umsonst gelebt zu haben. Blutsverwandtschaft? Erwiesen war sie nie, beharrlich verweigerte er jegliche Tests. Und die Namensähnlichkeit? Er schrieb sich Tahner! Keine Garantie für eine Vaterschaft! Aber – Eva machte keine halben Sachen. Letztendlich verdankte er es ihr, ihm wieder begegnet zu sein. Um welchen Preis aber! Mein Gott, um welchen Preis! Er durfte an diese Schlange gar nicht denken. Viel Zeit war seither verstrichen. Manchmal aber war es Thanner so, als hätte sich alles erst gestern zugetragen. Wann nur hört das endlich auf?

Stets kam die Vergangenheit in ihm hoch. Irgendwann machten sie kurzen Prozess mit ihm, überführten ihn seiner Lügen. Warum nur hatte er alle Schuld auf sich genommen? Alle wollten sie das wissen. Wusste er es? Thanner schien die Rechnung vermutlich ohne den Werksleiter gemacht zu haben. Endlich ließ sich dieser herbei, genauere Aussagen zu machen. Ob ihm da nicht jemand auf die Sprünge geholfen hatte? Der Betriebsarzt musste nun doch so einiges gestehen – ob er wollte oder nicht. Diese verdammte Ärztin! Irgendwann roch sie Lunte und schlug dann zu. Kaum zu fassen, was da nun alles ans Licht kam. Fein ausgedacht der Plan mit dem Versicherungsbetrug. Rote Zahlen aber machen verdächtig. Die Golfgesellschaft hätte es beinahe geschafft, aber nicht alle hielten sich an ihre Rolle. Die Hauptrolle war aber vorerst nicht Thanner zugedacht. Der Zufall spielte sie ihm zu, und er spielte mit, ohne es zu wollen. Er aber schaltete ab, bekam kaum davon etwas mit, was es da zu hören gab. So viel Skrupellosigkeit, die da im Spiel war, musste man erst verkraften. Dann war nur Leere in ihm, grenzenlose Leere. Sandor hatte Champagner gebracht. Blumen standen auf dem Tisch, im Kasten hing noch das Medizinmanngewand. Endlich waren auch die Reporter verschwunden. Teilnahmslos ließ Thanner alles um sich herum geschehen. Die Freunde hoben die Gläser, tranken auf sein Wohl. Ende gut, alles gut?

Tags darauf packte Frederik ihn zusammen und nahm ihn kurzerhand mit zu seiner Elsa auf die »Lohengrün«. Dort fuhren sie den Rhein hinauf, hinunter, hinauf, hinunter – »Lohengrün« war wie eine rollige Katze. Es war unfair, das zu denken. Thanner kam nicht zur Ruhe. Er verwechselte doch nicht dieses Schiff, Frederiks Stolz, mit einer Rollfähre? Wir sind nicht an der Donau, wir sind am Rhein, bemerkte Elsa, die an Thanners verschlossener Art wenig Gefallen fand. Sandors Besuch freute die Dame des Schiffes. Zwar pfuschte er sogleich in Elsas Kochkünste, dafür aber versuchte er sich im Angeln und belieferte sie bald mit einem Fang, der sich sehen lassen konnte. Anfängerglück!, brummte Thanner. Vom Glück des Tüchtigen sprach Frederik und sah dabei Thanner vorwurfsvoll an. Soll ich vielleicht fischen?, fragte er, falle ich euch zur Last? Thanner war gekränkt, vor allem aber genervt, als sich Sandor Frederiks Geige bemächtigte. Das lag nicht nur an der Musik, die nun Sandor auf die Passagiere los ließ – er hatte nun ganz allgemein etwas gegen dieses Instrument, seit sich heraus gestellt hatte, dass sich dessen Innenleben auch missbräuchlich verwenden ließ – zum Beispiel, wenn man den Hohlraum dazu benützte, etwas unterzubringen, was dort nichts verloren hatte ...

Wann nur hörte er damit auf, daran zu denken? Er starrte ins Wasser. Geigen lassen sich mit Sprengstoff oder Kokain füllen, ohne dass man davon etwas bemerkte. Das war ihm neu. Alles, was geschehen war, bekam er noch immer nicht aus dem Kopf. Vielleicht sind Fische nicht so kaltblütig und merken, was Menschen quält. Aber – wie sollten sie anbeißen, wenn ein lustlos ausgeworfener Köder sie locken soll? Antworten waren von diesen stummen Tieren auch keine zu erwarten – wie bei den Katzen, die auf Rollen laufen. Wollte man ihn samt der Geige und dem Schrank in die Luft jagen?, überlegte er wiederholt. Oder sollte er wegen Rauschgifthandels überführt werden? Er packte die Angelrute wieder ein und zog ab. Was war ich nur für ein Esel, dachte er immerzu. Nicht nach links schauen, nicht nach rechts – außer auf der Straße. Nun machte er sich auf der »Lohengrün« nützlich, indem er das Kassieren übernahm, während Elsa den Touristen die Gegend erklärte und Frederik steuerte. Auch beim An- und Ablegen stellte er sich gar nicht so ungeschickt an. Mit Sandor zusammen waren sie ein gutes Team. Es hatte ganz den Anschein, dass Sandor mit dem Gedanken spielte, sich am Rhein nieder zu lassen.

Auch Hans kam einmal auf Besuch – samt seinem Chauffeur, der auf dem Schiff ausgenüchtert werden sollte. Während der Wagen nach einer kleinen Panne in einer Werkstätte repariert werden musste, sprach er etwas zu ausgiebig dem Wein zu. Thanners Freund und nunmehriger Fabrikchef war auf der Durchreise und hatte in der Nähe dienstlich zu tun. Sein Onkel, der sich den Betrug zusammen mit der Golfgesellschaft ausgedacht hatte, saß nun hinter Gittern, jetzt führte er dieses Unternehmen, und das war nicht einfach. Es war Thanner nicht anzumerken, ob ihn dieser Besuch erfreute. Frederik und Sandor jedenfalls genossen es, mit Hans im Dienstwagen für einige Tage durch die Lande zu fahren. Unterdessen hatte Thanner mit Elsa so seine Schwierigeiten. Nichts konnte er ihr recht machen. Das Schiff, das er nun allein betreute, war wenigstens stumm – wie die Fische ...

Schon lange nichts mehr von ihnen allen gehört – die Post kam unregelmäßig, und auf dem Luftweg ging auch so einiges verloren. Thanner ertappte sich nicht mehr dabei, nach einem bestimmten Brief Ausschau zu halten. Damals glaubte er, sie auf der »Lohengrün« unter den Passagieren gesehen zu haben. Aber er irrte sich. Lange Zeit war die Ärztin damit beschäftigt, wieder zu sich selbst zu finden. Sie fiel auf Gregor herein, vertraute ihm – wie das? Wie blind sie nur war, aber sie kam hinter alles – auf schmerzliche Weise. Ihr Interesse an Golf hielt sich immer schon in Grenzen. Verwunderlich, dass sie doch eines Tages Gregor wieder auf den Platz begleitete. Die Überraschung – auch der Fabrikant höchst persönlich war mit von der Partie. Er wurde ihr vorgestellt. Auch der Betriebsarzt! Dessentwegen hatte sie sich aufgerafft, wieder einmal den Schläger zu schwingen. Noch ein neues Gesicht! Sie wusste nichts von ihrem schwachen Handikap, als man ihr Eva präsentierte. Offensichtlich gehörte sie nun auch zu diesem Club. Gregor erwähnte nie etwas von ihr. Das machte sie misstrauisch ...

Gregor und die Ärztin, dachte Thanner bitter, als er irgendwann begriff, dass dieser Mann zu ihr gehörte. Wie wenig Thanner nur von ihr wusste ...? Auch nicht, dass sie eine entscheidende Diagnose stellte. Damit gab es eine neue Spur und für die Schuldigen kein Entrinnen mehr. Der Betriebsarzt, Schlüsselfigur für die Aufdeckung der Tat, war bald zur Strecke gebracht, alles andere ergab sich wie von selbst. Sie hätte stolz auf sich sein können und Thanner ihr dankbar. Dazu kam es vorerst nicht. Da waren Enttäuschungen zu verarbeiten. Und die Einsätze nach Afrika kamen ihr zu dieser Zeit gerade recht. Aber sie konnte nicht vergessen. Verzeihen schon gar nicht. Viel Erspartes ging verloren. Gregor in der Zelle. Und noch immer ließ er nicht von ihr ab. Als seine Melkkuh war sie sich nun zu schade, doch – es gab ohnedies nichts mehr bei ihr zu holen. Sein Roman aber fand plötzlich Gefallen, versprach ein Bestseller zu werden, warf Vorschussgelder ab. Großzügig überließ Gregor sie der Ärztin. Schadensbegrenzung – schließlich räumte er alle Konten leer. Erst als ihr bester Schmuck im Pfandhaus landete, brachte er den Mut auf, ihr so einiges zu gestehen. Zu spät! Für vieles aber ist es nie zu spät. Warum sollte das Glück des Tüchtigen nicht auch Thanner einmal zu teil werden?

Thanner litt es damals nicht sehr lange auf Frederiks Schiff. Die Entschädigungszahlungen reichten für einige Zeit. Die Traumfrau, die ihm auf dem »Lohengrün« begegnet war, ließ ihn sanfter werden und dennoch wieder nicht zur Ruhe kommen. Das Mädchen aber hatte keine Augen für ihn. So sehr er es auch mit seinen Blicken umwarb. Es kam nichts zurück. Thanner, nun weit entfernt davon, ein Holzklotz oder gar ein Stockfisch zu sein, fühlte seit langem wieder, wie es in ihm brannte und pulste. Zärtlich näherte er sich diesem wunderbarem Geschöpf, aber da war schon jemand und entzog es seinen Blicken. Er war blind dafür, dass ihre Augen erloschen waren. An alles andere dachte er, nur daran nicht. Sandor machte ihn darauf aufmerksam. Ausgerechnet Sandor! Er beobachtete Thanners Interesse an diesem Mädchen mit gemischten Gefühlen. Das Mitleid mit dem enttäuschten Thanner überwog – er verriet ihm das Heim, wo Pia, so hieß das Mädchen, zu finden sein würde. Kaum zu glauben, was Sandor so alles wusste. Thanner suchte es auf, kam auch mit ihm ins Gespräch. Es merkte nicht, wie Thanner es anstarrte, seine Blicke suchte, es sah nur geradewegs vor sich hin. Was wollen Sie von ihr?, wurde er gefragt. Er wusste es nicht. Die Ärztin, schoss es ihm durch den Kopf, die müsste vielleicht helfen können oder wissen, was zu tun wäre. Lass' es gut sein, meinte Sandor, die Chancen auf eine Heilung sind gleich null, ganz abgesehen davon, was eine solche Operation kosten würde. Woher willst du denn das wissen, antwortete Thanner gereizt und glaubte ihm nicht. Und die Kosten? Daran sollte es doch nicht scheitern?, überlegte er. Doch es verstrich viel Zeit, bis er sich mit der Ärztin darüber besprechen konnte. Sandor schien vermutlich recht gehabt zu haben. Die von ihr eingeholten Gutachten bestätigten dies bedauerlicherweise. Später dann flog er, der angehende Medizinmann, mit der Ärztin dorthin, wo die grenzenlose Not es nicht zulässt, lange über etwas nachzudenken, was nicht zu ändern war. Handeln war da angesagt. Die viele Arbeit tat gut, allen beiden. Und sie kamen sich näher – mehr war da aber nicht ...

Wenn wiederum ein Einsatz anstand, unterbrach Thanner seine Studien und stellte sich für Hilfsdienste in Afrika zur Verfügung. Und er wohnte noch immer in der Eichenstraße, auch dann noch, als dieses Zuhause alles andere als standesgemäß war – schließlich war er zu akademischen Ehren gekommen. Doch – was war denn noch zu befürchten? Gefahren durch Mitbewohner? Das Drogennest dort hatte man ausgehoben – samt dem Blinden. Auch Thanner war blind gewesen, und dieser Einstein sehender, wie man nicht sehender sein konnte. Sandor wusste davon. Dieser Sandor! Es war sinnlos, von ihm erfahren zu wollen, warum er diesen Schwindel mitmachte. Er verdrehte nur wieder seine Augen und beteuerte, dass er das alles so nicht gewollt hätte. Nicht nur Eva, auch der Blinde hatte ihn hineingelegt. Aber das war nun vorbei. Thanner war es nicht einmal peinlich, seine Bekannten und Freunde zu sich nach Hause einzuladen. Er hauste nicht mehr, sondern wohnte, auch wenn noch immer die Fenster zitterten, wenn ein Zug vorbei donnerte ...

Wieder einmal zu Hause. Hans, der Freund, fuhr ihn vom Flughafen in die Eichenstraße. Der Betriebsarzt soll nun aus der Haft entlassen werden, meinte er so ganz beiläufig während der Fahrt. Thanner schwieg. Beihilfe zum Mord!, ging es ihm durch den Kopf, aber er kam mit dem Leben davon. Und Eva?, fragte er dann doch, wann ist es bei ihr so weit? Nur der Arzt!, stellte Hans mit Nachdruck fest. Aha!, der Medizinmann seufzte. Mildernde Umstände – die Berufung des Kollegen zahlte sich aus. Dann saßen sie auf Nr. 12 im Ziegelbau zusammen. Hans, desssen Onkel noch immer hinter Schloss und Riegel war, hatte das Unternehmen zu schwarzen Zahlen geführt. Auf dem Tisch breitete er Pläne aus. Die Backsteinreihenhäuser, war zu erfahren, sollten abgerissen werden – auf 4, 18 und 24 schien niemand mehr zu wohnen. Eingeschlagene Fenster, vernagelte Haustüren. Eine noble Wohngegend war das nun wirklich nicht mehr. War sie es überhaupt einmal? Was soll ich mit einem Haus?, fragte ihn Thanner irritiert, als er einen Blick auf die Papiere warf. Irgendwann werde ich für immer nach Afrika gehen. Diese Bleibe reicht mir. Ist es wegen ihr?, fragte der Freund. Gregor war schon früher entlassen worden. Auch für ihn galten mildernde Umstände. Offensichtlich war er wieder mit der Ärztin zusammen. Irgendwann erfuhr Thanner davon. Er war enttäuscht darüber. Auch für Eva würden sich einmal die Gefängnistore öffnen – irgendwann. Beide Männer dachten es, doch sie sprachen nicht darüber. Warum bleibst du nicht einfach hier?, forschte Hans. Ist es wegen ...? Aber Thanner dachte nicht an Eva, auch nicht an die Ärztin. Pia?, fragte Hans nun ganz vorsichtig.

Da klopfte es an die Tür. Sandor stand draußen. Gerne wäre er zum Flughafen gekommen, aber ... Aber was?, grinste Hans. Sandor wurde verlegen. Was ist los? Herein mit dir?, rief Thanner erfreut. Ist ja fast alles wie in früheren Zeiten. Da wurde Sandor noch ernster. Hätte ich das nicht sagen sollen?, fragte Thanner verunsichert. Offenbar nicht! Sandor hielt, in Zeitungspapier gewickelt, genau wie damals – etwas unter dem Arm. Nein! Nicht doch!, rief Thanner aus und schlug die Hände vor das Gesicht. Zum Vorschein kam, wie vermutet, eine Geige! Lass' mich raten – Sprengstoff oder Kokain?, ätzte Thanner Es gehe alles mit rechten Dingen zu, versicherte Sandor und strich über das edle Holz. Für mich?, lenkte Thanner freundlich ein, ist sie für mich? Sandor wurde wieder verlegen. Also doch wieder alles so wie damals? Schweigen. Das edle Instrument war nicht für ihn bestimmt! Für Pia? Was hast du mit ihr zu schaffen? Ja, das war nun eine andere Sache. Inzwischen sollte die Geige – in den Kasten? Ja? Verstehe ich das richtig?, Thanner schäumte. Sandor nickte. In seinen Augen war der feurige Glanz erloschen. Und ob Thanner verstand. Wer garantiert mir, dass wir nicht sogleich in die Luft fliegen? Ha?, Thanner packte ihn am Kragen. Keine Kokaingeige, nicht gestohlen, ich schwöre!, beteuerte Sandor und nestelte in seiner Jackentasche nach der Rechnung. Hans beruhigte, schließlich hatte er das Geld vorgestreckt. Nun war dieses hübsche Sümmchen von ihm abzuarbeiten. Ja, man konnte nun sogar über die Vergangenheit lachen. Thanner aber war zum Weinen. Zu gerne hätte er für Pia das Holz ausgesucht und eine Geige daraus bauen lassen, von der man nur träumen konnte. Müßig noch zu erwähnen, dass Sandor nicht mehr auf dem Rhein schipperte, nicht mehr unter Brücken schlief und auch mit dem Zeitungsverkauf nichts mehr zu tun hatte. Dafür hatte Hans gesorgt.

Sandor und Pia? Wie geht das zusammen?, fragte sich Thanner zum wiederholten Mal während des weiten Fluges und als er wieder den Boden Afrikas unter seinen Füßen verspürte. Lange schon hatte er von ihr nichts gehört. Frederik und Elsa, die noch immer ihrer »Lohengrün« die Treue hielten, berichteten ihm, dass man sie in ein anderes Heim verlegt hätte und dass sie wie eine Meisterin die Geige spielte. Der Schwan, dieser wundersame Schwan, was war aus ihm geworden? Von der Ärztin wusste er bereits – und sie brachte es ihm schonend bei, dass nichts mehr zu machen wäre mit den Augen. Er sollte sein Geld besser für sein Studium verwenden. Das tat er denn auch. Die guten Worte über einen begabten Arzt, der aus ihm einmal werden könnte, nahm er begierig von ihr auf. Sie trieben ihn an. Er schaute wieder weder nach links, noch nach rechts, ging auf sein Ziel los wie einer, der schon zu viel Zeit verloren hatte, und war Holzklotz und Stockfisch durch und durch. Machte er denn in seinem Leben nur Fehler? Wie wäre es mit mildernden Umständen? Der Ärztin konnte er diese nicht zusprechen. Niemals! Sie hatte ihn belogen! Nein, hatte sie nicht! Aber sie hätte es wissen müssen. Hätte sie? Was? Auch Ärzte sind fehlbar, Ärztinnen vielleicht besonders. Warum nur ließ sie sich aufschwatzen, was nicht den Tatsachen entsprach? Damals fehlte Thanner noch entsprechendes Fachwissen. Das aber sollte sich ändern. Warum wurde er denn Augendoktor?

Sandor und Pia – zum Kuckuck! Das wollte nicht in Thanners Kopf. Sandor konnte ihm doch nicht dieses engelgleiche Wesen vor der Nase wegschnappen! Er hätte sich doch denken können, wie ernst es ihm mit Pia war! Hätte er? Nein, hätte er nicht, musste er sich eingestehen. Ich bin Augenarzt, verstehen Sie, ich habe goldene Hände, sagt man, ich werde sie jetzt ... Untersuchen?, fragte die junge Dame hoffnungsvoll. Nicht nur das, ich werde sie heilen!, Thanner stierte vor sich hin. Vor ihm saß ein Mädchen, das wenig Ähnlichkeit mit seinem Traum hatte. Plötzlich rang er nach Luft, dann wurde er nach Hause geflogen. Vielleicht das Klima?, rätselte man dann und riet ihm, eine Auszeit zu nehmen. Seeluft würde ihm vielleicht gut tun.

Es war nicht nur die Seeluft, die gut tat. Er hatte Pia wieder zu Gesicht bekommen. Sandor brachte sie in die Eichenstraße mit, als Thanner packte, um an die See zu fahren. Wir bringen dich zum Flieger, verkündete Sandor. Wir? Vielleicht mit der Straßenbahn oder zu Fuß?, fragte Thanner belustigt. Aber die Fahrermütze in Sandors Händen war nicht zu übersehen. Er hatte doch tatsächlich den Führerschein geschafft! Kaum zu glauben! Thanner war sprachlos. In der schönsten Limousine, die sich vorstellen lässt, verkündete Sandor, alles für den Medizinmann! Hat Hans dich mit dem Wagen geschickt?, fragte Thanner und versuchte Pia zu übersehen. Aber sie sprach ihn an, hielt ihm die Hände hin und schaute kerzengerade aus. Sie sind der Augendoktor?, hörte er ihre Stimme. Thanner ging das durch und durch. Dann geschah nicht mehr viel. Man sprach Belangloses. Sandor setzte Thanner vor dem Flughafen ab und suchte einen Parkplatz.

Bis zum Abflug war noch Zeit. Thanner brachte seinen Koffer zum Schalter und führte dabei Pia an der Hand. Sandor hatte auch sie aussteigen lassen und ihn gebeten, sich um sie zu kümmern. Nun zog er sie auf eine Bank. Die Schalterhalle quoll über vor Menschen. Was tun, wenn Sandor nicht rechtzeitig käme? Sie hier sitzen lassen? Den Flug verpassen? Dabei zitterte Thanner am ganzen Körper und starrte sie unentwegt nur an, hüllte sie ein mit zärtlichen Blicken ohnegleichen. Aber sie merkte wohl nichts davon. Sie war blind! Wann begriff Thanner das endlich. Kurz vor dem Aufruf kam endlich Sandor angerannt. Thanner ging, auch die beiden machten sich auf.

So gehen alle ihrer Wege, dachte Thanner, als der Flieger abhob. Er schlug die Tageszeitung auf, staunte nicht schlecht – ein großes Konterfei von Gregor! Wie das? Feindseligkeit stieg in ihm hoch. Einen Roman hatte also dieser Lump geschrieben. War er etwa noch immer eifersüchtig auf ihn? Was war so ungewöhnlich daran, dass Leute im Gefängnis schreiben? Der Freund der Ärztin – war er es denn noch? – breitete seine Lebensgeschichte in seinem Werk aus. So jedenfalls stand es in dem Interview. Auch das ist nichts Ungewöhnliches, Leser mögen das. Aber als Thanner genauer las, wurde er wütend und war doch angeschnallt an seinem Sitz und konnte nicht toben, wie es ihm zumute gewesen wäre. So also war alles in Wirklichkeit. Und die Ärztin hatte diesem Halunken auch noch vertraut! Und wem allen er? Unwillkürlich dachte er an die Blumen, die er damals dem Blinden vorbei brachte. Gott würfelt nicht! Ja, das war einer der Sprüche dieses Mannes. Was hatte sich Einstein nur dabei gedacht? Und der Pseudoblinde, der die Unverschämtheit besaß, ihm diesen Spruch bei passender und unpassender Gelegenheit zu Gehör zu bringen? Er hatte nicht nur diese Worte im Ohr, sondern auch die Vergissmeinnicht vor Augen, die er einmal unter die Kuckucksnelken und Gänseblümchen mischte. Es war ein hübscher Strauß! Damals verplapperte sich erstmals der Blinde, und Thanner schöpfte keinerlei Verdacht, als dieser schnell erklärte, er würde die Vergissmeinnicht doch nicht sehen, sondern tasten. Auch dieser Schuft würde irgendwann einmal wieder frei kommen. Von dessen Rauschgiftgeschäften schien Sandor tatsächlich nichts gewusst zu haben, wohl aber von dessen Verbindung zu Eva. Allmählich schienen sich die Erinnerungsfetzen zu einem Ganzen zu fügen. Und das tat schrecklich weh ...

Die Seeluft bekam Thanner gut. Verständlich, dass er es so einrichtete, Frederik wieder zu sehen. »Lohengrün«, der grün gestrichene Kahn, war nun schon ein alter Herr und schon damals nicht mehr der jüngste, als ihn Frederik erstand. Elsa aber war nicht willens, ihn herzugeben. Frederik jedoch durfte immer für einige Wochen zu seinem Kutter an die See fahren. Nun verbrachten die beiden Männer eine ganz und gar unbeschwerte Zeit. Thanner kam auf andere Gedanken und erholte sich zusehends. Nach Afrika würde er wohl nicht mehr fliegen. Das hatte er letztlich diesem Anschlag zu verdanken. Der Betriebsarzt! Dieser skrupellose Mann hätte ihn töten können mit diesem Betäubungsmittel. Mit Spätfolgen rechnete niemand, von der Ärztin abgesehen. Er würde nun lernen müssen, mit dieser gesundheitlichen Einschränkung umzugehen. Evas Rachedurst wäre damit wohl einigermaßen gestillt, nur – sie wusste nichts von alledem. Ob es ihr Gefängnisdasein versüßt hätte?

Lange genug konnte sie sich in Sicherheit wiegen. Dann aber fasste auch sie ihre verdiente Strafe aus. Zu früh hatte sie frohlockt, als Hans verdächtigt wurde, später dann Thanner, der für immer verschwunden zu sein schien. Nach seinem Auftauchen geriet sie plötzlich in Panik – irgendwie musste sie ihre Haut retten. Hatte Eva tatsächlich gedacht, er würde gestehen? Wenn nur der Blinde nicht plötzlich auf den Gedanken kam, zu reden. Doch der schwieg. Er bekam von Eva den versprochenen Stoff, und alles andere kümmerte ihn nicht. Ihn samt dem Haus in die Luft zu jagen, misslang. Zur Ruhe kam sie erst, als sie ihre Idee, nach Thanners Vater zu forschen, in die Tat umsetzte. Über Hans wusste sie von dessen Existenz Bescheid. Diesen Mann ausfindig zu machen und zu einem Geständnis zu überreden, war leichter als gedacht. Man brauchte einen Schuldigen, einen toten oder lebendigen, das wurde Eva immer klarer. Bis ein solcher nicht gefunden war, würde sie wohl nie mehr zur Ruhe kommen. Wie kam es, dass dieser alte Mann Eva nicht verraten hatte? Schließlich aber schöpfte man doch Verdacht! Und daran war die Ärztin schuld und auch Sandor. Thanners überraschendes Geständnis kreuzte ihre Pläne mit dem Alten. Aber vielleicht nahm auch auf diese Weise nun das Ende ihrer Ängste seinen Anfang. Die Hartnäckigkeit dieser Ärztin hatte sie bei diesen Überlegungen wohl nicht auf ihrer Rechnung – und sie hätte doch auch Frauen herumkriegen können, wenn es die Umstände erforderten.

Hätte Thanner gewusst, dass er Pia wiedersehen würde, sein Genesungsfortgang wäre in Bocksprüngen vorangegangen. Nach langer Zeit wieder die Grachten entlang schippernd, vorbei an den Hausbooten, betrachtete er die bunten Häuser … Und wieder veränderten sie ihr Aussehen – bis Spinde daraus wurden. Gedankenverloren schlug er eine Zeitung auf, legte sie beiseite, schlenderte durch die Gassen. Ein Plakat nahm ihn plötzlich gefangen – ein Konzert im kleinen Kreis! Wann? Wo? Die Geigerin! Thanners Herz klopfte zum Zerspringen. Thanner saß in der ersten Reihe. Vor ihm eine spielende Göttin, und er bedauerte es zutiefst, schon lange keine Geige mehr in die Hand genommen zu haben. Zusammen mit ihr zu musizieren und dann im Beifall zu ertrinken, dachte er versonnen, würde alles vergessen machen. Seine Hände – vielleicht hatte man Recht, diese als golden zu bezeichnen – bebten. Warum nur hatte er noch immer nicht seinen Frieden? Und hätte ihn doch haben können mit so viel Dankbarkeit, die ihn umgab – wo immer er aufspielte, auf anderen Saiten, versteht sich. Er aber erblindete mehr und mehr, so sehr er andere sehend machte. Vergessen und Verzeihen, das waren wohl zwei Paar Schuhe. Wollte der Kopf, spielte das Herz nicht mit. Gab sein Herz sich einen Stoß, spielte sein Hirn verrückt. Die Ärztin schien es geschafft zu haben, was man so hörte. Wann aber ließ er endlich die Vergangenheit hinter sich? Hingegeben an

Pias Spiel aber, war er zu allem bereit, wenn auch nur für diese seligen Augenblicke. Er trug sie auf Händen – ganz in Weiß mit Schleier und Myrtenkranz über die Schwelle des Hauses Nr. 12 in der Eichenstraße hinauf in seine Wohnung. Ein Pizzikato riss ihn aus seinen Träumen. Der Ziegelbau! Er war nun hellwach. Das war kein Ort für sie! Und für ihn? Sollte er nicht abgerissen werden? Aber was dann? Ein Palast, nein, ein Schloss für seine Göttin! Oder – ein Blindenheim an dessen Stelle? Eine Augenklinik? Seine Klinik? Umsonst dort operieren, wenn es sein müsste ... Dann wieder die Zweifel! So etwas zu schaffen? Man würde ihn anfeinden, hintergehen, ihm Prügel vor die Füße werfen. Wem konnte man schon vertrauen. Sandor? Sandor, Pias guter Geist? Angeblich waren sie nur Freunde ... Wirklich nur Freunde? Sieht man das nicht?, fragte Sandor ganz unschuldig.

Noch ahnte Thanner nichts davon, dass die Ärztin daran arbeitete, die Scharte ihrer eingeholten Fehldiagnosen auszuwetzen. Nicht vom Fach zu sein, entschuldigt nicht, mit Haut und Haar Könnern auf diesem Gebiet blind zu vertrauen. Thanner bekam sie noch immer nicht aus dem Kopf. Um ihn ganz für sich zu gewinnen, stand ihr dieses blinde Mädchen und das offensichtliche Interesse Thanners an ihm im Wege. Kamen ihr denn die eingeholten und nicht sehr viel versprechenden Gutachten nicht gelegen? Sie schämte sich nicht einmal dafür. Gregor ließ immer noch nicht von ihr ab. Er zeigte Reue, echte Reue. Das Ausmaß dessen, was er durch sein Stillschweigen und seine Duldung verursachte, wurde ihm immer mehr bewusst. Er spielte sogar mit dem Gedanken, mit Thanner zu reden. Ob Verzeihung von ihm zu erlangen wäre, wenn er aus der Haft entlassen würde? Die hohen Geldstrafen waren nicht zu bezahlen, er hatte sie abzusitzen. Dazu kamen noch die Spielschulden, für welche er zur Verantwortung gezogen wurde.

Alsbald zeigte sich, was die Ärztin mit ihren nicht sehr gewissenhaften Recherchen über Pias Blindheit angerichtet hatte und wie viel kostbarer Zeit dadurch verloren ging. Was hatte sie noch zu verlieren? Verdankte Thanner ihr nicht nur sein Leben, sondern auch seine Freiheit und vor allem seinen beruflichen Aufstieg? Über seinen grenzenlosen Zorn darüber, ihr vertraut und sich auf sie verlassen zu haben, schien er das ganz zu vergessen. Seine Bitternis war einerseits verständlich, andererseits – stand diese im Verhältnis zu dem, was sich die Ärztin an Verdiensten um ihn erworben hatte?

Abermals mengte sich die Ärztin in Thanners Leben, eigentlich in das von Pia ein, und Sandor half mit dabei. Warum nicht? Sandor, der arme Spielmann von damals, dessen gutes Herz alles aufwog, was in der anderen unrühmlichen Waagschale seines Lebens zu liegen kam, nahm mit vollen Händen an, was sich da alles für Pia, seine Schwester, an Heilungsmöglichkeiten auftaten, und konnte sich nun mit Recht einen Glückspilz nennen. Für ihn, der ihm Laufe vieler Jahre mühselig Geld zusammengekratzt hatte, schien plötzlich die Welt eine andere geworden zu sein – eine gerechtere, barmherzigere. Das Ersparte reichte bei weitem nicht. Da war noch so einiges dazu zu legen. Mit Hilfe von Hans, seinem neuen Brotherrn und Gönner, konnte auch diese Hürde genommen werden. Auch die Ärztin steuerte einen Teil bei. Sie hatte nichts mehr zu verlieren, vor allem – Thanner nicht mehr zu gewinnen, dachte sie.

Und was hatte Thanner noch zu verlieren, wo er doch schon so viel gewonnen hatte seit damals? Was schon! Die Laufkatze! Längst hatte er ihr den Laufpass gegeben, ihr keinerlei Augenmerk mehr geschenkt, aber sie kam stets zurück. Lief von links nach rechts, von rechts nach links, quer durch sein Leben nach Belieben und war doch nicht aus Fleisch und Blut. Eines Tages aber würde sie ein Einsehen haben müssen mit ihm und sich davon stehlen – auf Nimmerwiedersehen. Wird sie das? Mit dem verwunschenen Schwan, dem er auf der »Lohengrün« begegnet war, konnte sie es auf Dauer nicht mehr aufnehmen, dachte Thanner.

Bevor er und Sandor sich noch aufrafften, sich einander etwas einzugestehen, kam ihnen Pia zuvor – nicht, dass sie ihrem geliebten Urwalddoktor, dem Holzklotz und Stockfisch von einst, gleich um den Hals gefallen wäre. Sie kamen sich zwar näher, dennoch ließ sie ihn vorerst in dem Glauben, noch immer blind zu sein, obwohl sie sehend geworden war. Thanners Augen zu öffnen, auf dass er erkenne, was für ein wunderbarer Bruder Pia die vielen schweren Jahre zur Seite stand und welch' einen Freund Thanner in Sandor hatte, brauchte Zeit – Zeit auch noch dafür, zurechtzukommen damit, dass nicht er es sein durfte, der an ihrer Heilung mitwirkte, sowie es ihm auch nicht gegönnt war, ihr das Holz für die wundervollste Geige der Welt zu verschaffen. Vielleicht es auch er nicht sein wird, dessen Begehren sie erwidern würde, denn was die Ärztin betraf, hatte Pia immer noch den sechsten Sinn einer Blinden –

Wie aber sollte der blinde Augendoktor wirklich einmal sehend werden und für immer erwachen aus allem Übel von früher? Streckt nicht die Vergangenheit ihre Fangarme stets nach jenen aus, die es nicht schaffen, Herr über sich selbst zu werden – wie auch über Laufkatzen, die einfach nicht genug kriegen können, wenn man sich ihnen ohne Gegenwehr überlässt, und über die Ziegelbauten an der Eichenstraße, die nicht widerstandslos einer Klinik weichen würden ...

Auf den Hund gekommen

Die Stützräder an dem Gefährt lassen an ein Kind denken. Der Hund, der neben dem »Dreirad« herläuft, scheint neu zu sein – wahrscheinlich ist der alte eingegangen. Das Körbchen auf dem Gepäcksträger erinnert noch an ihn. Der Nachfolger sieht ihm ähnlich, aber er ist jung und lässt sein Frauchen im Vorankommen alt aussehen. Stets büxt er aus. Er hätte eine Leine nötig. Diese aber wäre zu gefährlich für das Fahrzeug und die Frau mit den müden Beinen, die in Pedalen hängen – es gibt kein Entrinnen für sie, nur für den Hund. Leicht kommt er ihr nach, läuft voraus, und da ist der Alten schon von weitem die Mühsal anzusehen, um ihn einzuholen. Oft ist es ein Wettlauf zwischen ihr und dem Hund, den man tauschte. Die Beine aber blieben die alten.

An diesen Gehwerkzeugen stieß sich der Mann damals nicht. Er drängte sich zwischen den alten Hund und das Gefährt, das neben ihm immer schneller wurde – der Hund langsamer. Die Frau hatte wieder ein Lächeln nach langer Zeit, das so jung war wie der neue Hund jetzt. Der alte aber ging an seiner Hundetreue zugrunde. Er kam den beiden nicht mehr nach, holte sie nicht ein. So wanderte er ins Körbchen. Das war sein Tod, und dieser löschte wieder das Lächeln der Frau. Auch der Mann konnte es nicht mehr auf ihre Lippen zaubern.

Nun steht nichts mehr zwischen ihr und dem jungen Hund, nur der Abstand manchmal, der ihre Beine antreibt, um ihn nicht zu verlieren – und wohl auch nicht sich selbst ...

Der Fähnrich

Auf den Knien des Großvaters geschaukelt, bekam er schon früh Soldatengesänge zu hören – wie Kinderlieder muteten sie an, so, als wären Kriege nur ein Spiel, weiter nichts. »General« nannte ihn der Enkelsohn. So weit aber brachte er es nicht – weder unter der Krone, noch unter dem Hakenkreuz. Später, viel später dann die Schmähungen – von jenen, die keine Ahnung davon hatten, was es heißt, im Dreck und Kugelfeuer an der Front zu liegen. So sang er sich seinen Groll darüber von der Seele. Dem letzten Kriegsherrn, dem Mann aus Braunau, die Gefolgschaft nicht verweigert zu haben – eine lebenslängliche Schande?

Militärische Auszeichnungen waren für ihn nur noch Tand – Spielzeug für den Knaben. Klebt Blut daran? Wer fragt das? Im zweiten großen Krieg war es mit der Tapferkeit des Großvaters ohnedies vorbei – und war doch aus dem Leutnant ein Hauptmann geworden. Das war verdächtig! Zuweilen kramte der Gebirgsjäger von einst das Edelweiß hervor, das er auf seiner Mütze trug. Es war aus Blech und nun nicht mehr von Bedeutung.

Immer noch sang er *Als wir nach Frankreich zogen* und musste zuletzt doch auch nach Griechenland und an die Eismeerfront. Russland blieb ihm erspart – Bomben fielen nun auch zu Hause nieder und auf seine Frau. Die Tochter verschonten sie. Nach kurzem Fronturlaub sollte er wieder zur Truppe stoßen, doch alles ging schon drunter und drüber und löste sich auf. So gelangte der Hauptmann alsbald nach Hause – zu Tochter und Kind.

Der Vater des Knaben aber kam erst spät. Oftmals verwundet, lange Zeit vermisst und dann doch irgendwann aus Sibirien zurückgekehrt, sah er seinen Sohn erstmals, als dieser schon ernsthafte Fragen stellte. Die Antworten aber blieben aus – ein ausgemergeltes menschliches Wrack passte nicht mehr in die neue Zeit und zu diesem Kind und der Frau, die sich mittlerweile schon anderweitig umgesehen hatte. Mit der Rückkehr ihres Mannes war nicht mehr zu rechnen. Irgendwann hatte sie das Warten auf die Heimkehrertransporte satt und auch die Enttäuschungen darüber, dass vom Leutnant, ihrem Mann, offensichtlich jede Spur fehlte. Ein Eisenbahner, der im Lande seinen Kriegseinsatz ableistete, nahm sich der ausgebombten Frau, ihres Kindes und des verwitweten Großvaters an. Eine Keusche samt einer störrischen Ziege und einem kleinen Acker neben dem Bahndamm sorgten für das Überleben. Um den Nachwuchs kümmerte sich eine Engelmacherin. So wurde Kilian ohne Geschwister groß. In der Dorfmusik spielte und redete man viel. Man hatte wieder Parteibücher und Humor. Alsbald schlug der kleine Bub die große Trommel und rührte später die kleine.

Dessen Vater, der Spätheimkehrer, fand auch im Häuschen am Bahndamm Unterschlupf. Das sollte sich ändern. Alsbald fühlte sich der Eisenbahner als fünftes Rad am Wagen – es war nicht zu übersehen, wie nahe sich Kilians Eltern noch standen. Bald nach deren Verlobung marschierte der »Führer« ins Land. Tränen der Trauer rollten damals über ihre Wangen, während doch alles ringsum voll Freude und einer Begeisterung war, die keine Grenzen kannte. Sogar von den Kirchtürmen wehten Fahnen, und die Glocken jubelten, als feierte man Ostern oder Weihnachten. Ihr Land war nicht mehr ihr Land. Hatten denn damals alle den Verstand verloren – auch die Kirche? Das alles schmerzte sie. Schon kurz nachdem die beiden den Bund für das Leben geschlossen hatten, roch es nach Tod – es wurde »zurückgeschossen«. Der junge Ehemann musste einrücken – danach auch der Vater seiner Frau.

Zu Hause lebte man von den Feldpostbriefen und der Hoffnung auf ein Wiedersehen. Manchmal gab es Heimaturlaub für die Männer. Der Vater sang dann sein »Frankreichlied« – aber nur mehr die eine Strophe, wo es hieß: *Ach, Mutter, liebste Mutter, nur fest auf Gott gebaut, noch tut die Fahne schweben, die mir auf Tod und Leben der Kaiser anvertraut* ... Die Mutter jedoch hielt sich die Ohren zu – schließlich gab es schon lange keinen Kaiser mehr, und der Gatte war nun Hauptmann und kein Fahnenträger. Die Tochter heulte sich um ihren Liebsten die Augen aus. Zuletzt sah sie ihn kurz, bevor die Bomben fielen – damals nahmen sie Abschied voneinander, als wäre es einer für immer. Ein Sohn war unterwegs, doch davon wussten die beiden noch nichts, ahnten nicht, was noch alles kommen würde. Die Uniform des Leutnants kratzte – das Nass auf dem feldgrauen Rock wollte nicht trocknen.

Die Frau entschied sich für eine Trennung. Zu groß war ihre Dankbarkeit dem Eisenbahner gegenüber. Später dann nahm der leibliche Vater seinen Sohn zu sich. Das war gut so. Der Eisenbahner sprach nun oft und gerne dem Alkohol zu. Immer den vorwurfsvollen Blick der Frau vor Augen, die um ihre abgetriebenen Kinder trauerte, immer die quälende Frage, ob es wert war, diese Opfer zu bringen, und immer die gleiche Gegenfrage, wie die hungrigen Mäuler zu stopfen gewesen wären – er hatte es satt!

Eines Tages aber erschien ein Bursche – es war nicht Kilian, der Sohn der Frau. Dieser ließ schon lange nichts mehr von sich hören. Er stellte sich als Lambert vor und behauptete, der Sohn des Eisenbahners zu sein. Wie das? Die Frage nach der Mutter war schnell geklärt – sie starb nach dessen Geburt. Man kam überein, ihn zu Pflegeeltern zu geben. Seinen leiblichen Vater wolle er sehen, bat er. Dieser war aber wieder einmal sturzbetrunken und dabei, sich seinen Rausch auszuschlafen. Unter einem Vorwand wurde diese Begegnung verhindert. Er würde wieder kommen, die Frau war sich da ganz sicher. Sie stellte den Eisenbahner zur Rede. Nach anfänglichem Leugnen gab dieser seine Vaterschaft zu – und auch, sich wegen seines schlechten Gewissens um sie, den Buben und den Großvater gekümmert zu haben. Glaubte er wirklich, damit einen Fehler gut machen zu können? Gut machen?! Und die abgetriebenen Kinder? Sie wurden nicht mehr lebendig! Wieder dieser vernichtende Blick der Frau! Warum nur – der Eisenbahner wusste auch so, was er da von ihr verlangt hatte. Wie aber hätte man die Kinder durchgefüttert? Es reichte eines und drei Erwachsene! Von Gram zerfressen, bedachte das die Frau schon lange nicht mehr. Dennoch nahm sie Lambert freundlich auf, als er wieder kam. Auch Kilian schaute nach langer Zeit wieder einmal vorbei. Irgendwann begegneten die Stiefbrüder einander. Lambert erlernte ein Handwerk, Kilian legte eine ausgezeichnete Reifeprüfung ab.

Während Lambert Zivildienst leistete, besuchte Kilian die Militärakademie – seinem Vater zuliebe. Ab und zu trafen sich die beiden Burschen. Die Liebe zu den Bergen machte aus ihnen alsbald unzertrennliche Kameraden. Die leidenschaftlichen Kletterer zeigten so manchen Gipfeln, wer da ihre Herren waren. Immer gab es zwischen den beiden etwas zu bereden, und zuweilen gerieten sie sich auch in die Haare, wenn ihre Meinungen auseinander gingen. Kilian war ein Feuergeist, Lambert eher besonnen. Einige Tage, bevor Kilian ausgemustert werden sollte, geschah es – wer an dem Unfall die Schuld trug, war auch im Nachhinein nicht zu klären. Nun zeigten die Berge den beiden ihre Grenzen auf. Kilian erlitt eine Gehirnerschütterung, Lambert brach sich einige Rippen, was ihn aber nicht davon abhielt, an Kilians Ehrentag dabei zu sein.

Dieser jedoch hätte auf Anraten der Ärzte das Bett hüten sollen. Er ließ es sich aber nicht nehmen, sein Dekret selbst in Empfang zu nehmen. Die Eltern waren stolz auf den Sohn. Und erst der Großvater! Mit Freudentränen in den Augen überreichte er dem frisch gebackenen Fähnrich sein Edelweiß aus Blech. Es war ihm nicht leicht gefallen, sich davon zu trennen. Nun wurde gefeiert, auch der Eisenbahner fand sich ein. Wie zu erwarten, stimmte der Großvater sein Leiblied an: *Als wir nach Frankreich zogen, da war'n wir unser Drei: ein Schütze und ein Jäger – und ich der Fahnenträger der schweren Reiterei,* setzte Kilian voll Stolz fort. In Zeiten des Friedens hörte sich das recht merkwürdig an. Ausgerechnet der Fahnenträger entkommt der tödlichen Kugel, während es den Schützen und den Jäger erwischt? Darum bin ich auch Fähnrich geworden!, lachte Kilian voll Übermut.

Bald aber wäre es auch um den Fähnrich geschehen gewesen, als er kurze Zeit später in Ohnmacht fiel. Man stellte eine Gehirnblutung fest, und sein Leben hing lange Zeit an einem dünnen Faden. Wie im Film zog sein bisheriges Leben nun an ihm vorüber. Am Ende stand da der silberne Stern auf dem roten Spiegel mit dem Goldrand. Dieser Stern aber löste sich plötzlich ab, begann zu tanzen, hüpfte über einen Sarg, dann in eine Grube, kam wieder zum Vorschein, wurde immer größer und größer, entfernte sich nach oben. Kilian schaute ihm nach. Er gehört mir nicht mehr, dachte er erschrocken. Nein, nichts mehr gehörte ihm – nur noch die kühle Erde in einem Geviert, das für ihn ausgehoben worden war. Aber er hatte doch nicht geschossen!? Er nicht! Wer dann? Wer? Wie durch einen Nebelschleier sah er Lambert. Er konnte es nicht gewesen sein! Er schießt nicht, schon gar nicht auf Menschen. Wer war es? Ist er gefallen? Nein, ist er nicht! Da war kein Krieg und keine Kugel, nur ein Stern!

Ruht, ruht, ruht ..., brüllte Kilian nun unentwegt aus Leibeskräften, nachdem die da vor ihm das Gewehr präsentierten. Er machte Meldung. Ich, ich, bin der Fähnrich! Versteht ihr, der F ä h n r i c h! Aber das schien für die vor ihm Stehenden ein Fremdwort zu sein! Versteht ihr denn nicht – der F ä h n r i c h, schrie er mit letzter

Kraft ... Aber der Stern war fort. Ohne diesen war er ein Nichts! Jetzt schien er zu begreifen. Er sieht Gespenster, dachten alle, die um sein Bett standen. Dann aber führte man seine Befehle aus – Kilian wurde ruhiger. Einer aber stand noch immer stramm. Kilian glaubte, sein Spiegelbild zu sehen, dann verschwamm vor ihm wieder alles, und er fiel in einen Dämmerschlaf. Plötzlich befand er sich in einem Turmzimmer. Dort tauchte auch der silberne Stern wieder auf. Kilian musterte seinen Waffenrock. Er hing über einem Sessel neben einem Bett. Man ruft nach ihm, und der Großvater singt. Aber es brennt, und er ist nicht allein und nackt und will nichts mehr zu tun haben mit allem, was da um ihn herum ist ...

Alle nahmen sie Anteil an Kilians Schicksal – nicht nur die Kameraden. Oft wachte Lambert an seinem Bett, auch die Eltern und sogar die Eisenbahner. Vor allem aber der Großvater. Das Singen war ihm vergangen. Allmählich ging es mit dem jungen Fähnrich wieder aufwärts. So ganz richtig im Kopf schien er aber nicht mehr geworden zu sein, denn er meldete sich nach seiner Genesung zum Zivildienst und schlug den goldenen Leutnantstern aus. Das war unglaublich! Niemand konnte ihm das ausreden. Sterne dieser Sorte konnten ihm gestohlen bleiben, meinte er nur. So plötzlich? Man verstand nicht recht. Jeder Stern ist einer zu viel!, gab er seiner Mitwelt zu verstehen. Was meinte er damit? Den Leutnantstern vom Vater? Die Hauptmannsterne des Großvaters? Der des »Böhmischen Gefreiten« war weder aus Silber oder Gold und genügte dennoch, so viel Unheil anzurichten, aber was wisst ihr denn schon davon? Und war doch alles schwarz auf weiß zu lesen in dem Buch!, Kilian hatte sich informiert. Das war seine verdammte Pflicht, redete er sich ein. Wie viele?, fragte er plötzlich den Großvater und seinen Vater in wilder Wut. Verdutzt standen diese da. Kilian ließ nicht locker. Wie viele? Wie viele waren es? Wie viele habt ihr erschossen? Nun wurde es still. Sehr still. Könnt ihr nicht mehr rechnen – oder wie? Kilian bohrte weiter. Ihr habt nichts dazu gelernt!, sagte er dann und wandte sich verächtlich von ihnen ab. Das war nicht mehr der Kilian von früher.

Der Fähnrich schien wie verhext zu sein. Wer brachte ihn um den Verstand? Niemand konnte sich erklären, was plötzlich in ihn gefahren war. Das Buch? Das Buch wird es wohl gewesen sein, mutmaßte man. Sein Zorn richtete sich auf alle, die mit der Waffe in der Hand

Kriegsdienst geleistet hatten. Stellt euch vor, es ist Krieg und niemand geht hin? Niemand geht hin, ätzte der Vater, wie stellst du dir das eigentlich vor, mein Sohn. Mein Sohn, mein Sohn, ich bin nicht mehr dein Sohn, erklärte ihm Kilian kalt, und fortan wollte er mit seinem Vater nichts mehr zu tun haben. Wenigstens hast du in Sibirien gebüßt, fiel ihm noch ein, der Großvater hingegen ...! Ja? Was ist mit mir? Der Großvater wurde aschfahl im Gesicht. Fassungslos heftete er seine guten Augen auf seinen geliebten Enkelsohn.

Auch Lambert bemerkte mit Sorge, wie sehr sich Kilian ihm entfremdete, und auch, wie die Sozialdienste, die zu leisteten der Fähnrich sich auferlegte, ihm die Kräfte raubten – vor allem die Altenbetreuung und der Umgang mit Demenzkranken. Lebensunwertes Leben, wie? Ist es das, was du denkst?, feindselig musterte er Lambert. Da muss ich durch, erklärte Kilian ihm dann, büßen, verstehst du? Glaubte der Fähnrich tatsächlich, dies alles für die Kriegsdienste seines Vaters und des Großvaters schuldig zu sein? Damit etwas gut machen zu können? Was war daran nur so schwer zu verstehen? Sie hätten verweigern sollen – allesamt, dann hätte es keine Krüppel gegeben und keine Toten und keine Zerstörungen! An dieser Meinung hielt Kilian fest. Sogar mit jenen rechnete er ab, die auf dem sogenannten »Feld der Ehre« ihr Leben ließen. Warum nur waren sie diesem Kriegsherrn auf den Leim gegangen? Und was war mit den Schreckenslagern zur Vernichtung unbequemer Leute? Warum sah man weg, als der Rauch des Todes aus den Schornsteinen stieg? Sogar der Eisenbahner, der mit dem Regime damals kaum etwas zu tun hatte und das Glück, gewaltfrei seine Kriegsdienste ableiten zu können, mischte sich nun ein und beteuerte einmal mehr, von alledem nichts gewusst zu haben! Nichts gewusst? Das soll ich euch glauben? Ihr hättet euch das Buch vornehmen sollen! Der Vorwurf sollte alle treffen, die es in die Hand gedrückt bekommen hatten – nach der Trauung. Enttäuscht brach Kilian das Gespräch ab, als er zu hören bekam, man hätte damals andere Sorgen gehabt, als *Mein Kampf* zu lesen. Wir sollten ihn nicht mehr »Fähnrich« nennen, schlug der Großvater vor. Mehr fiel ihm nicht dazu ein?

Nach einem Anschlag auf ein Kriegerdenkmal wurde Kilian als Verdächtiger festgenommen. Warum Lambert ihm ein Alibi lieferte, wusste dieser selbst nicht so recht. So weit würde Kilian wohl nicht gehen, redete er sich ein. Schließlich kamen ihm doch Zweifel.

Ein Glück, dass die Stiefbrüder sich nicht ganz aus den Augen verloren hatten. Sie konnten noch immer miteinander reden. Worüber? Lambert begann neuerdings zu schreiben. Aus Kilian war längst eine Leseratte geworden – mit dem einen Buch fing alles an. Über den »Cornet« jedoch, den er zur Fähnrichsernennung von Lambert geschenkt bekam, verlor er kein Wort. Blut, Boden, Scholle, Heimatdichtung – geht denn das schon wieder los?, wetterte Kilian einmal, als er Lamberts Texte zu hören bekam. Was soll losgehen?, fragte Lambert verständnislos. Du verstehst wohl rein gar nichts, wie? Lambert verstand wirklich nicht, was Kilian meinte. Wehret den Anfängen!, klärte ihn dieser schließlich auf. Welchen Anfängen?, fragte sich Lambert verwundert. Sollte das eine Buch, von dem nun ständig zwischen ihnen beiden die Rede war, sie auch noch entzweien?

Lambert verlegte sich auf Kilians Anraten dann doch mehr auf das Lesen. Tagelang schloss er sich auf einer Almhütte ein, um sich in Stifters »Nachsommer« zu vertiefen. Das löste bei Kilian Kopfschütteln aus. Grass musst du lesen, Grass! »Katz' und Maus« zum Beispiel, ereiferte er sich, oder »Die letzten Tage der Menschheit« von Karl Kraus! Muss man? Kilian war gnadenlos, wenn ihm Texte nicht zusagten. Mit einer Leidenschaft ohnegleichen konnte er sich da hineinsteigern. Du hättest Textkritiker werden sollen, spaßte Lambert. Doch Kilian hatte anderes im Sinn. Er begann zu studieren und schaffte es, sich zu mäßigen – schließlich wollte er hoch hinaus. Das gelang ihm auch. Zwar beschloss er, niemals in seinem Leben mehr eine Krawatte zu tragen, auch nicht einen Hut, doch anlässlich der akademischen Ehrung zu seinem Studienabschluss machte er dann doch eine Ausnahme und band sich den »bürgerlichen Strick«, wie er ihn nannte, um. Danach aber fühlte sich Kilian wieder als einfacher Eisenbahnersohn, denn sein leiblicher Vater, der ehemalige Herr Leutnant, hatte es für seinen Geschmack zu weit gebracht. Seine Kriegsvergangenheit ging ihm immer noch gegen den Strich, und seine konservative Gesinnung empfand er als pure Heuchelei – doch auch Kilian, der Sohn, wollte nach oben.

Lambert, in einer Arbeiterfamilie groß geworden, war ein sozial denkender Mensch. Er hasste jegliche Form der Ausbeutung. In seinen Texten, die er nun doch hin und wieder verfasste, versuchte er dies darzulegen. Mit Kilian war er da eines Sinnes. Vor allem wollten die Stiefbrüder einfache Leute bleiben – auf immer und ewig. Auch in ihrer Kleidung offenbarten sie dies. Als sie aber im Hafen der Ehe landeten, griffen sie dann doch ihren Frauen zuliebe zu den verhassten Kleidungsstücken. Für Lambert aber wurde das Tragen derselben alsbald zur Regel. Kilian missfiel das – auch, dass er von ihm keine Texte mehr zu hören bekam. Nicht, dass er sich plötzlich für diese hätte erwärmen können, doch er hatte das Gefühl, Lambert würde ihm entgleiten. Dass dieser stinkreich eingeheiratet hatte, war für ihn schon kaum zu ertragen, doch am meisten irritierte ihn zu sehen, wie sich Lambert zusehends veränderte. Das kannte er bereits von seinem Vater, als dieser die Karriereleiter immer höher kletterte. Kilian schätzte jetzt seine Mutter umso mehr. Mit dem Eisenbahner lebte sie nun wieder einträchtig zusammen und war eine einfache Frau geblieben. Dort, im Häuschen am Bahndamm, wo einem die Züge um die Ohren pfiffen, war Kilian mit seiner Familie stets ein gern gesehener Gast. Dort fühlte er sich wohl, dort war er zuhause – vor allem, wenn ihm der Großvater nicht in die Quere kam.

Die Zeit brach an, wo auch Kilian beruflich Höhenluft schnupperte. Er lehrte, und die Belehrten staunten, was sie nicht alles zu hören bekamen. Wer sollte ihm nun etwas anhaben? Kilian setzte Maßstäbe und war erfolgreich damit. Mit dem leiblichen Vater, der sich nun auch in der Politik hervortat, und Lambert, der in der Wirtschaft tätig war, wollte er nichts mehr zu tun haben. Sozial musste man sein – durch und durch sozial! Sein Herz schlug für die »kleinen Leute«, nicht für die »oberen Zehntausend«. Dass es dazwischen auch noch etwas gab, versuchten ihm Bekannte, Freunde und vor allem auch seine Familie vergeblich begreiflich zu machen. Kilian war radikal in allem, ein Feuerkopf, dem niemand mehr die Stirn zu bieten wagte – mit einer Ausnahme!

Plötzlich schien Kilian die Liebe zum Großvater wieder entdeckt zu haben. Sogar das Edelweiß, das er von ihm geschenkt bekam, kramte er manchmal hervor. Er vermochte es einfach nicht, ihm es wieder zurückzugeben – wie sehr er sich das auch stets vornahm. Warum wohl? Die beiden schwiegen nun oft zusammen. Der Großvater, weil ihm die Worte mehr und mehr abhanden kamen, und Kilian, weil es ihm die Rede verschlug, wenn er in die Augen des Alten blickte. Ja, sie neckten einander sogar, indem sie sich mit

»Hauptmann« und »Fähnrich« anredeten, zuweilen nannte er ihn sogar »General« – wie in Kindheitstagen! Wer hätte das gedacht? In Großvaters Nähe wurde Kilian wieder warm ums Herz – wie damals, als er ein kleiner Bub war. Schließlich sangen sie zusammen sogar wieder das Frankreichlied. Da kenne sich einer aus!?

Dann aber geschah es, dass sich einer der Lambert-Söhne in eine Tochter von Kilian verliebte. Als man anlässlich einer Geburtstagsfeier einmal bei seiner Mutter zusammenkam, erschien auch Lambert mit Familie. Im Häuschen am Bahndamm ging es lustig zu. Alsbald entledigten sich die Lambert-Kinder ihrer feinen Schale und fanden Gefallen an der einfachen Art dort. Geschniegelt und gestriegelt waren sie erschienen. Nun war es eine Wohltat, formlos zu denken, zu reden und zu lachen. Sogar Kilians leiblicher Vater, der wieder geheiratet und ihm somit eine Stiefmutter beschert hatte, zog barhäuptig im offenen Hemd von dannen, nachdem er mit Nadelstreif und Hut gekommen war. Schon beim nächsten Treffen war alles viel zwangloser. Die Frau kochte auf, und der Eisenbahner empfing alle mit großer Herzlichkeit. Nichts sollte die gute Stimmung trüben. Dann aber wurde die Politik bemüht und die Vergangenheit, und da wollten es die Alten besser wissen. Sibirien? Was war damit? Aha, der Herr Leutnant war in die Jahre gekommen. Warum packt er jetzt erst aus? Warum nicht schon früher? Die Jugend zog sich zurück. Was scherte sie der Krieg und das, was davor und nachher war. Und überhaupt – Sibirien! Wie sollte man damit umgehen? Das war doch alles fremd für sie. Sie wollten leben und lieben. Und alles auch auf Kosten der Eltern.

Als Kilians Großvater starb, kam man zur Beerdigung wieder zusammen. Wie zu erwarten, erklang auch der »Kaiserjägermarsch«. Einer der Lambert-Söhne trommelte ihn ein. Dann spielte man auch noch das Lied vom »guten Kameraden«. Zuletzt blies der andere Lambert-Sohn den Zapfenstreich. Zu Hause im Eisenbahnerhäuschen entfachte das eine hitzige Diskussion. Ein Begräbnis dieser Art war nicht nach Kilians Geschmack, und wieder provozierte er. Die Lambert-Söhne waren in Uniform erschienen. Auf der einen prangte ein Stern, auf der anderen sogar zwei – sie glänzten weder silbrig noch golden und erweckten dennoch Kilians Unmut. Stern bleibt Stern!, Kilian machte da keinerlei Unterschiede. Der Gefreite und der Korporal trollten sich davon und beschlossen, den ehemaligen

Hauptmann mit den drei goldenen Sternen, den verstorbenen Urgroßvater der schönen Kilian-Töchter, auf ihre Weise hoch leben zu lassen.

Man traf sich erst wieder, als ein Kind unterwegs war. Der Lambert-Sohn und die Kilian-Tochter wehrten sich dagegen, es wegmachen zu lassen. Die Eltern der beiden wussten aber keinen anderen Rat. Das Mädchen war noch so jung und mitten in der Ausbildung, der Bursche ebenso. Auch im Eisenbahnerhaus wurde heftig debattiert. Und schließlich bot man sich dort an, das Kind aufzuziehen. Dann aber, als es so weit war, fühlte sich Kilians Mutter dieser Aufgabe nicht gewachsen. Das war nur zu verständlich! Kilians Tochter war mit diesem Kind auch heillos überfordert. Man merkte es sofort an dessen Augen, dass etwas mit ihm nicht stimmte. Und das, was nach Mund oder Nase aussah, war schrecklich anzuschauen. Schließlich nahm sich Kilians Vater dieses Kindes an. So schaffte man es im wahrsten Sinne des Wortes aus der Welt ...

Man tat alsbald auch so, als wäre nichts geschehen. Alles ging nun wieder seinen Gang wie bisher. Nur der junge Vater, der eine Lambert-Sohn, verstand plötzlich die Welt nicht mehr. Hatte er nicht sein eigen Fleisch und Blut schmählich im Stich gelassen? Er begann zu trinken. Schließlich glaubte er auch noch, im Spiel vergessen zu können, was geschehen war, und vor allem – Geld zu machen. Wenn er genug davon hätte, überlegte er, würde er sein Kind zu sich holen. Aber er hatte kein Glück, sondern bald einen Berg von Schulden. Irgendwann saß er auch eine Freiheitsstrafe ab und kam wieder zur Besinnung.

Lange Zeit herrschte zwischen Kilian und Lambert Funkstille. Irgendwann fanden sie sich wieder zu einer Bergtour zusammen. Man versuchte zwar, nicht in alten Wunden zu rühren, doch unweigerlich kam die Rede auf den Nachwuchs. Lambert litt darunter, dass er von seinen Söhnen nichts mehr zu hören bekam, auch nichts von seinem Enkelkind. Kilian war stolz auf seine beiden Töchter – sie studierten hervorragend und hatten Partner, die Kilian sehr schätzte. Das Enkelkind und dessen Schicksal schien er noch immer zu verdrängen. Lambert fasste sich nun ein Herz und sprach ihn darauf an. Er würde wieder Enkelkinder haben – gesunde, wich Kilian aus, und überhaupt, es ist schon etwas anderes, wenn Kinder in Familien groß würden, die etwas zu bieten haben. Was meinst du damit, forschte

Lambert. Kilian enthielt sich der Antwort. Lambert wusste auch so, was er meinte – sein Sohn verfügte damals weder über einen Beruf noch hatte er ein entsprechendes Einkommen. Er wusste nur seine Trompete zu blasen, ansonsten liebte er das Leben und die Frauen. Kann man etwas für seine Kinder? Diese Frage wurde nicht diskutiert – Nebel zog auf, doch Kilian stieg weiter aufs Gas. Die Forststraße war kurvenreich. Lambert war dagegen, mit dem Auto den Aufstieg abzukürzen. Die Scheiben beschlugen sich, dann der Knall ...

Am liebsten hätte Lambert, der Kilian sicherte, in die Tiefe stürzen lassen – vor allem sich selbst ein Ende beschert. Er war verbittert, und man konnte es ihm nicht verdenken. Beruflich in den Ruin getrieben, verlor er auch noch seine Frau an einen anderen Mann, und seine Söhne wollten ohnedies nichts mehr mit ihm zu tun haben. Kilian beneidete er dennoch nicht.

Ein Wetter zog auf. Mit Mühe und Not erreichten die beiden eine Felsnische. Sturm, heftiger Regen und Hagel stellten sich ein. Dann begann es sogar zu schneien. Sie würden erfrieren, wenn nicht Hilfe kommen würde. Hilfe? Kilian wusste, dass sie sich das aus dem Kopf schlagen konnten. Lambert hatte außer seinem Leben nichts mehr zu verlieren. Kilian aber, der Frau und Töchter vergötterte, stand vor einem weiteren Karrieresprung und hatte ein Einkommen, mit dem es sich gut leben ließ. Lambert fingerte nach dem Edelweiß, das er noch immer bei seinen Bergfahrten mitführte. Er hatte es von Kilian bekommen, nachdem dessen Großvater gestorben war. Lambert hätte es gerne einem seiner Söhne geschenkt, doch diese lehnten dieses unnütze Blechzeug, wie sie es nannten, verächtlich ab. Was willst du damit?, fragte Kilian irritiert. Weißt du noch, wie es uns immer Glück brachte, gab Lambert zu bedenken. Glück? Steck' diese Blechblume endlich weg!, Kilian war gereizt. Ein Hubschrauber, meinte er dann, wäre jetzt wohl nützlicher. Lambert schwieg.

Der Nebel verdichtete sich. Wie Peitschenschläge trug der Sturm die Schneeschauer in ihr Gesicht. Bei dem Wetter ein Hubschrauber? Da müsste der liebe Gott höchst persönlich einen vom Himmel herunter lassen!, sinnierte Lambert. Der liebe Gott, wenn ich das schon höre. Der versteht von Hubschraubern noch weniger als du!, lästerte Kilian. Dann aber begann er zu lachen. Es ist wie in einem kitschigen Heimatfilm, findest du nicht? Lambert verstand nicht so recht. Aber es steht keine Frau zwischen uns, Kilian schien sich tot zu lachen. Aber ein Kind, bemerkte Lambert. Da wurde es wieder still zwischen den beiden. Wenn wir beide bald tot sein werden, haben wir nichts mehr mit dem Kind und dieses nichts mehr mit uns zu tun – das war alles, was Kilian einfiel ...

Dann aber malte er sich die Schlagzeilen aus, die es nach der Auffindung ihrer Leichen geben würde, und wer alles um sie trauern würde. Das Kind jedenfalls nicht, warf Lambert ein. Kilian ging nicht darauf ein, sondern machte sich bereits Gedanken über die Begräbnisfeierlichkeiten, die notwendigerweise nach seinem Tod folgen würden. Glaubst du an ein Leben nach dem Tod?, fragte Kilian in eine plötzliche Stille hinein, die noch beängstigender war als das Heulen des Sturmes. Lambert blieb stumm. Ein leichter Anflug von Humor war bei Kilian wieder spürbar, als er laut dachte, wie es sein würde, mit Lambert vor der Himmelstüre zu stehen. Himmelstüre?, Lambert schüttelte nur den Kopf. Vorerst kommen wir nicht oben, sondern unten an! Aha, meinte Kilian nachdenklich. Die Wettersituation spitzte sich dramatisch zu.

Irgendwann verspürten die beiden wohlige Wärme. Kilian glaubte, aus einem bösen Traum zu erwachen. Kein Sturm, kein Seil, keine Wand ... Die weißen Kittel um ihre Betten nahmen die beiden erst später wahr. Dann dauerte es noch eine Weile, bis sie begriffen, wo sie sich befanden. Sie waren zwar unten gelandet, aber nicht in der Hölle! Und obendrein ganz und gar lebendig! So ein Wunder! Ein Hubschrauber? Das hat geklappt? Vorerst waren sie sprachlos. Na, meinte der Mann in Weiß, die Berge sind doch stumme Meister und machen schweigsame Schüler? Er schaute sie eindringlich an. Diese gestohlenen Worte konnten den beiden im wahrsten Sinne des Wortes gestohlen bleiben. Man sollte sie jedoch besteigen und nicht befahren, fügte er hinzu, und – danken Sie dem »Nis Randers« – oder wie auch immer Ihr Sohn heißen mag, sagte der Weißkittel dann noch. Bitte, wem?, fragte Kilian entgeistert. Na, von Literatur scheinen Sie wohl keine Ahnung zu haben, meinte der Arzt nachsichtig. Im Augenblick verstanden die beiden wirklich nichts. Ich habe keinen Sohn, warf Kilian dann doch ein. Was weiß denn ich, wer da zu wem gehört!, der Arzt zog mürrisch ab. Selbst als der »Trommelbube«, der jüngere Sohn Lamberts, wider Erwarten mit einem Blumenstrauß verschämt vor dem Bett des Vaters stand und ein Blitzlichtgewitter auf die beiden glücklich geborgenen Bergsteiger niederging, schienen sie noch immer nichts zu verstehen ...

Erst ein Zeitungsbericht am nächsten Tag brachte Licht ins Dunkel der Ereignisse. Die Schlagzeilen galten aber nicht Lambert oder Kilian, sondern einem jungen Mann und seiner heldenhaften Tat. Unter größtem Einsatz seines Lebens und entgegen einer strikten Weisung stieg der junge Pilot mit seinem Team auf, stand da zu lesen. Schlagzeilen! Habe ich doch geahnt, dass es solche geben würde, triumphierte Kilian, der es mit dem Lesen noch nicht so genau nahm. Wann hast du das gesagt?, wollte Lambert wissen. Warum weiß ich nichts davon? Kilian wirkte irgendwie orientierungslos. Dass dieser mutige Mann sein Leben und das seines Stiefbruders gerettet hatte, begriff er vorerst nicht so recht oder wollte nicht begreifen. Von einer Schlucht wurde berichtet und einem Wrack ... Wir hingen doch in der Wand!, überlegte Kilian. Woher die Schlucht? Allmählich begriffen die beiden erst, was geschehen war. Lambert aber zeigte sich beschämt – der Sohn schien vorerst keine Ahnung davon gehabt zu haben, w e n er da durch seinen Einsatz vor dem sicheren Tod bewahrte. Stumm drückte er die Hand seines »Trommelbuben« – reden konnte er nicht. Kilian wälzte sich alsbald im Fieber hin und her: *Sagt Mutter, es ist Uwe!* Uwe? Na, geht doch!, stellte der Arzt zufrieden und dennoch eiskalt fest, als er ihm den Puls maß. Doch noch so einige Texte im Kopf der Herr? In der Schule gut aufgepasst? Wie? Gute Lehrer gehabt? Der traut sich etwas, dachte Lambert. Der Gott in Weiß schien tatsächlich noch keine Ahnung zu haben, wen er da vor sich liegen hatte.

Erinnerungen an damals wurden in Lambert wach, als der frisch gebackene Fähnrich in Lebensgefahr schwebte und in seiner Ohnmacht plötzlich unsinniges Zeug daher redete. Kein Anlass zur Sorge, beteuerte der Arzt nun etwas freundlicher der Eisenbahnerwitwe gegenüber, die ans Krankenbett geeilt war. Für kurze Zeit öffnete ihr Sohn dann die Augen, um dann wieder zu phantasieren: *Seid stolz auf mich, ich trage die Fahne, seid ohne Sorge, ich trage die Fahne, habt mich lieb, ich trage die Fahne!* Welche Fahne? Die Mutter schüttelte verständnislos den Kopf. Lambert durchzuckte es, als Kilian fortfuhr: *Ach, Mutter, liebste Mutter, noch tut die Fahne schweben ...* Vor allem dem Arzt, der sich scheinbar einbildete, die halbe Weltliteratur im Kopf zu haben, blieb nun der Mund offen ...

Später dann, als man die Ausrüstung der beiden Genesenden brachte, stellte sich heraus, dass in Kilians Rucksack, den man in dem Autowrack fand, der »Cornet« steckte. Ich wollte ihn dir zurückgeben, gestand Kilian später Lambert kleinlaut, aber ich glaube, er hat uns Glück gebracht. Und irgendwann bettelte er dann auch Lambert wieder um das Edelweiß an, aber er bekam es nicht.

Das Leben ging weiter. Zwischen den Lambert-Söhnen und deren Vater herrschte wieder leidliches Einvernehmen. Der Unfall sorgte für eine unfreiwillige Familienzusammenführung. Sogar das Enkelkind brachte man ihm hin und wieder vorbei. Auch die Eisenbahnerwitwe, die nun mutterseelenallein nach dem Tod ihres Mannes im Häuschen am Bahndamm hauste, bekam es manchmal zu hüten. Kilian wusste nichts davon, nicht einmal, dass sein Vater, der sich vorerst des Urenkels angenommnen hatte, verstorben war. Alles, was sich seinen Wünschen und Hoffnungen in den Weg stellte, räumte er beiseite. Auch der Absturz und der Albtraum, bevor er wieder aus der Narkose erwachte, war bald vergessen. Mit einem neuen Wagen ging es wieder hoch hinauf in die Berge und zu Fuß noch höher. Lambert hingegen, der nun wieder Gelegenheitsarbeiten verrichtete, verstand nicht, warum Kilian dieses Kind noch immer so hartnäckig verleugnete. Wenn man es aber in seiner ganzen Erbärmlichkeit sah, konnte man das irgendwie auch begreifen. Stets war es krank, man durfte es nie aus den Augen lassen. Geldmittel für entsprechende Behandlungen fehlten. Als es aber einmal mit seinem Geschrei die Eisenbahnerwitwe vor einem großen Unglück bewahrte, sah man es plötzlich mit anderen Augen an. Die Öffentlichkeit wurde auf dieses Kind aufmerksam und – es gab Schlagzeilen ...

Kilian hätte erst nach dem Frühstück die Zeitung aufschlagen sollen. So blieben ihm die Bissen im Halse stecken. Seine Hände zitterten, als er die Zeitung weglegte. Schließlich ließ er sie verschwinden, sagte alle Termine ab und eilte zu seiner Mutter. Wenn jetzt nichts geschah, würde man Nachforschungen bezüglich dieses Kindes anstellen. Dass er der Großvater war, musste wohl nicht in alle Öffentlichkeit! Lambert würde nie den Blick vergessen, als Kilian erstmals sein Enkelkind zu sehen bekam. Feindselig musterte er es, während Kilians Mutter, die nicht mehr so ganz richtig im Kopfe zu sein schien, es unentwegt herzte und küsste. So sehen Lebensretter aus!, sagte Lambert trocken und nahm es nun an sich, obwohl es nach Kilian die Hände ausstreckte. Wie viel?, fragte Kilian nur. Was meinst du?, Lambert verstand vorerst nicht. Von Schweigegeld war dann alsbald die Rede. Wäre da nicht das zappelnde Kind gewesen, Lambert wäre Kilian an die Gurgel gegangen und hätte ihn in seinem unermesslichen Zorn erwürgt. Habe ich das richtig verstanden? Du willst dich loskaufen, das Kind noch immer totschweigen?, fragte er dann ungläubig.

Ein anonym bleiben wollender Gönner, war alsbald über die Medien zu erfahren, hätte dem Kind nun eine gute Lebensabsicherung und beste ärztliche Hilfe ermöglicht. Lambert machte nach anfänglichem Zögern und enttäuschter Wut dann doch aus Kilians offensichtlicher Not im Sinne des Kindes eine Tugend. Er bestimmte, was zu geben war, und das war viel. Als Kilian versuchte zu feilschen, drohte ihm Lambert, ihn vorzuführen. Die Konsequenzen waren Kilian bewusst. Deiner Mutter das Leben retten, dafür war dir dieses Kind wohl gut genug? Wie? Ich lasse dich auffliegen, drohte ihm Lambert, dann ist es mit deinem Ansehen vorbei, du erbärmlicher Wicht! Kilian gab nun nicht nur alles für das Kind benötigte Geld her, sondern darüber hinaus auch eine beträchtliche Summe Geldes für den mutigen Einsatz von Lamberts Sohn, der ihn aus der Schlucht geholt hatte. Im Gegenzug sollte gegenüber Kilians Familie über alles, was da vorgefallen war, Stillschweigen bewahrt werden. Schließlich stand eine der Töchter, die Mutter dieses Kindes, kurz vor dem Studienabschluss, und wenn die Zeichen nicht trügen sollten, auch vor einer beruflichen Karriere. Lambert verspürte nach diesem unwürdigen Handel nur mehr Verachtung für ihn, aber auch für sich selbst. Nun war er heilfroh, Kilian das Edelweiß nicht zurückgegeben zu haben.

Für Kilian, sollte man glauben, wäre nun alles wieder im Lot gewesen, stattdessen wurde er immer mürrischer, war stets gereizt, und nichts konnte man ihm mehr recht machen. Seine Familie ertrug dies alles mit bewundernswerter Geduld – sie liebten ihn, doch von Kilian kam nichts mehr zurück. Besonders die eine Tochter hatte unter seinen Launen zu leiden, obwohl sie sich alle nur erdenkliche Mühe gab, ihren Vater zu erfreuen. Was war nur los mit ihm? Als einmal die Rede auf Lamberts Familie kam, rastete er völlig aus, fegte alles Geschirr vom Tisch, dass es zerbrach. Hochrot im Gesicht drohte er an, alles kurz und klein zu schlagen, wenn man noch einmal diesen Namen erwähnen würde. Betroffen schwiegen Frau und Töchter, doch sie glaubten, nun einen Anhaltspunkt für sein merkwürdiges Verhalten gefunden zu haben. Ihr Misstrauen wuchs, als Kilian sein Prachtauto gegen einen Kleinwagen tauschte und die finanziellen Zuwendungen an die Familienmitglieder erheblich reduzierte. Da man aber in Kilians Haus gewohnt war, sich in allem und jedem dem Oberhaupt der Familie, das stets den Ton angab, zu beugen, fand man vorerst nicht den Mut, tätig zu werden und Nachforschungen anzustellen, was es mit diesen einschneidenden finanziellen Maßnahmen auf sich hätte.

Es war ein grausames Spiel, das Lambert mit Kilian trieb. Ihn finanziell ausbluten zu lassen, war vorerst nicht seine Absicht. Doch sein Ingrimm wuchs und wuchs, so erhöhte er erbarmungslos seine Forderungen. Insgeheim hoffte er jedoch, Kilian damit zwingen zu können, sich zu besinnen und endlich reinen Tisch zu machen. Zwar hatte das Enkelkind nun die beste ärztliche Betreuung, die man sich nur vorstellen konnte, und Lambert und seine beiden Söhne hätten von dem zusätzlichen Geld gut leben können, doch darum ging es doch nicht! Lambert trieb seine Forderungen auf eine gefährliche Spitze. Nun war es an Kilian, dieser Erpressung ein Ende zu setzen – entweder er schied selbst aus dem Leben oder er machte diesem Kind, dieser Ursache allen Übels, den Garaus. Wenn es nicht so weiter gehen sollte, musste er sich entscheiden. Aus dem teuflischen Plan, denn er da ausheckte, wurde aber nichts. Bald schon verwarf er diesen. Nein, so tief wollte er nicht sinken. Doch schon wieder kam ihm Lambert in die Quere und sagte ihm auf den Kopf zu, was er Übles zu tun gedachte hätte.

So erhöhte er angesichts der Ungeheuerlichkeit, zu welcher er glaubte, dass sich Kilian hätte hinreißen lassen, wenn er nicht rechtzeitig gekommen wäre, seine Forderungen. Mit vollem Recht, wie er meinte. Das hast du dir fein ausgedacht!, Lambert spuckte vor Kilian aus. Beinahe hätte alles geklappt. Kilian wäre sang- und klanglos verschwunden, und niemand hätte ihn in Verdacht gehabt, an dem Unfall beteiligt gewesen zu sein. Es war ein Leichtes, die Eisenbahnerwitwe ins Haus zu locken und das Kind auf die Schienen. Nicht nur der Zug tauchte auf, sondern auch Lambert! Alle Beteuerungen von Kilians Seite, er wollte nur sein Enkelkind wieder einmal sehen, nutzten nichts. Ich schwöre es! - Kilian klang glaubwürdig. Das verstörte Kind, das angesichts des fremden Mannes fürchterlich schrie, brachte Lambert auf die Spur – auf die falsche, wenn man Kilians Rückzieher im letzten Moment bedenkt. Zumindest hast Du mit dem Gedanken gespielt, ließ sich Lambert nicht beirren. Du wirst noch am Hungertuch nagen, prophezeite er nun Kilian und ballte die Faust. Auch Lambert war tief gesunken. Es wäre ihm nicht nahe gegangen, hätte sich Kilian in seiner auswegslosen Lage die Kugel gegeben oder sich selbst vor den Zug geworfen.

Kilians Leben war zwar nun nicht mehr lebenswert, dennoch riss er sich zusammen. Den Schein zu wahren, erforderte immer größere Anstrengung. Und noch immer war seine Familie rührend um ihn bemüht und völlig ahnungslos, was sich da zugetragen hatte. Auch beruflich hatte er zu kämpfen. Unfähig, sich zu konzentrieren oder zu beherrschen, verlor er immer wieder die Fassung, wenn ihn Belehrte provozierten.

Krankheitshalber war Kilian dann doch eine Weile außer Gefecht. Sein Körper zog die Notbremse, machte nicht mehr mit. Kilian war gezwungen, einstweilen beruflich das Handtuch zu werfen. Lambert, dem das zu Ohren kam, war gnädig und reduzierte seine Zahlungsforderungen. Doch Kilian lebte nur noch in Angst. Er begann zu spielen und auch zu trinken. Wie sonst sollte man diesem Albtraum wenigstens für eine Weile entrinnen? Seine Frau bemerkte lange nichts davon, auch die Töchter schienen nichts mitzubekommen – im Ausland tätig, waren sie mit alledem kaum befasst.

Nach einiger Zeit fand er den Weg zum Eisenbahnerhäuschen. Warum es ihn dort hinzog? Seine Mutter war inzwischen gestorben, aber das Haus stand noch. Die Fenster waren vernagelt, der Garten verwildert, nur die Züge fuhren daran vorbei wie immer. Lambert wusste durch Zufall, dass er kommen würde. Das war gut so, denn es gab wieder etwas zu bereden. Nichts Erfreuliches – oder doch? Na, Fähnrich?, sprach er ihn an. Erschrocken drehte sich Kilian um. Lambert? Du? Wer sonst?, entgegnete ihm dieser. Lambert hatte viel von dem Geld, das er erpresst hatte, für Kilian zur Seite gelegt – nur die Kosten für das Enkelkind zweigte er davon ab. Kilian schien das begriffen zu haben, sonst wäre er wohl nicht gekommen. Er hatte zu danken. Das Geld rettete ihn. Es sollte dir eine Lehre sein, sagte Lambert nur trocken, als dieser ihn darauf ansprach, dann sperrte er das Haustor auf. Abgestandene Luft schlug ihnen entgegen. Sie setzten sich. Lambert machte Feuer und bereitete etwas zu. Kilian sprach die ganze Zeit über kein einziges Wort. Hätte er lachen sollen oder weinen oder fluchen? Lambert würgen? Erwürgen? Wir müssen reden!, unterbrach Lambert die Stille nach dem Essen. Das hörte sich für Kilian weniger gut an. Es gibt da ein Problem, Lambert räusperte sich umständlich. Ist etwas mit dem Kind?, fragte Kilian unsicher. Mit dem Kind? Nein! Oder doch ...? Ein gutes Ende jedenfalls war angesichts dessen, was der Fähnrich da nun zu hören bekam, wieder nicht in Sicht. Du sollst mich nicht so nennen, schnaubte Kilian. Gut, ich nenne dich »Mörder«, wenn dir das lieber ist? Lambert war wieder gnadenlos. Das verhieß nichts Gutes.

Man hatte seine Tochter vergewaltigt! Vergewaltigt? Kilian verschlug es die Rede. Wer? Wann? Wo? Und du? Du wusstest davon? Seit wann? Du Hund, du vermaledeiter Hund. Du ... , Kilian stürzte sich auf Lambert, schlug wild auf ihn ein. Bist du nun zufrieden, du schadenfreudiger Racheengel, keuchte Kilian. Nein, du bist kein Engel, ein elender Teufel bist du!, Kilian wütete, raste – wäre der »Trommelbube« nicht dazwischen gekommen, sie hätten sich beide gegenseitig umgebracht. Wo kommst du denn her, du Satansbraten?, fragte ihn Kilian atemlos. Blutüberströmt und mit blauen Flecken hockten die beiden nun da, und Lamberts jüngerer Sohn hatte alle Hände voll zu tun, neben der Wundpflege die beiden Streithähne zur Vernunft zu bringen. Kilian warf Vater und Sohn nun ihr böses Spiel mit der Erpressung vor. Zum Affen habt ihr mich gemacht und beinahe zum Mörder, ihr Schurken! Schließlich gestanden die beiden kleinlaut ein, zu weit gegangen zu sein. Zu weit? Viel zu weit!, empörte sich Kilian, das war unmenschlich. Er schwieg plötzlich. Wie ein kleines Kind weinte er still vor sich hin. Dann aber, als er erfuhr, dass Kilians Tochter schon im sechsten Monat war, tobte ein neuerlicher Kampf zwischen Lambert und ihm, aus dem sich der Lambert-Sohn zuletzt nicht mehr heraus halten konnte. Auch er bekam nun seine Wunden ab. Man verbrachte zu dritt eine Nacht. Es wurde geschwiegen, gejammert, beschuldigt. Und schließlich einigte man sich darauf, sich für alle Zeit in Ruhe zu lassen und sich aus dem Weg zu gehen.

Nach Kilians Rückkehr aus dem Häuschen am Bahndamm hatte nun auch seine Familie kein gutes Leben mehr. Dass man ihm die Vergewaltigung und die Schwangerschaft verschwieg, konnte er noch in Anbetracht der misslichen Lage, in welcher er sich befand, verstehen. Man wollte ihn schonen! Schonen? Mir zu verschweigen, dass man meine Tochter erpresst, das Kind nicht abzutreiben?, Kilian war fassungslos. Er tobte. Und überhaupt, was geht das die Lamberts an? Warum mischen sich die da ein? Was dann geschah, war furchtbar – das Kind musste weg. Kilian fand Mittel und Wege dazu – vor allem einen Arzt, der attestierte, dass es behindert sein würde, was aber nicht den Tatsachen entsprach. Mit Geld geht alles. Die Tochter wurde nicht lange gefragt, sie hatte sich zu fügen. Die Vorstellung, wieder so ein Kind auf die Welt zu bringen, wie das schon einmal geschah, machte es ihr leichter, sich dagegen nicht zur Wehr zu setzen. Überdies löcherte sie der Vater unentwegt mit seinen Fragen über den Übeltäter. Was? Ein Amerikaner? Es kann auch ein Franzose gewesen sein? Du wirst wohl den Namen wissen. Wir müssen ihn finden. Nein, das wird nicht möglich sein, stotterte die Tochter. Aha? Und warum? Du warst betrunken? Meine Tochter – betrunken – sternhagelhell voll! Kilian wütete, wie das seine Familie noch nie an ihm erlebt hatte. Vielleicht war auch noch Rauschgift im Spiel? Ja? Du weißt es nicht? Noch nie davon gehört, dass man so etwas jemandem in ein Getränk schütten kann? Es war alles unglaublich. In welcher Gesellschaft verkehrst du eigentlich? Zumindest ließ der Vater endlich davon ab, Nachforschungen anzustellen – nur abtreiben sollte sie, nichts weiter, dann gehe man wieder zur Tagesordnung über.

Das Kind aber starb und starb nicht. Man hatte es achtlos liegen gelassen, ehe man daran ging, es zu entsorgen. Als es dann aber so weit war, entdeckte man, dass es noch Lebenszeichen von sich gab. Wer bringt es schon über das Herz, einem Menschenkind, dem man den Tod bereitet hatte und das nach einem halben Tag noch immer nicht des Lebens müde war, keine Chance mehr zu geben? Man fragte nicht lange, sondern handelte, und nun geschah genau das, wovor Kilian stets zitterte – es gab wieder Schlagzeilen. Betroffen und beschämt waren nicht nur Kilian und Lambert mit Familie, sondern vor allem die Ärzte. Es begann nun ein Kampf um dieses Leben. Einer, den man besser vorher hätte führen sollen. Aber das Kind ging als Sieger aus diesem hervor. Und als es schließlich so weit war, dass man es in sein eigenes Nest hätte entlassen können, fand sich da niemand, der es haben wollte. In Anbetracht der schrecklichen Umstände seiner Menschwerdung war eine künftige Behinderung nicht ganz auszuschließen. Schließlich erbarmten sich die Lamberts dieses Kindes und erklärten sich ohne großes Aufheben bereit, es mit seinem Geschwisterchen großzuziehen. Und – man vermied Schlagzeilen – Kilian war erleichtert.

Für diesen aber brach nun keine gute Zeit an. Zwar war alles wieder wie früher, man konnte aufatmen. Doch der Schein war ein trügerischer. Der Haussegen hing denkbar schief. Seine Frau empfand nur noch Verachtung für ihn, und es war nur eine Frage der Zeit, dass sie ihn verlassen würde. Nur die Sorge um den Zustand ihrer einen Tochter hielt sie noch davon ab. Die andere dachte nicht mehr daran, ins Elternhaus zurückzukehren. Zu viel war passiert. Die Nerven der Familie lagen blank. Kilian litt mehr und mehr an Verfolgungswahn. In seinen Albträumen erschienen Soldaten und sangen das Frankreichlied – nein, sie sangen es nicht, sie grölten es. Kilian vermeinte die Lambert-Söhne zu erkennen, er schaute nach den Sternen auf den Spiegeln ihrer Uniformen aus, aber da waren keine zu sehen.

Schweißgebadet erwachte er. Obwohl ihn die Lamberts in Ruhe ließen und nicht einmal mehr Unterhaltszahlungen für die beiden Kinder forderten, verfolgten sie ihn auf Schritt und Tritt in seinen Gedanken. Er las keine Zeitungen mehr, bange sah er die Post durch, und im Auto sah er stets angstvoll in den Rückspiegel, ob ihm nicht vielleicht doch jemand gefolgt wäre. Die Blicke seiner Frau und seiner Tochter waren kaum noch zu ertragen. Und alsbald entschloss er sich, ins Ausland zu gehen.

Im Häuschen am Bahndamm hingegen ging es ganz lustig zu. Lambert hatte alle Hände voll zu tun, die beiden Kinder zu versorgen. Eine Zugehfrau half ihm dabei und vor allem der »Trommelbube«, wenn er Zeit dafür hatte. Das ältere Kind entwickelte sich entgegen jeglicher Prognosen ganz prächtig. Vor allem aber freute es Lambert, dass seine beiden Söhne nicht mehr verfeindet waren – der eine trug wieder Uniform, jedoch keine militärische, der andere dienstlich den Frack. Die Erpressungsversuche konnte der ältere, als er davon erfuhr, vorerst lange Zeit nicht verwinden. Er blies sich mit seiner Trompete die Seele aus dem Leib, um für seinen Sohn nötiges Geld aufzutreiben. Nur die Tatsache, dass Kilian angeblich so weit gegangen wäre, nach dem Leben seines Kindes zu trachten, stimmten ihn um. Doch glauben wollte er an eine solche Freveltat dennoch nicht so recht. Am meisten aber kämpfte er dagegen an, die Kindesmutter nicht vergessen zu können. Oftmals blickte er aus dem Orchestergraben ins Publikum und wünschte sich nichts mehr, als ein bestimmtes Gesicht zu erspähen. Und einmal, da kam sich das einstige Liebespaar tatsächlich wieder sehr nahe. Zu nahe! Kurz darauf stieß sie ihn weg. Das konnte sich der Lambert-Sohn nicht gefallen lassen. Zum Glück vertraute er sich seinem Bruder an. Dass Kilians Tochter wieder in anderen Umständen war, brachte dann durch Zufall der »Trommelbube« in Erfahrung. Angeblich wäre sie vergewaltigt worden, so musste man es wohl wegmachen lassen! Der Lambert-Sohn aber konnte rechnen. Ohne seinen Bruder, der mit Sicherheit der Vater des Kindes war, zu informieren, handelte er. Es war schließlich keine Zeit zu verlieren. Das gehe nur sie etwas an, meinte die Kilian-Tochter, als er sie zur Rede stellte. Und was ist mit meinem Bruder, he? Das Kind ist doch von ihm? Oder? Wage es nicht, das zu leugnen. Sie reizte den »Trommelbuben« bis zur Weißglut, und so setzte er, wie damals sein Vater, wieder alles auf eine Karte und erpresste sie in der Weise, dass er einerseits Versprechungen machte, nach der Geburt für das Kind zu sorgen, und andererseits ihr wirksam drohte, den Ruf ihrer Familien aufs Spiel zu setzen. Ein Glück, dass sich die Kilian-Tochter einschüchtern ließ. Als er Vater und Bruder davon Mitteilung machte, waren beide entsetzt, sahen aber ein, dass dies die einzige Möglichkeit war, Zeit zu gewinnen. Das Kind sollte leben! Zur rechten Zeit wollte man Kilian in Kenntnis setzen. Schließlich hätte es die Kilian-Tochter selbst in der Hand gehabt, für ein gutes Ende zu sorgen. Die Vergewaltigungsversion als Alibi für eine Abtreibung war wohl das Allerletzte ...

Kilian kam zunächst im Ausland wieder zur Ruhe. Ab und zu meldete er sich zu Hause, erzählte von seinen Ehrungen, die ihm zuteil wurden, schickte Geld – das war auch alles. Wie seine Frau mit der Tochter, der Kindesmutter, zurechtkam, interessierte ihn nicht. Bald war diese in einer Nervenheilanstalt, dann wieder zu Hause – an eine Berufsausübung war nicht zu denken. Kilians Frau versuchte das alles mit Fassung zu tragen. Irgendwann, dachte sie, muss das alles ein Ende haben. So beschloss sie in ihrer Verzweiflung, ihre andere Tochter um Hilfe zu bitten. Diese erschien tatsächlich und versprach Unterstützung. Sie riet der Mutter, eine Auszeit zu nehmen und wegzufahren. Sie vermutete, sie würde ihren Mann treffen wollen. Nie und nimmer! Doch das sagte die Mutter ihr nicht. Sie packte zwar, um sich für einige Zeit zu empfehlen. Wohin die Reise ginge, ließ sie offen.

Im Häuschen am Bahndamm staunte man nicht schlecht, als es spät abends, als der Wind heulte und dichte Schneeflocken vor sich hertrieb, noch klopfte. Lambert erkannte die abgehärmte Frau vorerst nicht, bat sie in die Stube, wo sie erstmals ihre Enkelkinder sah. Hemmungslos begann sie zu schluchzten und war vorerst nicht zu beruhigen. Lambert musste ihr für die Nacht ein Lager bereiten. Sie aß und trank nichts, sondern weinte nur unentwegt still vor sich hin. Lambert begriff vorerst nicht, wie erschöpft sie war. Die Kinder, die anfänglich in ihr Weinen einstimmten, begannen dann aber zu lachen und sie liebevoll zu kosen. Als die Kinder zu Bett gebracht waren, versuchte Lambert sie zum Reden zu bringen, doch sie schwiegen sich beide nur gegenseitig an.

Am nächsten Tag war die Zugehfrau nicht mehr von Nöten, auch nicht am nächsten und übernächsten. Dann aber sagten sich die Söhne an, und Kilians Frau machte keinerlei Anstalten abzureisen. Deine Töchter werden dich wohl schon vermissen?, fragte er sie vorsichtig. Doch sie zuckte nur teilnahmslos die Achseln. Eine Begegnung mit den Lambert-Söhnen war nicht mehr zu verhindern. Die Frau begann wieder zu weinen, als diese ihr zu verstehen gaben, wie leid ihnen alles tat. Zuletzt wurde sie auch noch krank. Das hatte ihnen allen noch gefehlt! Man holte den Arzt – und die Töchter musste wohl auch verständigt werden und Kilian ... Wo hielt er sich eigentlich auf?

Als dieser von der schweren Erkrankung seiner Frau erfuhr, entschloss er sich dann doch, Weihnachten zu Hause zu verbringen. Schon wegen der schiefen Optik, die eine Beistandsunterlassung im Zuge eines Scheidungsverfahrens ergeben hätte. Da das Flugzeug beim Landeanflug in Turbulenzen geriet, meldete sich der Co-Pilot. Kilian erschrak. Diese Stimme kam ihm bekannt vor, erinnerte ihn an den »Trommelbuben« ... Bei so einem Piloten, dachte er nur verächtlich, muss ja alles schief gehen. Gegen einen Absturz hätte er nun eigentlich auch nichts einzuwenden gehabt. Angst?, fragte ihn sein Sitznachbar. Kilian schüttelte den Kopf. Er hätte Hubschrauberpilot bleiben sollen ... Wer?, der Mann daneben sah ihn fragend an. Knapp vor der Landung erspähte man schon einen bereit gestellten Rettungswagen, auch Polizei war auszunehmen. Viel Presse war um die Wege. Scheinwerferlicht blendete. Sehen Sie, da vorne, das ist er!, bedeutete ihm ein Passagier. Wer?, fragte Kilian gedankenverloren. Was kümmerte ihn der Mann, der da ein Interview gab, während man den Piloten, der einen Herzanfall erlitten hatte, abtransportierte. Ein kurzer Blick aber verriet Kilian, dass es ein Lambert-Sohn war.

Kilian war elend zu Mute. Es war stockdunkel, auch ihn ihm – setzten ihn doch seine Töchter kurzerhand vor die Tür, als er sie aufsuchte. Auszurasten, weil er den einen Lambert-Sohn inmitten seiner beiden Töchter antraf? Weil der andere, der Co-Pilot, plötzlich atemlos auftauchte? Was hatten diese beiden Männer hier bei ihm zu Hause zu suchen? Und überhaupt – was war mit seiner Frau? Kein Zweifel, Lambert hatte sich an sie herangemacht! Man wollte Kilian zur Besinnung bringen, ihm alles erklären – umsonst. Fähnrich, es ist besser, Sie gehen jetzt! Was erlaubten sich diese Lambert-Bengel eigentlich, so mit ihm zu reden? Welcher Teufel aber hatte ihn zuvor geritten, sie wie Lausbuben zu behandeln und den einen verächtlich einen Banditen-Gefreiten und den anderen einen Gangster-Korporal zu nennen?

Kilian irrte nun schon seit Stunden durch die bitterkalte Nacht und ekelte sich vor sich selbst. Was hatte er nur getan, anderen angetan! Wie Schuppen fiel es ihm plötzlich von den Augen. Zu spät!, dachte er, viel zu spät. Was war er nur für ein Mensch – nein, kein Mensch, ein Unmensch, ein lebensunwertes Leben war er! Er hielt nun nach einem Stern Ausschau. Der Leutnant und der Hauptmann da oben spuckten jetzt wohl herunter auf ihn. Verdient hätte er es. Was war er nur für ein Vater, was für ein Großvater! Und er, Kilian, spielte sich noch als Richter auf ... Wie viele, hörte er sich fragen, habt ihr erschossen, erschossen, erschossen? Von oben kam keine Antwort, von irgendwo her das Echo seiner Frage von damals ... Jeder Stern ist einer zu viel! Das waren seine Worte! Nun hätte es eines ganzen Sternenheers bedurft, um ihn wieder aufzurichten. Er wollte nicht gefunden werden. Ich verdiene keine Gnade. Ich, ich bin der Fähnrich, ich stelle mich – schießt, schießt!, rief der halberfrorene Mann mit ersterbender Stimme. Das war gut so. Die Lambert-Söhne folgten dieser und waren erleichtert, Kilian nach langem Suchen endlich gefunden zu haben – gerade noch rechtzeitig!

Inselprinz

Julius arbeitet am Fließband – tagein, tagaus, von früh bis spät. Morgen würde alles anders sein! Er hat gewonnen – eine Flugreise! Urlaub? Mitten im Winter? Die Fabriksleitung lässt mit sich reden. Wie am Fließband bewegt sich die Menschenschlange vor den Abfertigungsschaltern und der Polizeikontrolle. Hilfsarbeiter, steht in seinem Pass. Doch nun hebt er ab. Auch auf dem Rollfeld ist es wie am Fließband – ein Flieger nach dem anderen geht in die Luft. In einem sitzt er nun und sieht erstmals die Welt von oben, auch das Meer.

Im Hotel wieder vieles wie am Fließband – an den Buffettischen ziehen die Leute vorüber, greifen zu oder auch nicht. Auf manchem Teller türmen sich die Speisen, nicht jedoch auf dem von Julius. Er hat Halbpension, sein Zimmer Meerblick. Nur die Sterne über dem nächtlichen Wasser fühlen sich nach Heimat an. Sonst ist alles fremd hier. Wellenungetüme drängen vor und zurück, kommen an, ziehen ab – Tag und Nacht. Lärm reißt ihn aus dem Bett. Schlaftrunken eilt er auf die Terrasse. Scheinwerfer beleuchten grell die dunklen Fluten. Ein Hubschrauber umkreist den Lichtkegel. Sie haben niemanden gefunden, erzählt der Mann an der Rezeption am nächsten Morgen. Hoffentlich sind alle ertrunken, fügt er noch hinzu. Schade um das Geld, das sie umsonst für ihre Flucht bezahlt haben, hört er am Strand die Leute reden. Julius hat nichts bezahlt. Er hat gewonnen, aber das muss nicht jeder wissen. Vielleicht denken sich das einige, die beobachten, dass Julius nur Wasser trinkt.

Eine Frau macht sich an ihn heran. Sie lädt ihn zu einem Glas Wein ein. Julius lehnt ab. Die Frau gibt nicht auf. Sie entdeckt ihn am Strand, wie er über den Sand schlendert. Er ist einer unter vielen, die sich entlang der Brandung fortbewegen. Ans Ufer züngelndes Wasser umspült seine Füße. Eine Woge kommt bis an seine Knie heran. Ehe sie auf die Hose trifft, springt Julius zur Seite. Niemand außer dieser Frau scheint ihn zu beachten. Auch hier ist alles wie am Fließband, denkt Julius angesichts der Menschenmenge, die ihm entgegenflutet – eine Völkerwanderung! Er kehrt um, nimmt die Gegenrichtung. Fremde Sprachen dringen an sein Ohr. Das Fließband kennt kein Zurück, denkt Julius, keine Umkehr, keine Gegenrichtung, man müsste sich herausnehmen aus dem Geschiebe. Die

Frau kommt auf ihn zu. Sie hat ihn im Visier. Er schließt sich ihr nicht an. Sie hat gewiss bezahlt.

Auch die Flüchtlinge haben bezahlt, denkt Julius, als er eines anderen Tages sieht, wie man erschöpfte Menschen an Land bringt. Sie haben Glück gehabt, sagen die einen. Glück?, fragen sich andere. Man schickt sie alle wieder zurück. Wer sagt das? Julius schaut in verzweifelte Gesichter. Man hüllt die entkräfteten Leiber in Decken, versorgt sie mit Trinkwasser ...

Julius starrt missmutig auf das Abendbuffet. Sein Teller, den er unschlüssig in Händen hält, ist noch immer leer. Er hat keinen Appetit und war doch den ganzen Tag unterwegs. So viel Sonne, so viel Himmelsbläue. Dann greift er doch zu, kehrt zu seinem Tisch zurück, stochert lustlos in seinem Essen, denkt an die Flüchtlinge vom anderen Kontinent, an ihre Strapazen, an die Ankunft hier. Köstlich, nicht wahr?, meldet sich jemand vom Nebentisch. Julius nickt, isst dann doch etwas und sinniert weiter. Diesmal nimmt er die Einladung zu einem Glas Wein an. Das Gespräch läuft schleppend. Für den nächsten Tag steht ein Ausflug am Programm. Der Zufall will es, dass die Frau vom Nebentisch auch mitfährt. Nun sitzt sie neben ihm im Bus. Sie fahren die Küste entlang, biegen dann ins Landesinnere ab. Was es da nicht alles zu sehen gibt! Julius ist wortkarg. Auch seine Begleiterin redet nicht viel, dafür mustert sie ihn von der Seite. Am Mittagstisch werden Belanglosigkeiten ausgetauscht. Das Essen ist im Ausflugspreis inbegriffen, auch der Wein. Man prostet sich zu. Julius denkt an die Fabrik, an seinen Arbeitsplatz.

Übermorgen ist Abreise! Der Reiseleiter erzählt, dass er schon Jahre hier leben würde. Ein Aussteiger? Er hat diesen Schritt nie bereut, sagt er und zeigt Fotos von seinem Haus, das er sich hier gebaut hat. Aussteigen, das ist wie Herausgenommenwerden aus einem Strom, der einen mit sich zieht, überlegt Julius. Nein, es hätte keine zwingenden Gründe gegeben, fortzugehen und sich anderswo niederzulassen, versichert der Reiseleiter glaubhaft auf Julius' viele Fragen. Er habe es einfach nur satt gehabt, in einem Land zu leben, wo man Zwängen unterliegt, wo das Wetter monatelang kalt und unwirtlich ist. Hier genieße er den immerwährenden Frühling. Man muss sich nur trauen, sagt er dann. Als wenn das so einfach wäre, denkt Julius. In der Fabrikhalle weiß man ohnedies nie, ob es draußen sommert oder wintert. Das ist auch unwichtig. Das Fließband gibt alles vor. Es legt sich nie quer. Oder doch? Nun kreuzt es Träume, die in Julius hoch kommen. Übermorgen ist es so weit! Dann ist alles wieder anders, ganz anders ... Julius schaut angestrengt aus dem Busfenster.

Die Frau neben ihm muss seine Gedanken erraten haben. Reisefieber? Wieso Fieber?, fragt Julius verständnislos. In einem Nachtflug geht es zurück in sein Alltagsleben. Ein halbierter Mond taucht auf, tief unten Lichterketten – dann am Fließband wieder die wenigen Handgriffe von früh bis spät. Tagaus, tagein, jahraus und jahrein, überlegt Julius, wird das so weiter gehen. Wird es das? Während seines Urlaubs hat man drei Mitarbeiter gefeuert. Das gibt ihm zu denken. Aus Angst, seinen Arbeitsplatz zu verlieren, lässt Julius sich den restlichen Jahresurlaub ausbezahlen.

Dann aber, ein Jahr danach, hebt er wieder ab. Mitten im Winter! Er nimmt alle Urlaubszeit, die ihm für das neue Arbeitsjahr zusteht. In der Fabrik werden sie misstrauisch. Ob der Glückspilz wieder gewonnen hat? Hat er nicht! Wer soll das glauben?

Über den Wolken wird Julius bange. Er hat nur den Hinflug gebucht, sonst nichts. Ob man ihm das anmerkt? Nach der Landung irrt er durch den Hotelschilderwald, man redet ihn an. Julius schüttelt immer nur den Kopf. Man karrt die Leute zu den Bussen. Julius ist diesmal nicht dabei. Irgendwie schafft er es bis zum Meer. Was er hier will? Seine Vorstellungen darüber schwinden von Tag zu Tag. Wie einfältig er nur war! Es gibt keine Arbeit für ihn, auch kein Nachtlager – nicht einmal in einem fensterlosen Hinterhofzimmer. Verlangt er zu viel? Noch besitzt er Geld! Aber dieses Leben hier hat er früher satt, als ihm das lieb ist. Schlafen am Strand oder auf einer Ruhebank und immer in Sorge, es könnte ihn jemand bestehlen, das nervt. Er denkt an das Fließband. Gibt es einen schöneren Ort? Zu Hause hat er doch alles zum Leben. Viele wären heilfroh, an seiner Stelle zu sein.

Wieder kommt er hinzu, wie man Menschen aufgreift, die auf klapprigen Booten gekommen sind und auf der Insel ihr Glück versuchen. Schiebt man sie ab, wartet keine Arbeit auf sie, kein Fließband! Julius sollte sich glücklich schätzen. Am liebsten hätte er einen dieser Gestrandeten gekauft. Er hat Geld! Aber das sind doch Menschen, keine Sklaven!, geht es Julius durch den Kopf. Was tut er, dass man ihn plötzlich festnimmt? Alles nur ein Missverständnis, glaubt Julius, doch er wird eingesperrt und sein Geld sowie die Papiere werden zurückbehalten. Ein Verstoß gegen die Spielregel dieser Insel? Er kann sich nicht verständigen. In diesem Loch, das man ihm zuweist, schläft es sich vorerst einmal ganz leidlich, und zu essen gibt es auch. Als er vorgeführt wird, bekommt er sogar einen Dolmetscher. Dann geht alles sehr schnell. Ja, man setzt sich sogar mit der Fabrik in Verbindung und stellt ihm ein Telefonat durch. Die Kündigung, denkt Julius. Er hört gar nicht zu, was am anderen Ende der Leitung gesprochen wird. Seine Beine zittern, schwarz wird ihm vor den Augen, und er bricht zusammen.

In einem sauberen Bett kommt er zu sich, schaut sich um, schnellt hoch. Fort, nur fort!, hämmert es in ihm. Nur kein Verhör mehr! Er kommt nicht weit. Man holt ihn zurück, Leute kümmern sich um ihn, aber er will nur seine Papiere wieder und sein Geld. Vor allem aber möchte er nach Hause. Das Gewünschte wird ihm ausgehändigt – ein Großteil der Barschaft aber fehlt! Alles Reklamieren und Protestieren hilft nichts. Alle schütteln nur den Kopf und stellen sich ahnungslos. An einen Rückflug ist nun nicht mehr zu denken. Die sollen ihn kennen lernen! Er geht zur Polizei, macht Meldung und wird wieder festgehalten. Julius kann entkommen. Die Freiheit lässt er sich nicht nehmen. Nun ist e r auf der Flucht! Julius rennt, als ginge es um sein Leben. Mit dem wenigen Geld, das er noch bei sich hat, schafft er es, in der Fabrik anzurufen. Ob man ihm den Betrag für den Rückflug vorstrecken könnte? Er würde alles wieder zurückzahlen, versichert er, dann ist die Leitung tot. Wieder wird er aufgegriffen, aber nicht festgenommen. Ein ausgedrucktes Schreiben wird ihm übergeben – es trägt die Firmenanschrift seines Arbeitgebers. Mit zittrigen Händen liest er, liest doch nicht, steht wie versteinert da. Schließlich wird er kurzerhand wieder ins Polizeiauto verfrachtet und zu einem Hotel gebracht, wo ihn ein Herr in seiner Muttersprache begrüßt. Unschlüssig hält er noch immer das Schreiben in der Hand.

Nun soll der verwirrte Julius berichten, was sich zugetragen hat. Sie hätten wirklich jede Arbeit angenommen?, wird er gefragt – Toiletten reinigen, den Strand säubern, Geschirr spülen ...? Julius nickt. Ja, warum kommen Sie denn dann überhaupt hier her? Haben Sie schon einmal an einem Fließband gearbeitet?, forscht Julius und bereut auch schon die Frage. Fließband? Wir verstehen nicht?, schütteln die Leute den Kopf. Sie wissen nicht?, fragt Julius. Man wird ungeduldig. Hören Sie, wir wurden gebeten, uns um Sie zu kümmern, weil Ihnen angeblich ... Das Geld, ach ja, das Geld!, erwidert Julius, es ist mir genommen worden! Genommen? Ja! Sie helfen mir doch, es wieder zu bekommen? Die Leute lächeln nur müde.

Von seiner Unterkunft aus sieht man nicht auf das Meer. Durch eine schmale Luke verirren sich nachts nur wenige Sterne in seine Kammer. Julius aber fühlt sich wie im siebten Himmel – vor allem, als er liest, was man ihm schreibt. Von einer Kündigung ist nicht die Rede, aber man kann nie wissen. Für den Rückflug gibt es kein Geld, für die verbliebene Urlaubszeit jedoch wünschen sie ihm alles Gute. Das hört sich nicht so schlecht an. Julius wird nun verpflegt, die Gegenleistung dafür – Putzarbeiten sowie das Verräumen von Geschirr ist nicht von Bedeutung, wie auch die dunkle Kellerkammer.

Die erloschenen Vulkane der Insel ziehen ihn magisch an. Tagsüber, in den freien Stunden, besteigt er sie. Dann tritt die Schöne in sein Leben. Sie versteht sich auf schlafende Feuerberge und auch darauf, sie zum Leben zu erwecken. Julius zeigt ihr die kalte Schulter. Dafür interessiert er sich eingehend für die herrliche Landschaft ringsum. In seinen letzten Urlaubstagen darf er sogar einmal als Reiseleiter aushelfen. Zwischendurch macht die Schöne immer noch ihr Spiel, Julius aber nicht sein Geld. Nur einer Nacht des Nachgebens hätte es bedurft, und die fehlende Summe für den Rückflug wäre beisammen gewesen. Die Hotelleitung bekommt längst mit, welche Dame sich da um den jungen Mann bemüht. Allen ist es ein Rätsel, dass Julius die Insel wieder verlassen will. Mit dieser Frau an seiner Seite hätte er auf Lebenszeit ausgesorgt gehabt und seine Arbeit am Fließband vergessen können. Man stellt Julius ein Telefonat in die Fabrik durch. Er hat seine Urlaubszeit überzogen! Der erbetene Vorschuss wird ihm nicht gewährt. Warum nur um alles in der Welt will Julius zurück?

Die Hotelleitung hat ein Einsehen, besorgt das Flugticket. Man ist sich sicher, er würde wieder kommen. Ein Nachtflug! Julius hat viel Zeit zum Nachdenken. Pünktlich steht er tags darauf am Fließband. Das Kündigungsschreiben liegt längst bereit. Was denkt sich Julius nur dabei, die Arbeit wieder aufzunehmen, als wäre nichts geschehen? In der Mittagspause soll es ein Gespräch geben. Inzwischen setzt sich die Fabriksleitung mit der Insel in Verbindung, kommt aus dem Staunen nicht heraus und lässt Julius nicht mehr rufen. Aber er kommt von selbst, entschuldigt sich, dankt, dass er im Urlaub nicht im Stich gelassen worden war, und wartet ab. Los, wieder an die Arbeit, Mann, worauf warten Sie noch? Julius ist sprachlos. Das zerrissene Kündigungsschreiben landet im Papierkorb – Julius ahnt nichts davon. In der Fabrik nennt man ihn nur noch »Inselprinz«.

Auch die Hotelleitung auf der Insel staunt nicht schlecht – schon nach kurzer Zeit trifft der Betrag für den bezahlten Rückflug ein. In der Fabrik werden sie auf ihn aufmerksam. Julius tut seine Arbeit wie immer – pünktlich, zuverlässig und den Inselaufenthalt im Kopf. Die gestrandeten Boote gehen ihm nicht aus dem Sinn. Diesmal wird er nicht wiederkehren, aber das muss man ihm nicht anmerken. Wenn er die Augen schließt, tauchen stets dunkle Gestalten auf. Sie sind erschöpft, suchen Hilfe. Wie am Fließband kommen sie daher. O, ihre Blicke sind nicht zu vergessen. Man schickt sie alle wieder zurück. Man bedarf ihrer nicht. Ob man in der Fabrik Arbeit für sie hätte? Der Fabrikleitung kommt zu Ohren, worüber Julius nachdenkt. Oft wirkt er abwesend, verträumt ...

Das Hotel nahm ihn wieder in seine Dienste. Er tat Arbeit für Fremde, die nicht auf klapprigen Booten gekommen waren. Aus verschiedenen Töpfen müssen die Köstlichkeiten für das Frühstücksbuffet entnommen und bereit gelegt werden. In der Art, wie Julius diese platzierte, konnte auf seine Stimmungslage geschlossen werden – meist legte er in linearer, manchmal in ovaler, zuweilen auch in sternförmiger Anordnung die länglichen Datteln auf, dazu gedörrte kreisrunde Aprikosenscheiben oder rechteckige helle und dunkle Quittenkäsestückchen. Im vergangenen Arbeitsjahr machte sich Julius mit der Landessprache dieser Insel etwas vertraut. Das lohnte sich nun. Der Zufall wollte es, dass er wieder als Reiseführer aushelfen durfte. Dass die Schöne im Hintergrund die Fäden zog, wusste er zwar nicht, aber das ließ sich denken. Bald siedelte Julius in eine bessere Unterkunft um – Trinkgelder machten es möglich. Mit begeisterten Worten brachte er den Urlaubern die Insel näher. Manche buchten seine Fahrten sogar mehrmals. Am Ende seines Urlaubes hatte Julius das Gefühl, die Insel würde ihm zu Füßen liegen, auch wenn die Schöne leer ausging. Trotz seiner Vorsätze, nicht wieder abzureisen, entschloss er sich zur Heimkehr, doch er kam nicht von der Stelle ...

Julius kippt plötzlich um. Er fiebert. Benommen rappelt er sich hoch, weiß plötzlich nicht mehr, wo er ist. Ein Kamerad springt für ihn ein. Das Fließband läuft an ihm vorbei, als wäre nichts geschehen. Schon seit Tagen hämmert es in seinem Kopf. Nur nicht krank werden, denkt er. Nur jetzt nicht, so kurz vor dem Abflug. Es dauert aber eine Weile, bis er wieder auf die Beine kommt. Krankheit unterbricht für gewöhnlich den Urlaub. Aber bei Julius ist das anders. Schon nach dem ersten fieberfreien Tag steht er an seinem Arbeitsplatz. Es wurden wieder welche entlassen – sogar Inländer! Nach einer Woche guten Zuredens entschließt er sich dann doch abzureisen, vor allem aber – wieder zu kommen.

Diesmal kam Julius für den Rückflug selbst auf. Wenigstens die Schöne war er los, dachte er erleichtert, als er wieder im Flieger saß und sich in Gedanken vor dem Fließband sah. Wolkentürme zeigten sich vor den Fenstern, schienen das Flugzeug zu bedrängen. Nicht abstürzen, dachte er, ich will leben. Es fehlte ihm doch an nichts! Pünktlich trat er dann auch seine Arbeit an – so, als ob nichts gewesen wäre. Es gab keinerlei Veranlassung, sich zu melden, um Dank abzustatten. Julius hatte alles selbst im Griff – dachte er wenigstens. Dann wurde er vorgeladen, wortlos bekam er seine Papiere gereicht. Ohne Kündigung? Wie denn das? Angeblich hätte er dies selbst getan. Schwarz auf Weiß stand es auf dem Schreiben zu lesen, das man ihm unter die Nase hielt. Julius verstand die Welt nicht mehr. Jemand anderer nahm nun seinen Arbeitsplatz ein. Ein Schwarzer! Julius ließ sich nicht klein kriegen, ließ sich nicht fortschicken, aber man machte kurzen Prozess mit ihm. Alle Beteuerungen seinerseits waren umsonst. Er hatte sich doch alles selbst zuzuschreiben!, wurde ihm bedeutet. Plötzlich sah er sich von Schwarzen umringt. Ihre finsteren Mienen ängstigten ihn. Sie machten nun Anstalten, auf ihn los zu gehen. Hier war kein Platz mehr für ihn! Sorry, sagten die Afrikaner dann. Die Schöne machte offensichtlich doch ihr Spiel. Sie steckte hinter der Kündigung!

Sie hatte auf ihn zugegriffen, ihn herausgenommen aus dem Strom, der ihn mit sich trieb. Das Fließband ging Julius nicht mehr ab. Nicht nur die Schöne lag ihm zu Füßen, auch die Insel. Er war nicht nur der Inselprinz, er war der Inselkönig. Man hörte auf ihn. Gestrandeten zu Hilfe kommen – daran dachte er schon lange nicht mehr. Er war selbst gestrandet. Die Schöne verlegte sich auf ein Spiel mit falschen Karten, machte Schulden. Mitgehangen, mitgefangen?! Für Julius war es Ehrensache, ihr zu helfen. Schließlich vermochte er das nur noch mit dunklen Geschäften. Mit Freiheitsentzug nahmen diese ihr vorläufiges Ende. Man hatte ihn überführt.

In den wenigen Freigängen, die ihm gewährt wurden, wanderte er wieder über seine geliebten Vulkane, fühlte sich ausgebrannt und leer wie diese. An den Kraterrändern ordnete er Steine an – längliche, kreisförmige, eckige … Er sah den Reisenden zu, wie sie in die Busse stiegen, vernahm die Ausführungen der Fremdenführer, blätterte in den Büchern über die Insel und ärgerte sich über die schlechten Übersetzungen darin. Hin und wieder drückte er sich an dem Ort vorbei, wo alles so schön begonnen hatte.

Jemand anderer reihte dort Datteln, getrockneten Aprikosenscheiben sowie helle und dunkle Quittenkässtückchen auf die Tablette. Eine Schöne verschlang den Burschen, der dies tätigte, gierig mit ihren Augen. Seine Herzhälften stritten sich. Mach' dein Spiel, flüsterte er der nicht mehr Jungen aber noch Schönen ins Ohr. Die Hoffnung, einmal wieder an der Stelle dieses Jünglings zu stehen, trieb Julius dazu. Dann aber warnte er diesen: Es ist nur ein Spiel! Verstehst du? Du wirst verlieren! Kopfschüttelnd betrachtete er den blutjungen Mann. Die Schöne könnte seine Mutter sein! Ihr Bild verschwamm plötzlich vor seinen Augen. Auch das des jungen Mannes – war es nicht er selbst? Oder gar ihrer beider Sohn … ?

Ein heftiger Rippenstoß reißt Julius aus seinen Gedanken. Beinahe wären ihm die Töpfe entfallen. Der Oberkellner wird ungeduldig, auch die Gäste sind es. Sie warten auf ihr Frühstück. Es fällt reichlich aus. Julius, für diesen lukullischen Luxus zuständig, quälen noch immer die Albträume vom Flug nach hier her. Er muss sie wegstecken. Wie schon zuvor begegnet er dem Blick einer Dame, die ihre Augen auf ihn heftet. Es ist nicht die Schöne! Unvermittelt nimmt er seine Arbeit wieder auf, leert die Töpfe, und den verwunderten Gästen entgeht die neue Anordnung der Frühstücksköstlichkeiten nicht – aus Datteln geformt, ist da ein Herz zu sehen, rund um dieses herum sind getrockneten Aprikosenscheibchen gruppiert – das Herzinnere aber teilen sich je zur Hälfte dunkle und helle Quittenkäsestückchen …

Auch der Dame entgeht das nicht. Julius ist schwach geworden. Endlich! Er teilt nun Tisch und Bett – aber nur des Tags und nicht mit ihr. Nachts liegt er oft wach. Die Angst, jemand könnte dahinter kommen, wächst. Aber der Schwarze versichert stets, achtsam zu sein. Julius ahnt nicht, dass es immer mehr werden würden, die sich an ihn klammern. Sein gesamtes Trinkgeld überlässt er ihnen. Schließlich spart sich Julius nicht nur die Bissen vom Mund ab, sondern entwendet so manches Essbare. Es ist doch für einen guten

Zweck, redet er sich ein. Man muss teilen! Vom Überfluss soll auch für Bedürftige etwas abfallen! Er hätte die Dame erhören sollen. So aber wird er von ihr auf frischer Tat ertappt. Sie sagt vorerst nichts. Wie lange wird sie schweigen?

Zwei Tage sind die Afrikaner nun schon ausgeblieben. Im Dunkel der Nacht sucht Julius nach ihnen. Wild schlägt das Meer an die Küstensteine. Welle um Welle rollt heran, wird gebrochen. Das Wasser trennt nicht nur Kontinente, auch Satte von Hungrigen. Julius fühlt sich nun elend auf dieser Insel der Seligkeit. Er sucht weiter – auch in den Verstecken findet er sie nicht. Hängenden Kopfes kehrt er zurück in sein Quartier. In wenigen Tagen sollte er abreisen. Daraus aber wird nichts. Er hat sich überschätzt, vor allem, die Spielregeln der Insel unterschätzt. Jemand ist ihm gefolgt. Er wird verhört. Julius leugnet alles. Nicht nur er hat sich vergriffen, auch die Schwarzen – an Julius' Papieren und an dem wenigen Ersparten. Er wird sie dennoch nicht verraten. Niemals! Wie lange wollen sie uns noch etwas vormachen? Die Dame ist hartnäckig. Julius bereut, sie nicht umworben zu haben. Vielleicht ist es damit nicht zu spät? Doch er täuscht sich. Sie ist nicht an ihm interessiert – war es nie. Nicht an ihm! Wurde sie auf ihn angesetzt? Sie geht vorerst nachsichtig mit ihm um. Mitleid? Mit ihm? Nur das nicht! Julius ist angewidert. Auch ein Fabrikarbeiter hat seinen Stolz ...

Er wird angeklagt und abgeschoben. Ein Bleiberecht auf seinem Kontinent ist ihm sicher – mehr wohl nicht! Oder?

Wer von dieser Sache Wind bekommen hat, ist derzeit nicht festzustellen. Die Pressenotiz über diesen Vorfall, die dem Fabriksleiter von Unbekannten in die Hände gespielt wurde, gereichte Julius nicht zum Nachteil ...

Ein Euphorismus

Das auswärtige Amt in Euphorikum wurde gebeten, für den benachbarten Kleinstaat Depressionien ein Konzept zur Hebung der Arbeitsmoral seiner Bevölkerung zu erstellen und dieses in die Tat umzusetzen. Ohne das Kleingedruckte genauer zu lesen, nahmen die für dieses Projekt ausersehenen Unternehmensberater fälschlicherweise an, dass es sich hiebei um psychische Aufbauarbeit handeln müsse, denn sie glaubten, dass die Bewohner dieses bedürftigen Landes an bedenklicher Gemütsverarmung litten und alles nur schwarz sehen. Negative Auswirkungen auf ihre Arbeitseinstellung konnten da nicht ausbleiben. Rasches Handeln war geboten, wenn es nicht auf Grund einer drohenden Verminderung der Arbeitserträge sowie des Wirtschaftswachstums zur Verarmung dieses Landes kommen sollte.

So orderten die Unternehmensberater zunächst ein großes Kontingent an Kuckucksuhren. Der stündliche Ruf dieses Frühlingsvogels sollte in den Stuben der verdüsterten Bewohner positive Schwingungen verbreiten und sie arbeitsfreudiger stimmen. Auch ein Theaterensemble wurde verpflichtet, das wechselweise mit »Die lustigen Weiber von Windsor« und »Der fidele Bauer« aufwarten sollte. Das Hilfsprogramm lief auf vollen Touren. Auch mit dem Gesang von Kanarienvögeln glaubten die Berater, eine erheiternde Auswirkung auf die Arbeitshaltung der Bevölkerung erzielen zu können. Demnach türmten sich in den Lagerhallen eine große Menge an Käfigen nicht nur mit diesen gelben Sängern, sondern auch mit Lachtauben. Stolz waren die Projektzuständigen auf den Einfall, in diesem Land den Kanon »Froh zu sein bedarf es wenig ...« schon in den Kindergärten täglich singen zu lassen. Auch stapelten sich für das Wohl der Depressionier alsbald Mengen an Beglückungsartikeln – Sonnenblumen, bunte Kleiderstoffe, farbtherapeutisch getestetes Anstrichmaterial, Glühwürmchen, Kichererbsen, alles in rauen Mengen ...

Vor der Auslieferung all dieser stimmungserhellenden Güter wurde das zuständige Transportpersonal sicherheitshalber einer psychologischen Vorbereitung unterzogen. Denn die Übergabe des Materials sowie die Abwicklung der vorgesehenen Programme sollte sehr einfühlend und ohne jegliche Pannen verlaufen, da mit Widerständen bei der Erstbegegnung gerechnet werden musste. Schauermärchen über Land und Leute von Depressionien sollten die Dringlichkeit dieser Vorsichtsmaßnahme untermauern. Sie bewirkten allerdings das Gegenteil – einige Mitarbeiter schützten Krankheit vor, um dieser Mission zu entgehen. Zuletzt begnügten sich die Berater aber damit, den Überbringern nur zu empfehlen, sich vor dem Grenzübergang ein Schnäpschen zu genehmigen. Vorsichtshalber schlüpften alle Beteiligten vor Antritt der Reise in Kostüme von Clowndoctors, um gegebenenfalls den Bann düsterer Gemüter schneller zu durchbrechen.

Zunächst aber Verwirrung und Verwunderung! Die Häuser – entgegen den Schilderungen der Berater – nicht grau in grau bis schwarz, sondern kunterbunt! Die Taxis fuhren nicht als Bestattungsfahrzeuge verkleidet einher, sondern mit lustigen Aufklebern! Ob sie hier richtig waren? Dann die Begrüßung! Vorerst ernste abwartende Mienen, dann aber ein Gelächter, das sich bis zum Krampf steigerte. O, Sie kommen aus Euphorikum, dem »Land des Lächelns«!, sagten sie schließlich und deuteten auf die Maskerade. Die Depressionier reichten ihnen Zitronentee – in diesem Punkt jedenfalls erfüllten sich die Erwartungen, wenn auch die sauren Mienen dazu ausblieben ...

Betroffenheit herrschte allerdings, als nach getaner Arbeit ein Dankschreiben aus Depressionien eintraf, das die Behörden aus Euphorikum so nicht erwartet hatten. Vorerst wurde die unverständliche Frage aufgeworfen, ob sie denn allen Ernstes geglaubt hätten, die Schwarzarbeit, für deren Bekämpfung man sich Vorschläge erhofft hätte, mit Kuckucksuhren, Kanarienvögeln und dergleichen eindämmen zu können? Dem »Schatz im Silbersee« oder dem »Rheingold« hätten sie jedenfalls von der Thematik her mehr abgewinnen können als den »lustigen Weibern« samt dem »fidelen Bauer«, da sie von dieser Damenwelt und solchen Agrariern selbst mehr als genug hätten.

Die prächtigen Sonnenblumenalleen allerdings fanden breite Zustimmung, so wurde großzügig darauf verzichtet, die Neupflanzung der vielen in gutem Glauben geschlägerten Trauerweiden in Rechnung zu stellen. Nur dem Umstand, dass sich dort die Glühwürmchen in einer Weise vermehrten und ganz Depressionien märchenhaft verzauberten, sodass dessentwegen ganz unverhofft reger Fremdenverkehr einsetzte und das große Budgetloch dieses Zwergstaates stopfte, verdankten die Berater und Organisatoren dieser Hilfsaktion, nicht zur Lachnummer von ganz Euphorikum geworden zu sein.

Übrigens, haben Sie schon eine Kuckucksuhr oder einen Vogel, d. h. einen Kanarienvogel? In Euphorikum, dem »Land des Lächelns«, sind diese derzeit günstig zu haben! In Depressionen jedenfalls wurden sie als völlig überflüssig erachtet und daher umgehend retourniert.

Cogito

Eugen ist Trinker! Das war nicht immer so. Zurzeit entsagt er dem Suff. Niemand weiß so recht, warum. Vielleicht springt er wieder vom Turm? Seinen Körper beherrscht er wie ehedem. Anderenfalls säße er noch im Rollstuhl oder ginge auf Krücken – wie der Bettnachbar, der es vorerst nicht schaffte, einigermaßen auf die Beine zu kommen. Eugen aber mühte sich mit intensivem Training, wieder einigermaßen mobil zu werden – auch, um dem Mann, mit dem er das Krankenzimmer teilte, wenigstens zeitweilig zu entkommen. Dafür nahm er alle Anstrengungen in Kauf. Welten trennten die beiden. Das lag nicht nur am Altersunterschied. Ans Bett gefesselt, waren sie vorerst lange Zeit dazu verdammt, einander zu ertragen. Die Nähe des anderen empfand Eugen als Gräuel. Umgekehrt war dies keineswegs der Fall. Im Gegenteil! Der Zimmergefährte schien seine Gegenwart sogar zu genießen. Wem sonst hätte er von schnellen Autos und rassigen Pferden erzählen können. Als ob Eugen das interessierte. Er hatte nur das Springen im Kopf – nicht etwa das mit Pferden über Hindernisse, sondern das vom Turm. Daraus würde nun wohl nichts mehr werden.

Die beiden Männer, von oben bis unten in Gips gepackt, harrten zunächst der Dinge, die da kommen würden. Die Prognosen zu ihrer Genesung waren vorerst denkbar schlecht. Eugen fand sich damit nicht ab. Seinen eisernen Willen bedachten die Ärzte nicht. Der andere schien sich seinem Schicksal zu ergeben und vergrub sich in einer Unmenge von Büchern, die sich rund um sein Krankenlager stapelten. Wissbegierig verschlang er eines nach dem anderen. Eugen war das lästig. Unentwegt angelesene Weisheiten vorgesetzt zu bekommen, nervte. Um wieder zu gesunden, bedurfte es anderer Bemühungen, doch das kümmerte den anderen nicht. Eugen wäre das gleichgültig gewesen, hätte ihn dieser nicht ständig mit seiner Frage, ob er denn auf ein Wunder hoffe, zur Weißglut getrieben. Eugen hoffte nicht nur auf ein solches, sondern war überzeugt davon, dass es geschehen würde – allerdings nicht ohne ein entsprechendes Zutun. Die herablassenden nachsichtigen Bemerkungen des anderen machten ihn oft ärgerlich. Doch Eugen gab nicht auf. Er glaubte fest an sich, der andere an nichts – er wollte nur wissen, möglichst viel wissen. Was eigentlich? Warum eigentlich?

Irgendwann stellten sie sich einander vor: Ich springe, du lässt springen!, sagte der eine. So kann man das auch sehen, entgegnete der andere, der Ältere, ich werde es meine Pferde wissen lassen! Du scheinst nicht zu verstehen, ich springe nicht über Hindernisse, sondern vom Turm, stellte der Jüngere klar. Jetzt wohl nicht mehr, das war vielleicht einmal, begreifst du das nicht?, ätzte der andere. Wir sollten an die Zukunft denken!, erwiderte Eugen. An die Zukunft? In der Zukunft springe ich dann auch vom Turm! Einverstanden?, höhnte der andere. Mit einem Pferd?, fragte Eugen. Vielleicht auch ohne, bemerkte der Leidensgenosse, zuckte die Achseln und griff wieder zu einem Buch. Bücher schienen Antworten auf alles zu haben und – sie stellten keine Fragen, redeten nicht dagegen.

Bald türmten sie sich im Krankenzimmer. Kein Wunder, dass Eugen sich darin nicht sehr wohl fühlte. Ihm, dem halben Analphabeten, war alles Gedruckte ein Dorn im Auge. Wenn du nur immer deine Hirnwindungen trainierst, kommst du nie aus diesem Ding da heraus!, Eugen deutete verächtlich auf den Rollstuhl, dem er selbst mit viel Training und mit Hilfe von Krücken zu entkommen trachtete. Der andere lächelte nur müde und sah von seinen Büchern gar nicht auf. Wie willst du denn wieder Gas geben oder den Pferden die Sporen?, ereiferte sich Eugen. Höre ich da vielleicht Sorge um mich aus deinen Worten?, wunderte sich der andere. Nein, Sorgen machte sich Eugen um ihn gewiss keine, vielleicht aber Gedanken über dessen Gier nach Wissen.

Wahrscheinlich beneidete er ihn sogar darum. Wie wenig nur dem Springreiter daran lag, seinen Beinen wenigstens einige Schritte abzutrotzen, während Eugen alle Anstrengungen unternahm, diese wieder in den Griff zu bekommen. Wenn der andere nicht las, löcherte er alle in seiner Nähe mit Fragen, vor allem aber den Turmspringer. Bücher wussten vielleicht auch nicht auf alles eine Antwort. Eugen drehte damals oft den Spieß um und stellte Gegenfragen – lächerliche, wie es vielleicht schien. Wofür um alles in der Welt sollte ein Pflanzenbestimmungsbuch nützlich sein? Ist es von Bedeutung, ob man weiß, wie so ein Kraut heißt oder nicht? Kräuter von Blumen unterscheiden zu können, gehöre zur Bildung, meinte der Befragte. Für Eugen nicht. Er gab sich nicht nur ungebildet, er war es auch. Warum nur merkte der andere noch immer nichts davon?

Du möchtest wirklich wieder springen?, fragte ihn dieser einmal ernsthaft. Du nicht?, wunderte sich Eugen. Wozu brauche ich da meine Beine?, wollte der Springreiter wissen. Wie kommst du dann auf ein Pferd?, Eugen verstand nicht ganz. Darüber denke ich nicht nach!, war die Antwort. Seine Arroganz und Herablassung war nicht zu fassen. Ich denke wenigstens, aber du lässt denken, erwiderte Eugen zornig und deutete auf die Bücher ringsum. Aha, in dir steckt ja ein Philosoph!, meinte der andere. Philosoph?, Eugen blieb der Mund offen. Sein Gegenüber aber schnappte sich schon wieder ein Buch und reichte es ihm. Kein Bedarf, wehrte Eugen ab. Der andere blätterte darin und zitierte: Cogito, ergo sum! Eugen fühlte sich unbehaglich: Cogito hin, cogito her, kogitiere, mit wem du willst, aber nicht mit mir! Der Springreiter lachte nur – wie könnte es anders sein. Eugen wusste wohl, dass er Unsinn redete. Nach diesem Disput nannte er ihn Cogito. Weißt du eigentlich, was das heißt?, wollte dieser wissen. Eugen schwieg, und jeder Schritt, der ihm dazu verhalf, sich von diesem Mann wegbewegen zu können, war ihm willkommen.

Irgendwann kam die Rede auf Frauen. Ein heikles Thema – zumindest, was Eugen betraf. Der Zimmerkollege durfte nicht dahinter kommen, wie er sich ihrer bedient hatte, um an Geld zu kommen, bevor seine Karriere begann. Oft sah Eugen zur Tür. Bald schon kümmerte sich kaum jemand um ihn. Das war verwunderlich, denn er war nicht irgendwer. Wie sich alles ändert, wenn man nicht mehr im Rampenlicht steht, sinnierte er. Zuerst konnten die Reporter nicht genug davon bekommen, ihn nach dem Unfall in seiner ganzen Hilflosigkeit zu zeigen. Doch als es dann um Versicherungsangelegenheiten und Haftungsfragen ging, hielten sich bald alle fern von ihm, vom Trainer angefangen ...

Der Springreiter schien sich anscheinend aus der Damenwelt nicht viel zu machen, sagte er zumindest. Wozu vergrub er sich in seine Bücher? Vorerst aber war Eugen ihm mit seinen Gehfortschritten schon einige Nasenlängen voraus. Den Rollstuhl benötigte er nicht mehr. Stattdessen bewegte er sich auf zwei Krücken vorwärts. Das war schon etwas. Wie willst du mit diesen Dingern auf einen Turm hinauf?, lästerte Cogito. Eugen blieb die Antwort schuldig. Wieder Herr über sich selbst zu werden, war ihm wichtig. Nichts sonst. Zu seinem Leidwesen bekam der Springreiter viel Besuch.

Von Pferden war dann meist die Rede. Eugen konnte das alles nicht mehr hören. Zum Glück war er bald so weit, nach draußen entkommen zu können. Irgendwann würden auch die Krücken entbehrlich werden. Er war sich da ganz sicher.

Einmal aber tauchte zur Besuchszeit eine Dame auf, die einmal Eugens Dienste in Anspruch genommen hatte. Nicht auszudenken, hätte sie ihn erkannt. Das wäre mehr als peinlich gewesen. Hin und wieder wurde der Leidensgefährte für einige Tage abgeholt. Auch er hatte manchmal das Krankenhausleben satt und war froh, für einige Zeit auf seinem Gut zu verbringen. Dann kam er wieder. Wozu eigentlich? Er trug ohnedies nicht viel zu seiner Genesung bei – zumindest entdeckte Eugen keinerlei Anzeichen hiefür. Immer wieder wurde auch Eugen eingeladen, einmal auf das Anwesen des Springreiters zu kommen – ein wenig Abwechslung würde ihm gut tun. Doch Eugen wehrte ab. Er hatte keine Lust auf das Geprotze, das ihn dort erwarten würde – der Wagenpark, die Reitställe, das ganze Gesinde um Cogito herum, nein, das war nichts für ihn.

Irgendwann einmal war alle Gegenwehr vergebens. So schnell konnte Eugen gar nicht schauen, brachte man ihn dorthin, wo es nach Pferdemist und Benzin stank. Alles Sträuben half nichts. Die Zufahrt zum Gutshof war beeindruckend. Eine Blutbuchenallee führte zu den Stallungen. Zwei lammfromme Pferde waren bald gefunden. Und da saß er auch schon auf einem Gaul. Krampfhaft hielt er sich am Sattel fest, während Cogito lässig die Zügel der beiden Pferde in Händen hielt. Nun schritten diese mit dem Turmspringer und dem Springreiter von einst auf dem Rücken einträchtig nebeneinander des Weges. Zu allem Überfluss zog Cogito noch ein Buch aus der Satteltasche und vertiefte sich darin. Eugen trat der Angstschweiß auf die Stirn, so sehr fürchtete er sich. Aber sein Reittier kümmerte das wenig. Es schien ihm sogar zu verzeihen, dass er sich nun auch krampfhaft an der Mähne festkrallte. Ist es hier nicht wunderbar, schwärmte der Gutsherr, als er die Tiere an einer Lichtung anhielt und grasen ließ. Wunderbar!, äffte Eugen. Cogitos Beine baumelten noch immer wie leblos herab, bevor der Stallbursche sie in den Steigbügeln verstaute. Na, wie bremst man, wie gibt man jetzt Gas?, fragte der Gutsherr belustigt. Musste er ihn ausgerechnet jetzt daran erinnern, dass er ein Buch über Pferde zum Lesen geliehen bekam? Nun war nicht die Zeit und der Ort einzugestehen, nur sehr mangelhaft lesen und schreiben zu können. Bleich im Gesicht und zitternd holte man Eugen nach dem Reitausflug vom Pferd herunter. Auch den bestens gelaunten Cogito. Während Eugen nun schon recht ordentlich auf den Beinen stand, was er in vollen Zügen genoss, landete der Springreiter wieder im Rollstuhl. Auf Eugens Drängen brachte man ihn wieder zurück ins Krankenzimmer, wo er vor Cogito eine Weile seine Ruhe hatte.

Die kahlen Wände mit den zwei Bildern, aus denen nicht ersichtlich war, was sie darstellten, waren jedoch alles andere als erhebend – von den orangen Vorhängen ganz abgesehen, die Eugen schon zum Hals heraus hingen, doch das Alleinsein musste er genießen. Die Zeiten, wo er regungslos zur Decke starrte, waren Gott sei Dank vorbei. Schon als er sich im Bett erstmals zur Seite drehen konnte und durch das Fenster etwas Grün erblickte, war er schon zufrieden. Die ersten Gehversuche in den Krankenhausgarten kostete er aus. Es ging aufwärts! Der Ausflug zu Cogitos herrlichem Anwesen geisterte trotz des angstvoll überstandenen Ausrittes noch lange in seinem Kopf herum ...

Als Eugen einmal Besuch bekam, kannte das Entzücken des Mannes, der da erschienen war, über diese Unmenge an Büchern keine Grenzen. Das war kein Krankenzimmer, sondern eine Bibliothek! Die Zeitungen, die er angeschleppt hatte, um Eugen daraus vorzulesen, legte er beiseite und tat sich an dem Leseangebot gütlich. Er blätterte und blätterte und las und las und schien darüber die Zeit und Eugen zu vergessen. Dem konnte das nur recht sein. Ihn interessierte eigentlich nur noch, wie lange es noch dauern würde, endlich geheilt entlassen zu werden. Einige kleinere Eingriffe standen noch aus. Was kümmerte es ihn da, was draußen in der großen Welt geschah. Den Vorleser jedoch durfte er sich nicht vergraulen. Schon längere Zeit nahm er seine Dienste nicht mehr in Anspruch. Wie dieser nur auf die Idee kam, ihn hier aufzusuchen? Ein Glück, dass der andere nicht zugegen war. Auf weitere Besuche seines Vorlesers legte Eugen keinen Wert. Gelassen nahm dieser das zur Kenntnis und empfahl sich – nicht ohne Eugen noch zu fragen, warum unter den Büchern auch so viele über den Krieg zu finden wären.

Vorerst konnte es Eugen so einrichten, dass er mit Cogito während der Unterwasserbehandlungen nicht zusammentraf. Aber es war nur eine Frage der Zeit, dass es eines Tages doch passierte. Und da bemerkte Eugen zu seinem Entsetzen, dass Cogito wie ein Fisch schwamm. Wie das? Seine Beine gaben kräftige Lebenszeichen – zumindest im Wasser. Wurde er von ihm die ganze Zeit über genarrt? Kaum zu glauben! Vor Kurzem noch hatten die Ärzte festgestellt, dass es mit den Beinen des Springreiters nicht voran ging. Es fehlte nur noch, dass er daran dachte, mit ihm um die Wette zu schwimmen. Na, Turmspringer, wieder in deinem Element?, rief er Eugen fröhlich zu. Die darauf folgende Belehrung, dass man Saltos und Schrauben nur in der Luft vollbringt, störte diesen nicht. Überhaupt – Cogito hatte sich verändert. Da baumelten keine leblosen Beine mehr an einem Rumpf, der schon deutliche Fettansätze zeigte, obwohl er wieder dem Rollstuhl den Vorzug gab, statt sich auf Krücken zu bewegen. Ich sitze nun einmal gerne, lächelte der Springreiter, nicht nur auf Pferderücken und in Autos, sondern auch in diesem Ding da. Und er rollte ihm voraus, während Eugen ihm mit Hilfe einer Krücke nachhumpelte und froh war, nicht bekennen zu müssen, dass er zwar entsprechend gut springen, aber nur ganz leidlich schwimmen konnte. Zumindest nicht so, wie man sich das von einem Turmspringer erwarten würde. Cogito hätte ein derartiges Geständnis nur für einen schlechten Scherz gehalten.

Eugen verdoppelte nun seine Anstrengungen, seine Beine zu stärken, während der andere sich wieder ganz seinen Büchern widmete. Von ihm wusste Eugen nun eine ganze Menge. Reich geworden durch seine Frau, die er vor einigen Jahren auf tragische Weise verlor, versuchte er sich in vielerlei Unternehmungen, deren Führung er bald getrost anderen überlassen konnte, um sich seinen Leidenschaften widmen zu können. Sein Lieblingspferd bezahlte den Sturz, der Cogito beinahe das Genick gebrochen hätte, mit dem Leben – auf Grund seiner Verletzungen musste es eingeschläfert werden. Doch da waren noch andere, mit denen es sich vortrefflich springen ließ. Noch war daran nicht zu denken. Wenn Cogito nicht ritt, war von ihm zu erfahren, dann las er, und wenn er nicht las, ritt er und nahm dabei Hindernis um Hindernis. Er gewann einen Preis nach dem anderen – wie auch Eugen, bis ein Sprung daneben ging.

Wissen ist Macht! Verstehst du? Solche Worte aus Cogitos Mund waren an der Tagesordnung, für Eugen jedoch ganz und gar unverständlich. Für ihn passte das einfach nicht zusammen. Mit Macht konnte er wenigstens etwas anfangen – Macht über sich selbst oder andere zu haben, das ging noch in seinen Kopf. Macht über Pferde und Autos auszuüben, das verstand er auch einigermaßen, aber wie ging das mit dem Wissen zusammen? Eugen vermied die endlosen Diskussionen darüber. Es bedurfte immer höchster Anstrengungen, sich geistig nicht ganz zu entblößen. Nur nicht das Gesicht verlieren, redete sich Eugen stets ein. Vielleicht aber hatte er dies schon längst, und er merkte es nur nicht?

Viel später dann frönte der andere immer noch dem Lesen und trank nun auch – wie früher schon, nachdem seine Frau starb. Beide schafften es trotz ihrer Bemühungen und jener der Ärzte vorerst nicht, dort anzuknüpfen, wo sie aufgehört hatten – kein kühner Sprung vom Turm mehr, keiner mit dem Pferd! Auch Eugen begann zu trinken. Das war nicht verwunderlich, hatte er doch nun in Cogito einen entsprechenden Lehrmeister gefunden, der mit ihm ein leichtes Spiel hatte, denn mit Eugens Selbstbeherrschung war es irgendwann vorbei! Wer hätte das gedacht? Es kam noch schlimmer – er vermisste sie nicht einmal mehr. Trinken und dann alles vergessen, das zusammen funktionierte tatsächlich, wenn auch nur für eine Weile. Wichtig war nur, für Nachschub zu sorgen, ehe sich der Katzenjammer einstellte. Mutterseelenallein sich dem Suff hinzugeben, machte weit weniger Spaß als zu zweit.

Eugen hätte nun wirklich allen Grund gehabt, sich vor Cogito in Acht zu nehmen, doch dieser war ihm plötzlich nicht mehr zuwider. Im Gegenteil! Er weilte beinahe schon als Dauergast auf dem Gut. Gab es etwas Besseres, als auf alte Zeiten zu trinken, die nicht mehr wieder kommen würden? Die Zunge wurde locker! Da gestand man einander so einiges ein. Eugen schämte sich nun nicht mehr zuzugeben, dass er nicht sonderlich gut schwimmen konnte, auch wenn der andere ihm das, wie dies zu erwarten war, nicht glaubte. In einer nüchternen Phase sprach ihn Cogito nochmals darauf an. Warum glaubte er Eugen nicht? Auch dann nicht, als dieser ihm erzählte, wie eingeweihte Leute ständig darauf achten mussten, dass er wieder heil aus dem Wasser kam. Cogito hielt das, wie zu erwarten, nicht für wahr.

Einmal kramte er ein Buch hervor und suchte nach einer Textstelle. »Wer das Denken zur Hauptsache macht«, mein Lieber – er sagte wirklich: mein Lieber! –, »der kann es tatsächlich weit bringen, aber er hat doch eben den Boden mit dem Wasser vertauscht, und einmal wird er ersaufen!«, zitierte er. Eugens Hinweis, dass er dennoch am Leben sei, ließ Cogito nicht gelten, stattdessen las er weiter: »Wir sind fürs Leben geschaffen, nicht fürs Denken!« Das sage ich dir doch die ganze Zeit, bemerkte Eugen, warum der ganze Bücherkram? Ist das Leben? Warum deine ewigen Fragen? Warum nur spielst du mit mir Schach? – Damit du lernst, mit den Figuren besser umzugehen, war die Antwort. Merkst du denn nicht, dass du nur für die Dame etwas übrig hast? Dafür, dass diese im Spiel bleibt, opferst du alles andere! Die Pferde scheinen dich überhaupt nicht zu interessieren, warf Cogito Eugen vor. Das stimmte so nicht ganz. Eugen hatte begriffen, dass nicht nur die lebendigen Pferde, sondern auch die auf dem Schachbrett Cogitos Ein und Alles waren. Verabsäumte er es, sie ihm nicht früher oder später aus dem Spiel zu werfen, verlor er. Aber Eugen hatte darin noch keinerlei Übung. Musste er seine Dame opfern, war es für ihn mit dem Spiel vorbei.

Als Cogito nun doch endlich einmal von Eugens mangelhafter Lese- und Schreibfähigkeit erfuhr, war er entzückt, obwohl er doch jedem, der es hören wollte, zu verstehen gab, wie sehr er ungebildete Menschen verachtete. Nein, so etwas!, meinte er nur belustigt und legte das Schachbrett bereit. Du spielst ohne Dame?, fragte Eugen verunsichert, bevor er dann unter die Hufe von Cogitos Rössern geriet. Dafür, dass du weder schwimmen noch schreiben und lesen kannst, schlägst du dich nicht schlecht! Weder saufe ich ab, noch bin ich ein »Kreuzelschreiber«!, verteidigte sich Eugen. »Kreuzelschreiber«?, Cogito schaute verwundert auf. Also: »Kreuzelschreiber« hin oder her, jedenfalls hast du endlich den Wert der Türme entdeckt, meinte er dann. Ein bisschen spät, aber doch! Der Unterton in diesen Worten ließ Eugen aufhorchen. Eugen hatte sie stets sträflich vernachlässigt und Cogito war gehemmt, sie ihm wegzunehmen. Gehört Schach auch zur Bildung?, fragte sich Eugen, als er wieder einmal verlor, obwohl sein Gegner vor Spielbeginn ohne seine Rösser antrat. Warum nur musterte ihn Cogito während der Partien unentwegt?

Auf dem Anwesen fragte man sich, warum der Gutsherr so einen Narren an dem jungen Mann gefressen hatte. Irgendwann machte sich auch Eugen darüber Gedanken. Warum, zum Kuckuck, suchte sich Cogito für dieses Spiel nicht einen anderen Gegner? Eugen bekam mit der Zeit mehr und mehr Übung. Hin und wieder schaffte er es sogar, Cogito zu schlagen, allerdings nur mit den Türmen. Stundenlang saßen die beiden vor dem Brett, das ihnen nun die Welt zu bedeuten schien. Womit sollten sie sich sonst die Zeit vertreiben? Es gab auch ein Leben nach dem Turmspringen – so, wie es eines davor gegeben hatte, doch von diesem wollte Eugen nichts mehr wissen. Es reichte, dass ihn sein Vorleser zuweilen daran erinnerte. Eugen benötigte stets Ewigkeiten, sich für einen Zug zu entscheiden. Cogito witzelte über Eugens langsame Denkungsart und vertrieb sich die Wartezeit mit Trinken und Lesen, zuletzt nur noch mit Trinken. Zwischendurch zitierte er aus den Büchern, sodass Eugen gänzlich die Fassung verlor. Schließlich wurde nicht mehr gespielt, sondern nur noch getrunken. Den halben Analphabeten nahm Cogito Eugen noch immer nicht ab, auch nicht, dass er mehr schlecht als recht schwimmen konnte. Merkwürdig – da sagte man die Wahrheit, aber sie wird nicht zur Kenntnis genommen. Warum eigentlich? Oder spielte Cogito mit ihm wie mit den Schachfiguren? Wenn Eugen von Pferdeduft und Benzindämpfen genug hatte, zog er sich dann doch wieder für einige Zeit in seine eigenen vier Wände zurück.

Dort, wo er zu Hause war, hatte er nebst seiner wenig vorzeigbaren Vergangenheit – sieht man von den goldenen Jahren als Turmspringer ab – nichts und niemanden mehr. Keine Bücher, keine Tiere und keine Menschen, die ihn um ein Autogramm baten ... Der Vorleser nächtigte bei ihm, wenn er aus Geldmangel seine Bleibe räumen musste oder wenn es ihm unter der Brücke zu ungemütlich wurde. »Der Mann unter der Brücke«, wie Eugen ihn oft scherzhaft nannte, hing oft wie eine lästige Klette an ihm. Er aber würde ihn niemals im Stich lassen! Und Eugen ihn? Dankbarkeit war nicht die Sache des Turmspringers ...

Cogito hingegen hatte zwei Kinder – einen Sohn und eine Tochter. Den Sohn jagte er aus dem Haus, weil er am Tod seiner Frau mitverantwortlich gewesen sein soll, die Tochter vergraulte er, weil er auf seinem Gut die Einrichtung einer Heilbehandlung für behinderte Kinder auf dem Rücken von Pferden nicht zuließ. Seine Gäule waren für anderes geschaffen. Und er, Cogito, gewiss nicht dafür, stets diese erbärmlichen Kreaturen vor Augen zu haben. Er zog Eugen ins Vertrauen: Wie denkst du darüber? Der Turmspringer dachte nichts und zuckte nur die Achseln. Was sollte er dazu sagen? Vielleicht sah Cogito in ihm auch einen Behinderten? Warum aber gab er sich dann mit ihm ab? Einmal, als dieser wieder sturzbetrunken war, riet ihm Eugen, sich doch im Spiegel zu betrachten. Ob Eugen der Teufel geritten hatte, Cogito zu eröffnen, er sähe aus wie ein Behinderter? Der Gutsherr durchbohrte ihn mit einem Blick, der nicht zu deuten war. Dann aber stürzte er sich auf ihn, packte ihn am Kragen und schüttelte ihn, dass die oberen Hemdknöpfe absprangen. Und es war ihm noch immer nicht genug. Er zerrte weiter an ihm, hielt dann plötzlich inne, starrte auf den entblößten Hals. Dann drehte er sich wortlos um und ging. Danach herrschte Krieg zwischen den beiden. Cogito hatte Eugens Worte auch noch in seinen nüchternen Zuständen im Kopf. Schnell fertig ist die Jugend mit dem Wort – ließ er Eugen stets wissen, wenn dessen Reden nicht nach seinem Geschmack waren, doch diesmal hatte sich der Turmspringer zu weit vorgewagt. Ihn abstürzen zu lassen, brachte Cogito dennoch nicht fertig. Warum wohl?

Für Eugen schien sich der sehnliche Wunsch von damals, Cogito endlich los zu werden, zu erfüllen. Doch hatte seine Abneigung gegen ihn nicht mehr das Ausmaß wie früher – wie auch Eugens nüchterne Phasen. Immer wieder griff er zu Flasche. Dann erschien wieder einmal der Vorleser. Er benötigte Arbeit. Eugen hatte keine für ihn. Keine Kundschaft?, fragte der Vorleser enttäuscht. Schau mich an!, entgegnete er ihm. Wahrlich, Eugens Anblick war keine Augenweide mehr, er setzte Fett an, seine Beherrschung wie auch die seines Körpers ließen zu wünschen übrig, sein Gang war wieder unsicher. Manchmal benützte er auch noch die Krücken. So konnte er nicht arbeiten. Der Vorleser, mit dem Eugen die Kinderjahre verbracht hatte, schien Mitleid mit ihm zu haben. Hin und wieder kam er nun zu Besuch. Stets hoffte er, doch etwas für Eugen tun zu können. Eugen hing in Gedanken noch immer seinen erfolgreichen Zeiten nach. Einst trug ihn der Jubel nach vollbrachten Glanzleistungen durch die Tage. Nun war es still um ihn geworden. Niemand fragte mehr nach ihm. Bruchteile einer Sekunde der Unaufmerksamkeit entschieden damals über seine jetzige Lage. Lange hatte Eugen dieses Ereignis verdrängt. Nun stand es dauernd vor seinen Augen. Verständlich, dass er sich dieser Qual nur mit entsprechender Betäubung entziehen konnte. Letztlich aber musste er sich eingestehen, dass es Cogito war, der ihn zum Trinken verleitet hatte.

Dem Springreiter bekam die Abwesenheit des Turmspringers weniger gut. So kreuzte er eines Tages im Rollstuhl und alles andere als nüchtern auf und trommelte so lange an Eugens Tür, bis diese sich endlich öffnete. Es kam, wie es kommen musste. Nach wenigen Minuten schon gerieten sie sich in die Haare, und Eugen bereute, ihn empfangen zu haben. Der Gutsherr grinste die Pokale an, begann sie zu zählen. Ein Turmspringer, der nicht schwimmen kann, nicht lesen und schreiben, sagte er verächtlich. Beim Autogrammschreiben hattest du wohl keine Mühe? Jeweils drei Kreuze ...! Ehe Eugen noch eine Antwort darauf hatte, köpfte der andere eine mitgebrachte Flasche und ließ sich häuslich nieder. Eugen holte wortlos Gläser und trank mit ihm. Kann man bei dir arbeiten lassen, fragte Cogito dann ganz unvermittelt. Arbeiten? Willst du nun vom Pferd auf den Turm umsatteln? Allmählich aber begriff Eugen, was Cogito meinte. Wie hatte er das nur herausbekommen? Ich stehe nicht auf Männer, antwortete Eugen und sah sein Gegenüber feindselig an. War deine Attacke letztmals etwa ein Annäherungsversuch?, Eugen schäumte. Auch Cogito: Ansonsten nimmst du wohl alles – Alte, Junge, Reiche, Schöne, Hässliche, Dumme ... Was verlangst du dafür? – Wofür? – Du weißt schon, was ich meine! Und ob Eugen das wusste, aber er hielt Cogitos Blick stand und antwortete gelassen: Sage es doch du mir! Cogito schüttelte den Kopf: Du bist wirklich für Überraschungen gut! Erzähl' schon, was erlebt man denn da so alles in dieser Branche. In dieser Branche, spottete Eugen, es ist nicht immer so, wie du denkst. – Wie denke ich denn?, fragte nun der Gutsherr lauernd. Sagtest du nicht, dass ich n i c h t denke?, Eugen fühlte sich unbehaglich. Und was seine früheren Geschäfte betraf – das ging Cogito wohl wirklich nichts an. Oder? Wenn man nicht begütert aufwächst, ist wohl vieles erlaubt, um für die Erfüllung eines Traumes die benötigten Geldmittel aufbringen zu können ...

Wieder bekam Eugen Besuch – diesmal war es eine Dame. Schon einmal hatte sie in früherer Zeit seine Dienste beansprucht. Eugen war nicht wohl in seiner Haut. Sie ließ sich nicht abwimmeln, schwieg sich darüber aus, wie sie ihn ausfindig gemacht hatte, und fragte wegen einer Abendbegleitung an. Er lehnte ab. Diese Dame war wohl von Sinnen! Roch sie denn nicht seine Fahne? Sah sie denn nicht mit eigenen Augen, wie heruntergekommen er war? Sie musste doch einsehen, dass sie sich ganz umsonst zu ihm bemüht hatte. Sie sah aber nichts ein und bot viel. Eine Theatervorstellung, mehr nicht! Mehr nicht? Ganz so wie damals auch?, wunderte sich Eugen. Pünktlich und im nüchternen Zustand!, die Dame meinte es tatsächlich ernst. Vergeblich hoffte Eugen, sie würde einen Rückzieher machen.

Zum Glück kam der Vorleser wieder vorbei. Hast du sie mir geschickt? – Wen? Nein, der Vorleser hatte damit wirklich nichts zu tun, obwohl er manchmal daran dachte, Eugen wieder Kundinnen zukommen zu lassen. Er wusste nur nicht, wie er das anstellen sollte. Dieser Tollpatsch! Aber das war er schon immer. Eine Oper!, jammerte Eugen ihm vor, was soll ich wieder stundenlang in einer Oper? Der Vorleser informierte ihn über alles Wissenswerte für diese Vorstellung. War diese Dame damals nicht entzückt, als du dich mit ihr über das Stück austauschen konntest? Das ist kein Stück, sondern eine Oper! Also muss ich auch über die Musik Bescheid wissen, sonst kann ich nicht mitreden. Der Vorleser tat sein Bestes, und Eugen versuchte sich alles, so gut es ging, zu merken. Dann verlief tatsächlich vorerst alles wie damals – sieht man davon ab, dass Eugens Gewand nicht so ganz zu diesem elegant herausgeputzten Frauenzimmer passte. Seit den Morgenstunden hatte Eugen nichts mehr getrunken. Er fühlte sich elend, doch es lockte das Geld und die Herausforderung. Er hatte nichts zu verlieren. Der Blick in den Spiegel war die letzte Hürde. Am liebsten hätte er das Bild, das sich ihm da bot, zertrümmert. Aber er wurde schon abgeholt.

Sie nahmen ihre Plätze ein – Logenplätze! Befrackte Musiker erschienen im Orchestergraben, um die Instrumente zu stimmen. Das ging nicht ohne Durcheinander ab. Wer gab da wem den Ton an? Es dauerte, bis man sich darüber einigte. So schien es jedenfalls Eugen. Danach kam der Dirigent und fuchtelte so wild, dass die Musiker Mühe hatten, ihm mit ihrem Spiel zu folgen. Machtspiele, nichts sonst, überlegte Eugen. Der Gewinner stand schon im Voraus fest. Endlich öffnete sich der Vorhang. Da wurde es noch schlimmer. Dort auf der Bühne wurde gekräht, geächzt, gejammert, umarmt, erstochen, gestöhnt. Alles nicht nach Eugens Geschmack, doch er tat äußerst interessiert und vermied das Gähnen. Die Zeit, bis der Vorhang fiel, erschien ihm endlos. Dann der Applaus! Wofür eigentlich? Freiwillig und um viel Geld gehen da die Leute hin! Unverständlich! Er dachte an Cogito. Es geht nichts über Bildung! Eugen konnte das alles gestohlen bleiben. Seine Begleitung aber war sichtlich hingerissen von dem Geschrei zu zweit, zu dritt. Ein Teil der Vorstellung war nun überstanden.

In der ersten Pause führte er seine Dame galant durch die Menge, ließ sich vorstellen, verbeugte sich, küsste Hände – Eugen hatte nichts verlernt. Die blonde Schöne an seiner Seite war zufrieden. Dank seines Vorlesers wusste er über das Bühnengeschehen ausreichend Bescheid und lief somit nicht Gefahr, als Kunstbanause entlarvt zu werden. In der nächsten Pause gab es dann auch etwas zu trinken. Eugen hielt sich tapfer zurück, danach hatte er aber Mühe, nicht einzuschlafen. Das Gejammere und Geschrei auf der Bühne hielten ihn wach. Endlich! Schluss der Vorstellung – in jeder Hinsicht. So ganz zufällig lief den beiden Cogito über den Weg! Hatte etwa dieser ihm die Dame geschickt? Die beiden kannten sich offensichtlich. Darf ich vorstellen? – dieses Theater hätten sie sich sparen können. Nicht nötig, wollte Eugen antworten, doch Cogito spielte den Ahnungslosen. Sehr erfreut, sagte er knapp und tat, als kenne er ihn nicht. Eine Sondervorstellung? Ein abgekartetes Spiel? Was sonst?, überlegte Eugen. Der Gutsherr, auch er in Begleitung, legte es darauf an, ihn über die Aufführung in ein Gespräch zu verwickeln und damit auf das Glatteis zu führen. Eugen tat ihm nicht den Gefallen, darauf auszurutschen. Cogito schien das zu irritieren. Dann wünschten sich die beiden Paare noch einen schönen Abend. Eugen kassierte und war froh, alles halbwegs gut hinter sich gebracht zu haben.

Am nächsten Tag stand auch schon der Vorleser an der Tür. Er war – wie früher auch – sein Geld wert. Eugen erwies sich dankbar und großzügig, doch wusste er noch immer nicht, was er von der nächtlichen Begegnung mit Cogito halten sollte. Seine Begleitung darüber auszufragen, hätte gegen die Diskretion verstoßen. Wenn der Gutsherr bei der Tanzveranstaltung, zu der Eugen einige Tage später wieder von der einen Dame gebucht wurde, auch auftauchte, stimmte etwas nicht, überlegte Eugen und sagte vorsichtshalber in letzter Minute ab. Aber die Dame beharrte auf der Vereinbarung. Wie um alles in der Welt sollte er tanzen? Schon des Geldes wegen raffte er sich dann dennoch auf. Wie zu erwarten – Cogito war auch dort! Als er sah, wie erbärmlich dieser sein Tanzbein schwang, erwachten Eugens Gehwerkzeuge zu neuem Leben. Seine Begleitung kam aus dem Staunen nicht heraus. Als der Gutsherr samt Begleitung sich im Walzertakt ihm und seiner Tanzpartnerin näherte, begegnete er ihm höflich und kühl. Die Herren kennen einander? Was für eine Frage! Eugen war verärgert. Wir hatten schon einmal das Vergnügen, erwiderte Cogito sarkastisch, Sie wissen nicht?

Nun saß er wieder zu Hause und streckte die Beine von sich. Gut gemacht, meinte er und tätschelte sie. Auch die eine Krücke war nun längst überflüssig geworden. Spielte Cogito jetzt mit ihm Katz' und Maus? Oder vielleicht seine Kundin? Er fragte den Vorleser um seine Meinung. Der aber hatte keine – wie immer! Mit Eugen aber ging es bergauf. Bald hatte es den Anschein, als ob er sich auf ein neues Leben besinnen würde. Er wagte es, wieder bei seiner Agentur vorzusprechen, versuchte, so wenig wie möglich zu trinken, wieder auf sein Aussehen zu achten und war fest entschlossen, alle Wünsche, die da im Rahmen seiner Tätigkeit auf ihn zukamen, zu erfüllen. Eugen benötigte die Einkünfte, schien sich aber überschätzt zu haben. Es lief nicht wieder so, wie das einmal war. Als er ein drittes Mal versagte, stieg er wieder aus. Nicht, dass sich die Damen beschwert hätten, aber Mitleid konnte er nicht ertragen. Mit einer solchen Situation wurde Eugen nicht fertig. Die Folge? Er betrank sich wieder – Tag für Tag!

Der Vorleser kam nicht mehr. Es war zwecklos. Keine Besuche wurden eingelassen. Wie es der Gutsherr schaffte, doch zu ihm vorzudringen? Liebst du sie oder nicht? Das war ein Verhör! Es fehlte nur noch die vorgehaltene Pistole. Wen?, fragte Eugen und versuchte angesichts Cogitos drohender Haltung erst gar nicht, ihn an die frische Luft zu setzen. Das fragst du noch? Allmählich dämmerte es Eugen, dass es sich um die eine Dame handeln musste, mit der er die Oper und die Tanzveranstaltung besucht hatte. Wer wohl!? Das klang nicht gut. Aha, Eugen stellte sich nicht nur ahnungslos, er war es tatsächlich. Wann triffst du sie wieder? Daher wehte also der Wind! Eugen zuckte die Achseln und holte Gläser. Bald waren beide so betrunken, dass von nichts mehr die Rede war.

Als Eugen seinen Rausch ausgeschlafen hatte, beschloss er wieder einmal, mit dem Trinken aufzuhören. Er hielt nicht lange durch, bald war das Geld aufgebraucht. Nicht einmal mehr zu essen hatte er. Nun erinnerte er sich seiner Selbstbeherrschung, die er früher einmal hatte, und beschloss, mit Anstand zu hungern. Letztendlich aber landete er wieder dort, wo er früher schon einmal Arbeit gefunden hatte – bei der Straßenreinigung. Bald bemerkten seine Kameraden, wie Eugen Misttonnen nach Essbarem durchwühlte. Niemand sprach ihn darauf an, doch in den Tagen darauf teilten die Arbeiter ihre Jausenbrote mit ihm. Eugen schämte sich. Man hatte ihn also doch ertappt. Bier, das man ihm auch anbot, lehnte er tapfer ab. Es hatte den Anschein, als hätte Eugen einiges begriffen, doch er verlegte sich nur darauf, seine Arbeit nicht zu verlieren. Der Zufall wollte es, dass er gesichtet wurde. Eugen merkte nichts davon, aber es war schon seltsam, dass sich der Vorleser wieder blicken ließ. Wie oft schon hatte er ihm angeboten, ihn wieder besser lesen und schreiben zu lehren. Nun aber war es Eugen, der ihn darauf ansprach. Der Vorleser glaubte, sich verhört zu haben. Freudig bot er ihm seine Dienste an. Es kam aber nicht dazu. Da Eugen ihn nicht bezahlen konnte und der Vorleser selbst am Hungertuch nagte, wurde nichts daraus.

Irgendwann entschloss sich Eugen, Cogitos Gut wieder aufzusuchen. Mit gemischten Gefühlen schlenderte er durch die Blutbuchenallee. Von weitem roch es schon nach Pferdemist. Dort, bei den Stallungen, hatte sich so einiges verändert, und der Gutsherr war auch nicht anwesend. Umsonst versuchte er in Erfahrung zu bringen, wo der sich aufhielt. Es sollte ein gut gehütetes Geheimnis bleiben, dass dieser sich zu einem Entzug entschlossen hatte. Eugen schaute sich überall um, niemand hinderte ihn daran. Auf einer Koppel ritten Kinder. Wie unbeholfen sie waren! Wahrscheinlich wussten sie auch nicht, wo bei den Gäulen das Bremspedal zu finden war. Hilfreiche Menschen führten die Tiere. Sie können nun übernehmen, sprach ihn eine sportliche junge Dame an und reichte ihm die Zügel. Eugen war verdutzt und tat, was ihm befohlen wurde, während die Unbekannte einige Schlucke aus einer Wasserflasche nahm und ihn beobachtete. Eugen brauchte seinen ganzen Mut, um das Pferd zu führen. Dieses wurde aber unruhig, und gerade noch rechtzeitig kam ihm die junge Frau zu Hilfe. Machen Sie sich nichts daraus! Sie sind wohl neu hier? Wissen Sie, wir brauchen jede helfende Hand! Ehe Eugen noch etwas erwidern konnte, schlug der Bub auf dem Sattel wie wild um sich, begann zu schreien, und das Pferd stieg hoch. Während sie sich um das Tier kümmerte, nahm sich Eugen des Buben an, dem Schaum vor den Mund trat. Schnell kamen andere herbei. Sie wussten anscheinend, was zu tun war. Eugen stand abseits und sah sich die Kinder an. Jemand redete ihn an. Er stellte sich als Stallbursche vor. Und wer sind Sie? Ich? Ich bin Eugen! Eugen? Und was weiter? Na, Eugen! Reicht das nicht, sagte der Angesprochene gereizt und machte Anstalten, wieder zu gehen. Ich glaube, ich kenne Sie von irgendwo her, sagte da der junge Mann und wollte ihn zurückhalten. Er schien angestrengt nachzudenken, zu überlegen. Eugen fühlte sich unbehaglich, und er machte sich schleunigst aus dem Staub.

Unterwegs trank er, was er zu fassen bekam. Die nächsten Tage verbrachte er in einem Dämmerzustand. Dann kam Besuch. Du siehst aus, als könntest du Hilfe gebrauchen? Der Vorleser? Nein, es war nicht der Vorleser. Jemand von früher, als er noch vom Turm sprang, hatte ihn aufgestöbert. Dem Stallburschen war letztlich eingefallen, wen er da vor sich hatte, und sprach seinen Freund, der noch immer seine Saltos und Schrauben drehte, auf Eugen an. Wie man sieht, geht es dir doch wieder ganz ausgezeichnet, meinte Magnus und deutet auf Eugens Beine. Bald bist du wohl wieder so weit. Eugen war nicht gesprächig, aber der Sportsfreund ließ sich nicht abwimmeln. Was treibst du immer? Willst du nicht wieder mit dem Training beginnen? – Training? Das kostet Eugen nur ein Lachen. Magnus war ein mittelmäßiger Springer, aber er arbeitete sich zäh nach oben. Wie wäre es, wenn du mich trainieren würdest?, fragt er schließlich Eugen, ich zahle nicht schlecht. Der schüttelte nur den Kopf. Schon dieser Gedanke verursachte ihm Übelkeit. Eher springe ich selbst wieder. Aber das sagte er nicht. Schließlich war beiden klar, dass Eugen das nicht mehr schaffen würde. Warum eigentlich nicht? Magnus entgingen nicht die Flaschen und Gläser, die überall herumstanden. Deinem Tatendurst ist wohl ein anderer gewichen, meinte er vielsagend. O, dieser Durst geht mir über alles, bemerkte Eugen und schenkte sich ein. Am liebsten hätte ihm Magnus einen Geldschein auf den Tisch gelegt, ehe er wieder ging. Doch er tat es nicht.

Eugen schämte sich in Grund und Boden, dennoch trank er, wie das so ist, wenn einen sonst nichts mehr hält – die Arbeit bei der Straßenreinigung konnte er sich auch bald wieder an den Hut stecken. Er überlegte, betteln zu gehen. Der Vorleser tat dies schon längst. Eugen war sich noch zu gut dafür. Bald aber kramte er nach seinen Krücken, setzte einen Hut tief ins Gesicht, und mit den dunklen Sonnenbrillen lief er nun auch nicht Gefahr, erkannt zu werden. So ungepflegt, wie er nun aussah, konnte ihn ohnedies niemand für den ehemaligen erfolgreichen Turmspringer halten. Und wer interessierte sich denn eigentlich noch für ihn. Springreiter müsste man sein. Oder? Die wenigen Münzen, die zu bekommen waren, reichten, um seinen Durst zu stillen und zu vergessen. Irgendwann landete ein Brief in seinen bettelnd ausgestreckten Händen. Von diesem konnte Eugen wirklich nicht abbeißen. Er trug ihn nach Hause.

Wenn er nur wüsste, wo sein Vorleser zu finden war. Was da wohl auf dem Zettel stand? Aber Eugen dachte sich einen Trick aus. Na, du, redete er ein Schulkind an, du bist doch ein schlaues Kerlchen, was steht denn da? – Was bekomme ich dafür?, war die Antwort. Einige Male probierte es Eugen auf diese Art, doch das Gekritzel schien wirklich schwer leserlich zu sein. Zu Hause setzte sich nun Eugen hin und mühte sich damit ab, das Geschriebene in doppelter Größe nachzumalen. Schweiß trat ihm auf die Stirne. Er hatte schon immer gewusst, dass Schule nur reine Zeitverschwendung war. Es dauerte seine Zeit, bis er diese mühselige Abschreibarbeit zu Ende gebracht hatte. Nun versucht er es auf eine andere Weise! Auf Parkbänken waren alte Leute zu finden, die konnte man vielleicht herumkriegen. Na, Mütterchen, wie steht es mit deinen Augen?, sprach er eine Alte an. Die rückte von ihm ab, bekam Angst. Ein Mann redete sich darauf aus, die Brille nicht dabei zu haben. Doch irgendwann gelang das Unternehmen. Er hielt das Papier wieder einmal jemandem mit schmeichelnden Worten unter die Nase. Aber diese Person errötete nur und meinte, Eugen müsse sich geirrt haben, sie könne keine Fremdsprachen, nur Deutsch! Fremdsprachen? Welche Fremdsprache? Französisch wird es wohl sein, bekam er zu hören. Französisch? Da mischte sich ein Spaziergänger ein, der einen Blick auf den Zettel geworfen hatte, sprach etwas von Bildung, nahm das Papier an sich, schüttelte den Kopf und las: Cogito ergo sum. Solche Perlen, äh, ich meine solche Worte, sollte man nicht vor die Säue, äh, ungebildete Leute werfen, murmelte er. Welche Perlen? Wer die Säue waren, war klar. Eugen schien etwas verstanden zu haben.

Habe ich doch gleich gewusst, dass du lesen kannst, rief ihm der Gutsherr triumphierend zu, als Eugen bei ihm aufkreuzte. Na, mein Lieber, was sagst du? Wozu?, wollte Eugen wissen. Cogito führte ihn zu einer Koppel, die Eugen schon kannte. Da sind Sie ja wieder, begrüßte ihn der Stallbursche, und die junge Dame schüttelte ihm die Hand. Warum sind Sie denn damals so schnell verschwunden?, fragte sie. Verschwunden? Ihr kennt euch?, der Gutsherr verstand nicht ganz. Bald stellte sich heraus, dass die junge Dame Cogitos Tochter war, die da vor Eugen stand und die ihren Vater mit ihrer Anwesenheit erfreute. Doch sie stellte dafür Bedingungen. Als der Vater sie bat, zu kommen und zu bleiben, musste er als Gegenleistung nicht nur das Trinken lassen, sondern auch Koppel und Pferde zur Therapie behinderter Kinder bereitstellen. Cogito war so überglücklich, seine Tochter wieder bei sich zu haben, dass er sich fügte. Eugen jedoch fühlte sich unbehaglich. Darf ich dir meinen Freund Eugen vorstellen?, sagte der Gutsherr auf einmal zu seiner Tochter, er war Turmspringer und behauptet, weder schwimmen, schreiben und lesen zu können! Aber ich habe ihm eine Falle gestellt. Ha, ha ..., Cogito umarmte Eugen sodann, und plötzlich sah er sich wieder hoch zu Ross.

Die Tochter machte kurzen Prozess. Also – schwimmen können Sie nicht, lesen nicht, schreiben nicht, wahrscheinlich auch nicht reiten! Habe ich Recht? – Glaube ihm kein Wort!, mischte sich der Gutsherr ein. Genau das tat die Tochter denn auch, und so trabte nun Eugen widerwillig zwischen ihr und ihrem Vater durch die Gegend. Irgendwann wendete die junge Frau ihr Pferd, sie musste zurück. Cogito aber ritt mit ihm stur weiter. Sogar die Zügel ließ er zuweilen schleifen ... Wie um alles in der Welt sollte Eugen plötzlich reiten können? Der Gutsherr verlangsamte erfreulicherweise das Tempo. Eugen war bleich im Gesicht, als er sich nach der Rückkehr vom Sattel schwang. Du musst wieder öfter kommen, bedeutete ihm Cogito, und dann flüsterte er ihm ins Ohr: Besser, du sitzt auf einem Pferd als auf der Straße! Brauchst du Geld?, fragte er noch.

Zu Hause fand Eugen in seiner Jackentasche einen Geldschein, der ihm eine Weile über die Runden half. Er pflegte sich nun wieder, die nüchternen Phase nahmen zu, damit auch seine Körperbeherrschung und sein Tatendrang. Und wenn er sich auf dem Gut blicken ließ, nahm er auch einen Ausritt in Kauf. Zwar steckte ihm Cogito kein Geld mehr zu, dafür aber ging er nicht hungrig fort von dort. Man bewirtete ihn reichlich. Allerdings wurde kein Alkohol gereicht. Das stehe ich durch, sagte sich Eugen, obwohl er gegen ein Gläschen nichts einzuwenden gehabt hätte. Die Tochter merkte bald, dass es Eugen peinlich war, mit keinerlei Gegenleistung aufwarten zu können. Sie sagte es ihm auf den Kopf zu. Nicht ohne Hintergedanken! Sie benötigte Mithilfe. So machte sich Eugen nützlich, obwohl er mit Kindern eigentlich nicht umzugehen wusste, schon gar nicht mit behinderten. Es geht Ihnen damit wohl wie meinem Vater?, fragte die Tochter. Eugen fand keine Antwort. Sie sind es wert, geliebt zu werden!, wollte ihm Cogitos Tochter einreden. Wie sie das sagt? Eugen war gerührt. Er sah sie von der Seite an. Eugen mochte ihr Lächeln, und in Reithosen sah sie hinreißend aus. Ähnlichkeiten mit dem Gutsherrn konnte er keine entdecken.

Mein Vater hasst Dummheit mehr als irgend etwas!, sagte sie plötzlich in Eugens Gedanken hinein. Ach ja?, klang es abwesend. Sie haben es gesehen, unser Haus ist voll mit Büchern, jammerte sie, kaum zu glauben, dass er sie auch alle liest. – Nicht alle auf einmal vielleicht, scherzte Eugen, aber ich schätze, er weiß, was da alles drinnen steht. Dennoch, fügte er nachdenklich hinzu, geht mir dieser Wissensdurst über meinen Verstand. – So lange es kein anderer Durst ist, der ihn quält, meinte die junge Dame, kann er meinetwegen auch noch die Stallungen mit seinen Büchern vollstopfen. Wissen ist Macht!, zitierte Eugen – nur um irgend etwas zu sagen. Glauben Sie?, die junge Dame sah ihn fragend an. Sie sind wohl auch der Meinung meines Vaters? – Ich habe keine Meinung!, erklärte Eugen, das heißt, ich besitze keine Bücher, und in diesen stehen die Meinungen. Cogito platzte unvermittelt in das Gespräch. Nicht wahr, mein Lieber, sagte er dann genüsslich, es gibt Leute, die denken, und solche die denken lassen. Eugen wurde rot. Mit Schule war bei mir nicht viel, sagte er dann zögernd. Da ging es Ihnen wie mir und meinem Bruder, bemerkte die junge Dame ahnungslos, mein Vater bestand auch auf Hauslehrer. – Aha, sagte Eugen nur und versäumte nachzufragen, was es denn mit den vielen Kriegsbüchern auf sich hätte.

Die Agentur meldete sich wieder, es klappte nun alles wie früher, auch die blonde Schöne, die es auf Opern abgesehen und anscheinend dafür noch immer keine geeignete Begleitung gefunden hatte, orderte ihn wieder. Leider traf es sich abermals so, dass sie schon in der ersten Pause dem Gutsherrn begegneten. Er war in Begleitung seiner Tochter und wahrte nur mit Mühe und Not die Contenance. Eugen glaubte nun nicht mehr an Zufall. Das alles hatte doch Cogito eingefädelt! Am nächsten Tag erschien dieser auch bei ihm und stellte klar: Lass die Finger von ihr, verstehst du, sonst Gnade dir Gott. – Von wem? Vielleicht klärst du mich auf, schimpfte Eugen noch, sehe ich aus, als stünde ich auf Blond? Doch Cogito war schon verschwunden.

Die Tochter war es dann auch, die ihm erzählte, dass er sich da unwissend mit Cogitos großer Liebe eingelassen hatte. Große Liebe? Eingelassen? Eugen verstand gar nichts mehr. Am nächsten Tag zwang ihn dann ein ziemlich angeheiterter Gutsherr, mit ihm auszureiten. Also hatte ihn wiederum der andere Durst gepackt. Alles Zureden der Tochter half nichts. Inständig bat sie Eugen, ihn doch auf dem Ritt zu begleiten, da sie sich sorgte, jedoch nicht abkömmlich war.

Was hatte sich zugetragen, dass es Eugen nun vorzog, stocknüchtern zu sein? Der Gutsherr musste es wieder einmal genau wissen, und so zwang er in seinem Übermut sein Pferd, ein schwieriges Hindernis zu nehmen. Dieses bockte, und Cogito stürzte schwer. Eugen, im Umgang mit Pferden noch immer unsicher, tat allem Anschein nach damals das Richtige. Was genau, konnte er selbst nicht mehr sagen, nur, dass beim Gutsherrn so einiges in Brüche ging, obwohl er mit dem Leben davonkam – allerdings ohne das Augenlicht, das sich nicht mehr einstellen wollte. Wie sollte nun ein Blinder seinen Wissensdurst stillen? Eine gute Frage! Man müsste ihm vorlesen! Von wem nur dieser Vorschlag kam? Von Eugen gewiss nicht, doch die Wahl fiel unglücklicherweise auf ihn, dies in die Tat umzusetzen. Für die Tochter jedenfalls schien das eine gute Lösung zu sein. Schließlich gelang es Eugen unter allerlei Vorwänden, sich dieser Aufgabe zu entziehen und seinen Vorleser für diesen Dienst zu gewinnen. Er stellte ihn Cogito als seinen Cousin vor.

Eugen trank nun keinen Tropfen mehr, er war stets so nüchtern, wie man nüchterner nicht sein konnte. Da sich der Gutsherr aber kaum in einem solchen Zustand befand, war es mit seiner Wissbegier nicht mehr weit her. Außer Stande auch, Vorgelesenes zu verstehen, war jegliche Mühe umsonst. Für Eugen aber begann dennoch ein Wettlauf mit der Zeit. Ich muss es schaffen!, hämmert er sich nun ständig ein. Kein Wissensdurst, aber ein Tatendrang sondergleichen trieb ihn dazu, Versäumtes nachzuholen. Es war die Idee des Vorlesers, vorerst einmal auswendig zu lernen, was Cogito dann als Gelesenes vorgesetzt bekommen sollte. Das war leichter gesagt als getan. Eugens Merkvermögen war zwar erstaunlich, dennoch musste der Vorleser die Texte oftmals wiederholen, ehe sie Eugen im Kopf behielt. Eine mühselige Sache, doch Eugen arbeitete verbissen daran, aus seinem analphabetischen Zustand heraus zu kommen. Vergeblich aber wartete er auf den Durst, der ganz offensichtlich nur Cogito und auch den Vorleser befallen hatte. Der große Wissensdurst wollte und wollte sich nicht einstellen. Am Vorleser lag es nicht. Nicht nur um Eugen kümmerte er sich mit bewundernswerter Geduld, sondern auch um die behinderten Kinder auf dem Pferdehof. Die Tochter des Gutsherrn hatte ihn in Dienst genommen, so waren seine Geldsorgen vorerst einmal ausgestanden. Auch Eugen hatte nun dafür, dass er zuweilen Cogito Gesellschaft leistete und am Gutshof zupackte, sein Auskommen.

Der Umstand, dass Cogitos Tochter ihn einmal buchte, ohne vorerst zu wissen, wen, brachte Eugen in eine missliche Lage. Ausgerechnet eine seiner Kundinnen schwärmte ihr von ihm vor, und sie war völlig ahnungslos, wen sie da für eine Begleitung anforderte und wer sich hinter dem Mann, den man ihr empfohlen hatte, verbarg. Beide machten sie ein verdutztes Gesicht. Es wurde eine lange Nacht, in welcher Cogitos fassungslose Tochter und der noch fassungslosere Eugen ihre Karten auf den Tisch legten. Zuletzt wusste Eugen nicht mehr, wie ihm geschah, als sie ihn verführte. Wer hätte das gedacht? Begehrte er sie so sehr? Warum aber gingen sich beide danach lange Zeit aus dem Weg? Mit einer Zähigkeit ohnegleichen arbeitet nun Eugen daran, seine gesteckten Bildungsziele zu erreichen. Er war vielleicht nicht unbedingt ein Geisteskind, aber den behinderten Kindern, mit welchen sich der Vorleser abmühte, doch haushoch überlegen. Dennoch beschämten ihn diese von Mal zu Mal.

Das änderte sich, denn die Begegnung mit dem Sohn des Gutsherrn, der wieder ganz von vorne anfangen musste, gab ihm nun zu denken. Da sein Vater derzeit blind war, musste er dessen Anblick nicht ertragen. Cogitos Tochter setzte durch, dass ihr Bruder wieder auf dem Gut Aufnahme fand. Eugen war entsetzt – nicht nur darüber, wie der Vater mit dem Sohn umging, sondern auch, wie dieser aussah. Er war nicht nur durch den Unfall im Gesicht entstellt, sondern auch unfähig, für sich selbst zu sorgen. Sie hätten ihn davor erleben sollen, meinte einmal die verzweifelte Tochter. Kaum vorstellbar, dass aus einem hübschen jungen blitzgescheiten Mann so etwas von einem Jammerlappen geworden war. Ein solcher durfte dem Gutsherrn nicht unter die Augen, auch deshalb, weil er Mitschuld am Tod seiner Frau trug. Letzteres konnte Eugen noch irgendwie verstehen. Der Schmerz um die verlorene Frau schien noch immer an Cogito zu nagen. Doch konnte man nach so langer Zeit den Sohn, der den Unfall ohnedies mit so viel gesundheitlichen Schäden bezahlte, noch immer verstoßen? Mit Genugtuung stellt er fest, dass er mit seiner Abneigung für Cogito von allem Anfang an richtig lag.

Eugen und der Vorleser widmeten sich Cogitos Sohn, wann immer das möglich war. Ihm wieder ein wenig auf die Sprünge zu helfen, setzten sie sich in den Kopf und die Schwester den Vater unter Druck, Geld für die notwendigen kosmetischen Operationen aufzubringen. Was Eugen schaffte, musste doch auch der Sohn schaffen. Mit dem Lesen jedoch musste er wieder ganz von vorne beginnen. Sein Gestotter war kaum anzuhören. Damit konnte er den Vater wirklich nicht beeindrucken. Wie Eugen begann auch der Sohn damit, Texte auswendig zu lernen – sie herzusagen und damit so zu tun, als würden sie gelesen. Einem Blinden fiel so eine Täuschung doch nicht auf. Oder? Auf diese Weise den Vater zu beeindrucken, konnte doch nicht so schwierig sein? Aber das war ein langer Weg, den da der Vorleser mit ihm und auch Eugen gehen musste. Die Zeit drängte, denn der Gutsherr vermochte schon hell und dunkel sowie auch Umrisse zu unterscheiden.

Der Sohn jedoch unterschied sich noch immer nicht sehr viel von den Kindern, die auf dem Rücken der Pferde Linderung oder vielleicht auch Heilung ihrer Leiden erhofften. Die Schwester umsorgte ihn liebevoll. Seine vielen Freunde hatte er verloren. Es war nichts mehr zu holen bei ihm – weder Ideen noch Geld. Von Magnus, seinem Sportsfreund, erfuhr Eugen, welch ein hübscher, hochbegabter und sportlicher Mann er einst war. Für Eugen war das alles schwer zu verstehen. Immer öfter dachte er an den doch glimpflichen Ausgang, den letzten Endes sein eigener Unfall genommen hatte. Auch Cogito hatte stets Glück im Unglück, doch dafür schien er nicht dankbar zu sein. Vielmehr haderte er nun damit, sich nicht mehr in seine Bücher verkriechen zu können. Magnus war entsetzt, dass Eugen mit ihm befreundet war. Befreundet? Eugen verwehrte sich dagegen. Ich komme von ihm einfach nicht los, seufzt er. Das sehe ich anders, meinte Magnus, er kommt von dir nicht los. Die Tochter des Gutsherrn pflichtete ihm bei. Aber warum? Angeblich soll Eugen ihn an den Sohn erinnern. Wer sagt das? An den Sohn? Der blonde und blauäugige Eugen betrachtete sich im Spiegel. Ich an Cogitos Sohn? Das musste Eugen erst einmal verstehen. Darauf wäre er wohl nie gekommen – auch nicht darauf, dass es Magnus auf Cogitos Tochter abgesehen hatte, während sie immer öfter Eugen ihre Zuneigung bekundete. Eugen fühlte sich zwar geschmeichelt, doch zurzeit interessierten ihn Menschen nicht, schon gar nicht die Damenwelt. Er wartete noch immer vergeblich auf den großen Wissensdurst, den auch Cogitos Sohn einmal gehabt haben soll.

Mittlerweile beschäftigten Eugen Cogitos angebliche väterliche Gefühle für ihn. Eugen fiel dergleichen noch nie etwas auf. Die Vorstellung, Sohn zu sein, löste Unbehagen in ihm aus. Warum nur hatte man ihm diesen Floh ins Ohr gesetzt? Mittlerweile aber fand er Gefallen an dem Gedanken. Erinnerungen wurden wach. Dort, wo er aufgewachsen war, in einem Heim, fanden sich oft Elternpaare ein, um Kinder abzuholen. Eugen war nie darunter. Neidvoll schauten die Zurückgebliebenen den Auserwählten nach, wenn sie zwischen dem neuen Vater und der neuen Mutter das Haus verließen. Tränen der Enttäuschung flossen da mitunter. Auch Eugen weinte oft. Wie lange war das schon her? Den Vorleser hatte man auch zuweilen für eine Adoption ins Auge gefasst, doch dann kam er doch nicht in Frage. Er war ein schwächliches Kind. Eugen hätte es nicht verwunden, ihn auf einmal nicht in seiner Nähe zu haben. Und doch waren die beiden unterschiedlicher, wie sie unterschiedlicher nicht hätten sein können. Ob ihn der Vorleser auch vermisst hätte, wäre er einmal abgeholt worden? Die beiden sprachen nie darüber.

Eugens Enttäuschung war groß, als er zu wissen vermeinte, wer hinter Cogitos Wissbegier steckte. Nicht, dass ihn dessen Bücherleidenschaft sonderlich beeindruckte – im Gegenteil, aber dass ausgerechnet ein Weib die Ursache dafür sein sollte, war nicht zu fassen. Wie er nur auf solche Gedanken kommen konnte? Vielleicht, weil er vergeblich auf den großen Wissensdurst wartete? Sicher wollte der Gutsherr der geistigen Überlegenheit seiner Traumfrau vorbeugen, mutmaßte Eugen. Doch eigentlich kam ihm diese Frau gar nicht so übermäßig gescheit vor. Vielleicht täuschte er sich auch, und Cogitos Wissensdurst hatte andere Gründe. Vielleicht aber war Eugen nur neidig, dass bisher niemand bei ihm auch nur einen Funken von Wissbegier auszulösen vermochte. Schließlich erinnert er sich an Cogitos Worte: Wissen ist Macht! Geht es darum?, fragte sich Eugen. Wahrscheinlich aber las der Gutsherr doch aus eigenem Interesse. Wie kam er nur dazu, das überhaupt anzuzweifeln?

Schließlich gab ihm wieder etwas Anlass, sich Gedanken zu machen, denn es wurde auch gemunkelte, dass es auf dem Gut ein dunkles Familiengeheimnis gab, das angeblich im Zusammenhang mit Cogitos Vorliebe für ihn stehen sollte. Eugen ging nun so vieles durch den Kopf – auch, warum Cogitos Augen keinerlei Fortschritte machten und auch nicht die vom Gips befreiten Beine. Die Hoffnung auf eine erfüllte Liebe mit Nora, seiner Angebeteten, wie man wusste, konnte der Gutsherr wohl nun begraben. Liebte er sie wirklich? Und sie ihn? Warum wählte sie dann ausgerechnet ihn, Eugen, für ihre Begleitung aus? Vielleicht liebte sie dumme Männer? Alle gescheiten Frauen, belehrte ihn der Gutsherr einmal, hätten viele Feinde – nämlich alle dummen Männer. Sah Nora in Eugen denn einen Feind? Angesichts solcher Aussichten war der Turmspringer nahe daran, das Lesen und Schreiben wieder sein zu lassen, und zu beschließen, dumm zu bleiben und so auch zu sterben.

Es schien, als hielte Nora dennoch große Stücke auf Eugen. Obwohl sie seine Mutter hätte sein können, zog sie ihn immer mehr ins Vertrauen und gestand ihm einmal sogar, ihn auch dafür gebucht zu haben, Cogitos Eifersucht zu schüren, da dieser nie Anstalten machte, ihr näher zu kommen. Überdies missbilligte sie seine Sauferei. Für Cogitos Tochter war klar, dass Nora nicht zu ihrem Vater passen würde. Schade, dass sich alles das, womit nun Eugens Kopf vollgestopft war, nicht mehr entsorgen ließ. Es kam ihm fast wie ein Verrat an sich selbst vor, wegen nichts und wieder nichts so viel an Wissen zugelegt zu haben. Daher stellte er vorerst jegliche Bemühungen ein. Vielleicht sollte er wieder trinken? Die Welt sah da gleich ganz anders aus. Das aber überließ er dann doch dem Gutsherrn. Was kümmerte ihn eigentlich dessen Leben und das seiner Kinder? Eugen spielte sogar mit dem Gedanken, wieder vom Turm zu springen.

Als er dann nach langer Zeit wieder einmal oben auf dem Turm stand, verlor er das Gleichgewicht, schlug auf dem Wasser auf, konnte sich aber ganz gut an den Beckenrand retten und kam wohlbehalten aus dem Wasser. Da waren keine wilden Rundumschläge mehr wie früher, die man fälschlicherweise für sein ganz besonderes Markenzeichen hielt. Auch Fußballer gebärden sich nach gelungenen Torschüssen zuweilen sehr eigentümlich auf dem grünen Rasen. Ein Glück, dass die Zuschauer, die sich nur dafür interessierten, was in der Luft geschah, nie dahinter kamen, was mit Eugen wirklich los war. Nach der Landung war alles nur noch Nebensache. Der Turm aber war ihm nun wohl eine Nummer zu groß. Eugen sah das ein und versuchte es vom Brett – einfache Sprünge, aber auch diese misslangen. Irgendwann ist immer Endstation! Magnus sprach es nicht aus, als er ihn springen sah, aber man sah es ihm an, dass auch er das dachte. Er hatte leicht reden, er sprang nun dank Eugens Ratschlägen wie ein Gott. Jetzt, wo er sich sicher war, nie wieder seine Schrauben und Saltos in die Luft setzen zu können, widerstand der ehemalige Turmspringer sogar dem Alkohol, während sich Cogito, der wiederum im Rollstuhl saß, diesem hemmungslos hingab.

Ihr seid wie Brüder zu mir, meinte Cogitos Tochter einmal gerührt und voll Dankbarkeit für Eugen und des Vorlesers Unterstützung bei ihren Bemühungen um den kranken Bruder. Das ließ Eugen zu der Bemerkung hinreißen: Na, Schwesterchen, da wird wohl nichts aus uns beiden! Cogitos Tochter aber erschrak, als hätte er etwas ganz Schreckliches gesagt. Keine Angst, setzte dieser nach, du bist nicht mein Typ. Das hätte Eugen erst recht bleiben lassen sollen. Auch wenn sie von Magnus heftig umworben wurde, bevorzugte sie Eugen. Er aber benahm sich wie ein Elefant im Porzellanladen, nannte Cogitos Sohn Brüderchen und gab sich auf einmal dem Traum hin, Cogitos Adoptivsohn zu werden. War es denn dem Gutsherrn zu verargen, sich um einen Ersatz für den eigenen Sohn zu bemühen? Mit diesem konnte er wirklich keinen Staat mehr machen. Wie unbarmherzig Eugen das nun sah! Vielleicht hatte Cogito schon damals im Krankenhaus etwas mit ihm vor? Dazumal wäre das für Eugen ein Albtraum gewesen, hätte er von solchen Absichten Wind bekommen. Dieser verhasste Cogito – sein Vater?

Nun aber sah er alles anders. Wer nie Eltern besaß, kommt mitunter auf solche unsinnigen Ideen. Du nicht?, fragte er den Vorleser, der auch nie in einer Familie aufgewachsen war. Doch der mahnte ihn eindringlich, sich nicht solchen Hirngespinsten hinzugeben. Erwachsene bedürfen doch keiner Eltern mehr! Er könnte doch uns beide adoptieren, sinnierte Eugen. Vielleicht hatte Cogito uneheliche Kinder? Seitensprünge waren ihm durchaus zuzutrauen! Der Vorleser fürchtete um Eugens Verstand und riet ihm, ganz einfach die Geburtsdaten zu vergleichen, somit wäre alles schnell geklärt. Doch ein Findelkind wie Eugen konnte nicht sicher sein, ob solche Angaben auch ihre Richtigkeit hätten.

Schließlich sprach er mit Magnus darüber. Dieser witterte eine ganz und gar unglaubliche Geschichte und wollte dem allen gleich auf den Grund gehen. Doch Eugen zögerte. Ein besonders schöner Traum war das nun auch wieder nicht, im erwachsenen Zustand plötzlich eine Familie zu haben. Er war in Heimen groß geworden, dann in einem Kinderdorf. Na und? Es gibt Ärgeres! Alle Nachforschungen, die er früher schon einmal angestellt hatte, um seine Mutter ausfindig zu machen, brachten nichts. Er setzte seine große Hoffnung darauf, als erfolgreicher Turmspringer auf den Titelseiten von Zeitungen zu prangen, auf dass sich seine Mutter vielleicht seiner erinnerte. Den Reportern hätte er um viel Geld seine Lebensgeschichte verkaufen wollen. Später dann, wenn man sie auf diesem Weg gefunden hätte, würde das für die Presse eine rührselige Geschichte abgeben. Dazu aber kam es nicht. Hätte er den Unfall nicht gehabt, wäre er vielleicht schon so weit. Magnus war es, der ihm damals schon diesen Unsinn ausredete. Er solle doch an die Frau denken. Die würde sich doch nicht plötzlich melden und sich als seine Mutter zu erkennen geben. Zumindest glaubte Magnus das. Auch solche Frauen haben eine Ehre im Leib. Von wegen Ehre und Leib, Eugen konnte alles gestohlen bleiben – Ehre, Leib und Mutter!

Viele im Kinderdorf damals hatten unerwünscht das Licht der Welt erblickt. Was dachten sich diese Mütter eigentlich nur dabei, ihren Nachwuchs auf diese Weise aus der Welt, zumindest aus ihrem Leben zu schaffen? Warum nur gab sich Eugen jetzt der Illusion hin, Cogitos Sohn zu sein oder zu werden? Er verstrickte sich nun so sehr in diese wahnwitzige Vorstellung, dass er nur noch danach trachtete, sich dieses Vaters als würdig zu erweisen. Wenn ihm das einmal zuvor jemand gesagt hätte – Eugen hätte nur mitleidig gelacht. Nun aber änderte sich mit einem Schlag seine frühere Einstellung zu diesem Mann. Obwohl er schon so viel über ihn wusste, versuchte er immer noch, Neues über seinen möglichen zukünftigen Vater in Erfahrung zu bringen. Cogito schätzte Bildung! Er wisse viel und wolle doch alles wissen!, sagte dieser wiederholt. Aber der Ausspruch war nicht von ihm. Eugen kannte ihn von einer Theateraufführung, zu welcher er einmal eine betagte Frau begleitete. Damals langweilte er sich zu Tode. Der Vorleser bereitete ihn auf dieses Stück gewissenhaft vor. Jetzt gäbe er etwas darum, dieses nochmals zu sehen. Bei der Straßenreinigung konnte der künftige Sohn eines Gutsbesitzers nicht mehr arbeiten. Weder einen Straßenkehrer noch einen Analphabeten würden Eltern zum Sohn haben wollen. Es war noch viel zu tun, wollte er den Ansprüchen des Gutsherrn gerecht werden. Vor allem musste er nun perfekt reiten lernen, vielleicht sich überwinden, über Hindernisse zu springen. Als Callboy zu arbeiten, ging wohl auch nicht mehr.

Der Vorleser und Magnus bekamen mit, was sich Eugen da einbildete, und unternahmen alles, ihm dieses Hirngespinst auszureden. Cogitos Sohn hatte zum Vorleser großes Zutrauen. Zwischen den beiden herrschte bald schon ein fast geschwisterliches Einvernehmen. Eugen beobachtete den liebenvollen Umgang des Vorlesers mit seinem Schützling mit Argwohn, obwohl es ihn beeindruckte, wie er es anstellte, frischen Wind in dessen zerstörtes Gehirn zu bringen. Seinerseits unternahm er nun viel Anstrengung, Versäumtes nachzuholen. Früher hätte er den Vorleser nie als seinen Freund bezeichnet, auch wenn sie zusammen im Kinderdorf aufgewachsen waren. Schwächlich, zurückgezogen und ängstlich, das war für Eugen nichts. Um dessen Schulleistungen aber beneidete er ihn. Was hätte aus ihm werden können! So aber brachte er sich mit Nachhilfestunden durch das Leben, machte Übersetzungen, dolmetschte, doch oft und oft gab es gar keine Arbeit. Als Eugen zum Callboy wurde, nahm er ihn in seine Dienste. Da gab es einiges zu tun. Eugen wurde von anspruchsvollen Damen gebucht, denen es nicht genügte, mit ihm im Bett zu landen. Eugen musste zumindest einen nicht ganz ahnungslosen Gesprächspartner abgeben und wissen, was in der Welt so vor sich ging. Der Vorleser machte seine Sache immer ausgezeichnet und wurde von Eugen auch entsprechend entlohnt. Später dann, als er finanziell nicht mehr auf diese Arbeit und somit auch nicht auf die des Vorlesers angewiesen war, weil sich für ihn eine große Sportlerkarriere auftat, verloren sie sich mehr und mehr aus den Augen. Er war etwas älter als Eugen. Im Kinderdorf gebärdete er sich ihm gegenüber oft als großer Bruder. Wurde er aber geneckt, was oft vorkam, war es der jüngere Eugen, der sich schützend vor ihn stellte. Aber das war lange her, und erst durch Zufall fanden sie einander wieder.

Eugen ging nun Cogitos Tochter mit Feuereifer und ganz eigennützig zur Hand. Er mistete Ställe aus, polierte die Benzinrosse. Nebenbei versuchte er es auf dem Rücken der Pferde. Mit den Autos über die Rennstrecken zu jagen, hätte ihm mehr behagt, aber das durfte er nicht. Aber der Tag wird kommen, dachte Eugen. Irgendwann würde er Cogito auf die Sprünge helfen – vielleicht ganz einfach vor ihn hintreten und ihm eröffnen, dass er vielleicht ein Sohn von ihm sei. Und wenn es keinen geben sollte, dann eben ein adoptierter – was tut das schon zur Sache? Mit Cogitos Tochter allerdings würde es da Schwierigkeiten geben. Sie hatte sich ganz offensichtlich in Eugen verliebt. Eugen entging nicht, wie sie es stets so einzurichten verstand, dass sie mit ihm allein war. Auch ihre zufälligen Berührungen ließen darauf schließen, dass er ihr nicht gleichgültig war. Eugen ließen diese auch nicht kalt. Auch auf die wesentlich ältere Nora, die sich für Eugen immer mehr zu interessieren schien, war Cogitos Tochter eifersüchtig. Stets suchte diese Frau seine Gesellschaft, und irgendwann würde sie mehr wollen. Eugen spürte das. Oder war das doch nur Einbildung? Nicht schwach werden!, redete er sich ein. Schließlich wusste diese nichts davon, dass sie vielleicht einmal seine Stiefmutter werden würde. Hoffentlich gab Cogito in seinem Werben um sie nicht auf. Eugen hoffte das inständig und hatte alle Hände voll zu tun, ihm in seinem erbärmlichen Zustand Mut zuzusprechen. Er sorgte auch dafür, dass ihm vorgelesen wurde, aber die Ärzte hatten für seine Genesung wenig Hoffnung. Das war Pech, denn die schöne Nora würde sich wohl nicht mit einem Krüppel einlassen, überlegte Eugen. Umgekehrt wäre es wohl auch nicht anders. Er kannte Cogitos Stolz. Was Eugen damals, als sie das Krankenzimmer zu teilen hatten, nicht für ihn aufbrachte, war nun im Übermaß vorhanden – Mitleid! Berechnendes allerdings. Alle Lebenslust war aus Cogito gewichen. Vielleicht würde sich das ändern, wenn er wüsste, wer Eugen in Wirklichkeit war oder vorhatte zu werden?

Einmal traf Eugen Nora auf dem Gut an. Ob sie zu Cogito wolle? Sie wollte nicht! Was führte sie hierher? Schließlich stellte er fest, dass sie von einer Koppel ein Mädchen abholte. Man sah es ihm vorerst gar nicht an, dass es behindert war. Cogitos Tochter kümmerte sich rührend um diesen süßen Engel, auch Nora schien ein inniges Verhältnis zu ihm zu haben. Alles sträubt sich in Eugen zu mutmaßen, dass es sich um Noras Kind handeln könnte. Als hätte Cogitos Tochter seine Gedanken erraten, meinte diese nur: Es ist ein Pflegekind, das Nora hin und wieder bei uns vorbeibringt. Eugen war erleichtert. Mit solch' einem Kind würde es nie etwas zwischen Nora und Cogito werden. Vorerst war ohnedies nicht daran zu denken, denn dieser zog sich mehr und mehr zurück, saß vergrämt herum, und wenn das so weiter ginge, war es nur noch eine Frage der Zeit, dass er ganz und gar dem Trübsinn verfiel. Einmal schrie er plötzlich nach Alarich. Alarich? Wer soll das sein? Ihr sollt ihn mir satteln! Alarich? Satteln? Also ein Pferd!, folgerte Eugen. Er hat dich abgeworfen, er ist tot, wollte er ihm erklären. Doch nicht Alarich, mischte sich die Tochter ein. Nicht? Gewiss nicht!

Je düsterer es um Cogito wurde, desto mehr lebte Eugen auf. Was er nicht alles zu lernen imstande war. Besonders seine Sattelfestigkeit erfüllte ihn mit Stolz. Als Cogito erfuhr, dass Eugen mit den Pferden sprang, war er plötzlich wie ausgewechselt. Es war, als hätte sich in ihm ein Schalter umgelegt. Eugen deutet das als gutes Zeichen. Wer weiß, vielleicht dauerte es nicht mehr lange, und er bekäme eröffnet, wessen Sohn er war oder werden sollte. Er hatte aber seine Rechnung ohne Magnus gemacht, denn dieser glaubte, für Eugen in Sachen Muttersuche plötzlich tätig werden zu müssen. Er sah Handlungsbedarf, weil Eugen nicht willens war, sich diesen Vaterschaftsunsinn aus dem Kopf zu schlagen. Zwar galt nun alles Medieninteresse nicht mehr Eugen, sondern Magnus. Und dieser nutzte jetzt als siegreicher Champion die Chance, seinen ehemaligen Sportkollegen wieder in Erinnerung zu bringen. Eine gut bezahlte Reportage war Eugens Kinderschicksal der Presse jedenfalls wert, auch wenn dessen sportliche Erfolge nun schon länger zurück lagen. Eugen fand das keine gute Idee. Ihn interessierte weder das Geld, das Magnus ihm dafür stolz überreichte, noch eine reumütig zurückgekehrte Mutter. Er war ihm gram, eigenmächtig so etwas inszeniert zu haben. Meine Mutter ist tot, erklärt er ihm trotzig, bei einem Autounfall ums Leben gekommen! Mein Bruder hat das alles auf dem Gewissen. – Wovon redest du eigentlich?, Magnus war entsetzt, glaubte, sich verhört zu haben. Dein Bruder?, fragte er kopfschüttelnd nach. Er war nun in großer Sorge, was Eugen sich da noch immer vorgaukelte. Offenbar spielte er auf Cogitos Sohn an. Es war unmöglich, ihn zur Besinnung zu bringen. Schon gut, meinte Magnus und winkte ab. Doch dann stach ihn doch der Hafer, und er brachte Nora ins Spiel. Nora?, fragte Eugen ungläubig, was habe ich denn mit dieser Frau zu tun? Wer weiß, wer weiß, warf Magnus ein und spielte auf deren mütterliche Gefühle an. Mütterlich? Nora?, überlegte Eugen. Nora meine Mutter? Das ist doch nicht dein Ernst?, sagt er dann, doch Magnus wechselte geschickt das Thema und hoffte, ihn auf eine andere Spur gebracht zu haben.

Wie aus heiterem Himmel sah plötzlich der Vorleser seine Mission an Eugen und Cogitos Sohn erfüllt. Ich werde euch verlassen, sagte er. Eugen verstand nicht ganz. Das kannst du nicht?, protestierte er. Doch, antwortete dieser bestimmt. Dann sagte er ihm noch etwas: »Die meisten Menschen wollen nicht eher schwimmen, als bis sie es können!« Eugen verstand wieder nicht. Zum Abschied schenkte ihm der Vorleser das Kostbarste, was er hatte – einen Anhänger, den er stets um seinen Hals trug! Eugen kannte das Kettchen aus den Kindertagen. Viele fanden es lächerlich, dass er es ständig trug. Er kämpfte wie ein Löwe, wenn es ihm jemand wegnehmen wollte. Auch Eugen rettete es ihm einmal, als es in eine Grube fiel. Davon wollte er sich trennen? Du sollst ein Andenken haben, meinte er. Vielleicht brauchst du es noch einmal. Wie war das mit dem Schwimmen? Eugen versuchte sich in Erinnerung zu rufen, was er ihn da zuletzt noch wissen ließ.

Was sich nicht alles innerhalb einer längeren Zeitspanne tun kann .... Aus Eugen wurde ein verwegener Reiter, auch mit den Rennwagen war er erfolgreich – aus Cogito wieder ein attraktiver Mann, dem es gesundheitlich wieder leidlich gut ging. Aber Mensch wurde aus ihm dennoch keiner. Die Tochter beklagte sich bitter darüber, dass der Sohn ihm noch immer aus dem Weg gehen musste. Durch mehrere kosmetische Operationen konnten die Entstellungen wieder einigermaßen korrigiert werden. Wenige Narben, die kaum störten, erinnerten noch an den schrecklichen Unfall, an welchem er Schuld trug. Eigentlich war es die Mutter, die ihrem Sohn das Steuer überlassen hatte. Dank des Vorlesers Hilfe und ärztlicher

Kunst sowie viel Therapie ging es auch in seinem Kopf wieder einigermaßen richtig zu.

Jetzt wäre es endlich an der Zeit, die eigene Schuld abzutragen und den Sohn nicht mehr zu verstoßen, meinte die Tochter eines Tages dem Vater gegenüber. Warum sie in dieser Angelegenheit auch Eugen ins Vertrauen zog, wusste sie vermutlich selbst nicht. Vielleicht war es der Leidensdruck, den sie nicht mehr aushielt. Sicher auch, weil sie sich in seiner Gegenwart so wohl und geborgen fühlte. Sie schätzte seine unkomplizierte Art, die Dinge des Lebens zu sehen. Es war ihr nicht danach, ihn anzujammern. Wenn er aber begütigend seinen Arm um sie legte, tat ihr das wohl. Jeder Annäherungsversuch von ihm war ihr willkommen. Noras Kind ständig als deren Pflegling auszugeben, wenn der Vater zufällig mitbekam, dass die Frau das Kind brachte und wieder holte, war letztlich auch ein unhaltbarer Zustand. In diesem Punkt stimmte Eugen Cogitos Tochter zu. Nora aber machte sich eigentlich nichts mehr aus aus dem Gutsherrn, auch wenn sie dieser noch immer heftig umwarb. Früher einmal, da hätte sie sich darüber gefreut. Früher, das war, bevor sie ihren Mann kennenlernte. Nun aber hatte es der schönen Witwe aus unerklärlichen Gründen Eugen angetan. Zu ihrem Leidwesen gewahrte dieser kaum noch die Menschen um sich herum – und Frauen schon gar nicht. Dabei hätte er an jedem Finger zehn haben können.

Eugen verhielt sich wie ein Hamster in seinem Laufrad, sah weder nach rechts noch nach links. Er wollte immer noch mehr. Nichts um sich herum nahm er noch wahr. Einzig Cogitos Tochter kam an ihn heran, doch auch ihr gelang es nicht, ihn aus seiner Betriebsamkeit herauszureißen. So bekam er vorerst gar nicht mit, dass der Vater wieder Anstalten machte, sie samt den friedlichen Gäulen, auf deren Rücken Behinderte Lebensfreude fanden, an die Luft zu setzen. Es ging zwar nur um eine Koppel und einige Pferde, doch der Gutsherr wollte diese Kinder plötzlich nicht mehr dulden. Er stand wieder voll in Saft, und irgendwann, als er herausfand, dass das behinderte Mädchen Noras eigene Tochter war, kannte er nur noch Verachtung für sie. Da wäre es an der Zeit gewesen, dem Vater gehörig die Leviten zu lesen. Die Tochter tat es nicht.

Von ihr erfuhr Eugen nun, dass Cogito es geschafft hatte, einer Hebamme einzureden, den Zwillingsbruder seines Sohnes, an dessen Aufkommen infolge seiner Schwächlichkeit und auch, da man ihm eine Behinderung anzusehen glaubte, fortzuschaffen. Das war ein wohl gehütetes Geheimnis, von welchem nicht einmal seine Frau, da sie nach der schwierigen Geburt nichts mitbekam, gewusst haben soll. Einmal verplapperte sich der volltrunkene Vater ihr gegenüber. Sie versprach, mit niemandem darüber zu reden. Überdies war sie sich auch nicht sicher, ob der Vater überhaupt die Wahrheit sagte. Der Sohn war zu Hause geboren worden, die Hebamme längst verstorben, alle Spuren verwischt. Als sie Eugen davon berichtete, heuchelte er Entsetzen. In seinem Innersten aber machte sich Freude und Hoffnung breit. Er, nur er, Eugen, konnte dieser verlorene Sohn sein! Das Schicksal hatte damals im Krankenhaus Vater und Sohn wieder vereint! Schau, hätte er am liebsten die Tochter wissen lassen, hier vor dir steht dein Bruder. Und irgendwann würde er Cogito eröffnen, was aus dem schwächlichen Säugling, den er nicht haben wollte, geworden war.

Bald kam es auch dazu. Cogito sah ihn nur verständnislos an. Du? Mein Sohn? Ein Callboy, ein Nichtschwimmer, ein Analphabet? Eugen beeilte sich einzuwenden, dass das alles doch längst der Vergangenheit angehörte, dass er einen Wissensdurst sondergleichen in sich verspüre, der sich wohl sehen lassen könne, und überhaupt! Überhaupt?, Cogito sah ihn so geringschätzig an wie früher. Mein Sohn? Ich habe keinen mehr! Ein solcher wäre niemals Rennen gefahren, niemals von einem Turm gesprungen, hätte niemals Turniere bestritten, darauf kannst du Gift nehmen! Und auch darauf, dass du nie und nimmer mein Sohn warst, bist, sein oder werden wirst. Das hast du dir wohl fein ausgedacht – wie? Jetzt scher dich zum Teufel. Cogito ergo sum! Weißt du, was das heißt? Natürlich wusste es Eugen nun schon längst und noch viel, viel mehr. Und nenne mich nicht mehr Cogito! Verstanden? Ich bin für dich der Herr Aichern, nichts anderes. Der Herr w a s ...?, Eugen verstand vorerst nicht. Doch das war es dann auch. Er verschwand aus Cogitos Leben.

Ein verheerender Brand wütete auf dem Gut. Zwar konnten Menschen, Tiere und beinahe der gesamte Wagenpark vor den Flammen gerettet werden, dennoch – der Sachschaden war erheblich. Davon erfuhr Eugen erst viel später. Es kam zu einer Gerichtsverhandlung. Brandstiftung wurde vermutet. Zumindest vermutete der Gutsherr das. Man ortete den Brandherd auf der Koppel, die geschlossen werden sollte. So geriet er in Verdacht. Es gab viele Einvernahmen – nicht nur Eugen wurde verhört, auch Nora, vor allem deren Tochter. Das Motiv des Täters schien eindeutig gewesen zu sein. Dummerweise breiteten die Medien dieses auch in allen Details aus. Eugen konnte darüber nun alles selbst in den Zeitungen lesen – er brauchte keinen Vorleser mehr dazu: Verstoßener Sohn nimmt Rache an seinem Vater. Verlassene Geliebte legte Feuer ... Das konnte doch alles nicht wahr sein! Wie glücklich schätzte sich nun Eugen, nicht von Cogito, vom Herrn sowieso, adoptiert geworden oder gar dessen Fleisch und Blut zu sein, denn letztlich stellte sich heraus, dass es der Gutsherr war, der das Feuer gelegt hatte.

Auf Eugen aber kam noch etwas anderes zu. Am letzten Verhandlungstag entdeckte er an Cogitos Sohn etwas, das ihn fast um den Verstand brachte. Zum einen eröffnete ihm dieser, dass er glaube, dass sein Vater unschuldig sei, zum anderen bemerkten beide fast gleichzeitig, dass sie das gleiche Kettchen trugen. Vor geraumer Zeit noch hätte das in Eugen ein Glücksgefühl sondergleichen hervorgerufen. Mehr noch – er hätte einen schlagenden Beweis für seine Familienzugehörigkeit in der Hand oder um den Hals gehabt. Doch jetzt war ihm nicht sehr wohl in seiner Haut. Woher hast du das? Der Sohn war wild entschlossen, ihm dieses vom Hals zu reißen. Eugen zuckte nur die Schultern. Der Sohn war der einzige Mensch, der an seinen Vater glaubte. Warum, das wusste niemand. Du bist nicht unser Bruder, musste er sich von Sohn und Tochter nun anhören, als sie überlegten, wie Eugen zu diesem Kettchen gekommen war. O, das wollte Eugen doch gar nicht sein, schon längst nicht mehr. Nun wusste er auch, dass er es wirklich nicht war.

Als nach der Inhaftierung des Gutsherrn ein Verwalter gefunden werden sollte, um die Geschäfte zu führen, leckte Eugen wieder Blut und hoffte, wieder auf dem Hof tätig werden zu können. Umsonst! Er konnte nicht verstehen, dass Cogitos Kinder plötzlich nichts mehr von ihm wissen wollten. Mit dem Vater aber ging eine Veränderung vor sich. Auf Bitten der Tochter stimmte er zu, endlich den Sohn im Besuchszimmer zu empfangen. Sie konnte nicht wissen, wie sehr es ihm schon längst danach war, mit dem verstoßenen Sohn Frieden zu schließen. Der Gutsherr wurde wieder Mensch. Er hatte viel Zeit zum Nachdenken. Schuld mit Schuld zu vergelten, das konnte es nicht sein. Der Sohn hatte sie längst abgetragen – das

Schicksal trug dazu bei und die Verbitterung des Vaters. Nun war es am Gutsherrn, Abbitte zu tun. Rührselige Szenen waren nie nach Cogitos Geschmack. Vater und Sohn bemühten sich bei ihrer Begegnung ganz offensichtlich um Sachlichkeit, auch wenn ihre Stimmen sich etwas belegt anhörten und zitterten. Die Aussöhnung fand so beinahe wortlos statt. Anderes war auch kaum nötig – der Sohn wusste, dass der Vater durch ihn die Frau verloren hatte, der Vater, dass es Strafe genug war, mit so einer Schuld zu leben. Mein Sohn, sagte der Vater schließlich, und das war vorerst mehr als genug. Als dann seine Kinder ihn wissen ließen, dass sie fest davon überzeugt wären, dass er den Brand nicht gelegt hätte und sie für seine Freilassung kämpfen würden, meinte er nur: Menschen wie ich dürfen nicht mehr in die Freiheit, niemals! Es wäre gleichgültig, meinte er, ob man einen Brand stiftet oder stiften lässt. Damit konnten seine Kinder wirklich nichts anfangen. Wen hast du angestiftet? Eugen vielleicht?, wollten sie wissen. Aber aus ihm war nichts heraus zu bekommen.

Alle auf dem Gehöft hatten nun den Eindruck, dass der Gutsherr nur froh war, für ganz und gar unverzeihliche Taten endlich eine gerechte Strafe bekommen zu haben, auch wenn er für etwas büßte, was ihm nicht angelastet werden konnte. Tag für Tag und Nacht für Nacht holte ihn seine Vergangenheit ein. Seine Zelle war kahl und leer, kein einziges Buch fand sich darin. Womit sollte er sich noch betäuben? Lange Zeit spielte er wirklich mit dem Gedanken, Eugen zu adoptieren – als Ersatz für seinen Sohn, der ihn so enttäuschte. Vielleicht auch für den verlorenen, der möglicherweise auch nicht das Lesen und Schreiben erlernt hätte. Dass Eugen kein Geisteskind war, störte ihn darum kaum. Im Gegenteil! Sein Tatendrang imponierte ihm. Überdies sah er seinem Sohn ähnlich, und das wiederum verleitete ihn dazu, sich an die Wunschvorstellung zu klammern, er könnte vielleicht sogar der abgeschobene sein. Vor allem, als er davon erfuhr, wie Eugen aufgewachsen war. Immer wieder hatte er das Bild des Zwillingsbruders seines Sohnes vor Augen – ein erbärmlich schwaches Würmchen. Als man das Kind mit der Zange holte, wäre seine Frau bald gestorben. Ein Pakt mit der Hebamme, und alle Spuren waren verwischt. Seine Frau, die nach langem Siechtum wieder zu Kräften kam, wusste nichts von dem zweiten Buben. Die Geldsumme, die er bot, schien wohl nicht angemessen gewesen zu sein.

Der Gutsherr hörte nie mehr wieder etwas von der Hebamme – auch nicht, wohin sie das Kind gebracht hatte.

In seinen Gedanken jedoch lebte dieses Kind weiter und auch die Hoffnung, etwas in Erfahrung zu bringen. Umsonst! Nach dem tragischen Unfalltod seiner Frau, war er sich nicht mehr sicher, ob er richtig gehandelt hatte. In den Wirrnissen damals, in welchen nicht voraus zu sehen war, was die Zukunft bringen würde, traf man oft Entscheidungen, die man dann, als wieder friedliche Verhältnisse einkehrten, bereute.

Irgendwann, als Cogitos Kinder dem Stallburschen ein Geständnis abgerungen hatten, erfuhren sie von dem Geschehen. Also war es wahr, was der Vater in seiner Trunkenheit erzählte und worüber man auf dem Gut tratschte, dachte die Tochter bitter. Der Gutsherr ließ sich vom Stallburschen nicht mehr erpressen. Es gab kein Schweigegeld mehr! So schlug er zu und ließ es brennen. Der Gutsherr würde es nicht wagen, ihn anzuzeigen. Dem war auch so. Was blieb Cogito nun anderes übrig, als die Brandlegung zu gestehen? Er wolle nun nicht mehr in die Freiheit!, erklärte er seinen Kindern. Was sein muss, muss sein! Von der Wiederaufnahme des Verfahrens hielt er nichts. Wie konnte man ihn nur umstimmen? Jetzt vermeinten sie, ihm den verlorenen Sohn präsentieren zu müssen. Schweren Herzens überredeten sie Eugen dazu, dem Vater zu sagen, was zu sagen war. Eugen schwankte zwischen Wahrheit und Lüge und entschied sich dann doch für Letztere.

Cogito aber weigerte sich beharrlich, in Eugen den verlorenen Sohn zu sehen. So habt ihr euch das also vorgestellt, rief er empört. Als er aber die zwei Kettchen zu Gesicht bekam, war er sprachlos. Die Beweislage war erdrückend. Der Gutsherr wollte auch keine Erklärungen mehr hören, wie Eugen zu dem Kettchen gekommen war. Ob er nun wollte oder nicht – er musste notgedrungen der Wiederaufnahme des Gerichtsverfahrens zustimmen und auch das neue Familienmitglied anerkennen.

Eugen hatte ein denkbar schlechtes Gewissen. Es war ihm, als spränge er von einem himmelhohen Turm ins Nichts. Zu allem Überfluss überlegte nun der Gutsherr, die Erbschaft zu regeln. Das Mindeste, was Eugen tun konnte, war, auf alle Ansprüche zu verzichten. Dann aber würde er sich wohl erst recht verdächtig machen. Oder? Während der neuerlichen Verhandlungen musste man sich wiederum um den Vater sorgen. Zwar betrank er sich schon lange nicht mehr, doch er redete oft wirres Zeug. Zuweilen rief er wieder nach Alarich. Wo ist er?, herrschte er Eugen an. Da kam ihm der Sohn zu Hilfe. Ja, Vater, sprach dieser beruhigend auf ihn ein, wir werden ihn satteln. – Satteln? Warum satteln? Bald darauf beruhigte sich der Vater wieder und wusste anscheinend nicht mehr, was er gesagt hatte. Du weißt nicht, wer Alarich ist, fragte die Tochter ihren frisch gebackenen Bruder. Hat er mit dir nie darüber gesprochen. Worüber? Über den Unfall? Nicht über den Unfall, über den Krieg! Die Tochter wurde ärgerlich. Eugen schüttelte den Kopf. Ihr habt nie über den Krieg gesprochen?, wunderte sie sich. Eugen verstand nicht. Was ginge ihn der Krieg an, meinte er verständnislos. Dich vielleicht nicht, aber den Vater – Cogitos Kinder schauten sich ratlos an.

Nora war es dann, die ihn darüber aufklärte, dass der Gutsherr im Krieg Meldereiter war, bevor es zur motorisierten Truppe kam. Darunter konnte sich Eugen nichts vorstellen. Cogito holte die Vergangenheit wieder unbarmherzig ein. Sie war nicht mehr in Schach zu halten – nicht mit waghalsigen Sprüngen über Hindernisse und auch nicht mit seinen Büchern. Noch immer schleppte er seine Kriegslasten mit sich herum. Nach so langer Zeit? Ein Gespräch mit dem behandelnden Arzt ergab, dass darin nichts Ungewöhnliches zu sehen wäre. Der Freispruch würde alles wieder ins Lot bringen. Das Gegenteil davon traf ein. Wieder ein freier Mann zu sein, bedeutete für ihn, nicht mehr Buße tun zu können. Statt Schuld abzutragen, erlebte er wiederum, wie gut es das Schicksal mit ihm meinte. Nora, die in früherer Zeit am Gutshof als Kindermädchen angestellt war, durfte nun mit ihrem eigenen Kind wieder einziehen. Ihr Vater, ein Kriegskamerad Cogitos, fiel an der Front, ihre Mutter, eine Halbjüdin, wurde auf dem Gut versteckt. Immer in Angst, man würde sie eines Tages entdecken, was für die Gutsleute böse Folgen gehabt hätte, graute Cogito damals vor dem Gedanken, auch noch einen kleinen Schreihals, den Zwillingsbruder, verheimlichen zu müssen. Das konnte nicht gut gehen. Damals war »lebensunwertes« Leben nicht erwünscht. Und es sah ganz danach aus, als würde der Kleine diesem Kriterium entsprechen. Die Muttermilch reichte keinesfalls für zwei, und Medikamente zu bekommen sowie einen verschwiegenen Arzt, war schier unmöglich. Cogitos Fronturlaub war nur von kurzer Dauer. Als Meldereiter wusste er nicht nur, wie man mit Juden umging, sondern auch wie man mit solchen Kindern verfuhr. Die Hebamme versprach, alles für den Sohn zu tun. Sie wisse da eine Amme ... Sie hatte offensichtlich Wort gehalten, sonst wäre Cogitos verloren geglaubter Sohn nicht wieder aufgetaucht. Was für ein unverdientes Glück! Dennoch wurde der Gutsherr hellhörig ...

Glück auch für Eugen, sich in seiner misslichen Lage plötzlich einer Bemerkung von Magnus über Nora entsinnen zu können. Diese Frau – etwa seine Mutter? Warum nicht? Woher ihr Interesse an ihm? Er – eine Jugendsünde Cogitos? Ein Fehltritt des Gutsherrn? Wer weiß? An diese Andeutung klammerte er sich wie an einen Strohhalm. Sie verhalf ihm dazu, mit der neuen Rolle eines leiblichen Sohnes zurechtzukommen. Eines Sohnes, der er ganz und gar nicht war! Doch mit Seitensprüngen hatte der Gutsherr niemals etwas zu tun. Nun tat er alles, um seiner Familie das Leben so schön wie möglich zu gestalten. Zuweilen lud er Nora ins Theater ein, besuchte mit ihr Konzerte, widmete sich ihrer kleinen Tochter. Mit seinen beiden Söhnen und der Tochter unternahm er weite Ritte und sorgte dafür, dass ihnen nichts abging.

Nach langer Zeit spielte er sogar wieder Schach. Dunkle Schatten legten sich kaum noch auf sein Gemüt. Der Einzige, der irgendwann mit sich nicht mehr aus und ein wusste, war Eugen. Zu allem Überfluss begehrte er Cogitos Tochter, auch wenn sie ihm jetzt die kalte Schulter zeigte. In Wirklichkeit grollte sie dem Schicksal, dass alles so gekommen war. Eugen schien das nicht zu entgehen. So gab es nur einen Ausweg für ihn – zu gehen. Ohne Abschied verließ er den Gutshof. Eine Wiederkehr schloss er aus. Da müsste ihm schon der Vorleser über den Weg laufen. Selbst dann wüsste er nicht, wie er sich verhalten sollte. Ob Cogito, also der Herr sowieso diesen überhaupt als Sohn akzeptieren würde? Eugen schämte sich wie noch nie zuvor in seinem Leben. Er hatte alles gewonnen und nun doch alles verloren – wieder ging ein Sprung daneben.

Was Eugen nicht ahnen konnte, war, dass Cogito seinem Betrug längst auf der Spur war, auch wenn er vorerst einer falschen Fährte folgte. Der Gutsherr war nicht auf den Kopf gefallen und bedachte wohl, wie mühelos sich so ein zweites Kettchen anfertigen ließe. Um seiner Kinder Willen, die es damit nur gut mit ihm gemeint zu haben schienen, wie er fälschlich dachte, machte er schließlich dieses Spiel mit. Wunder, so überlegte er, gibt es nur im Märchen. Ganz abgesehen davon, dass er keinesfalls ein solches verdient hätte. Spätestens als er merkte, wie Eugen seiner Tochter noch immer heimlich nachstellte und sie ihn mit ihren Augen verschlang, wenn sie sich unbeobachtet wähnte, überlegte er, die List der Kinder aufzudecken, um nachher dann doch alles so zu belassen, wie es nun einmal war. Doch da machte ihm Eugen samt seinem schlechten Gewissen, das ihm immer mehr anzusehen war, mit seinem Fortgehen zu früh einen Strich durch die Rechnung. Der Gutsherr hatte ihn zu lange zappeln lassen, hatte zu lange zugewartet, um alles ins Reine zu bringen. Nun musste er sich schmerzlich eingestehen, ihn mehr zu vermissen, als er es für möglich gehalten hätte, und zugeben, ihn wie einen eigenen Sohn zu lieben. Wie unglücklich nun auch seine Tochter war, ließ sich für ihn schwer ertragen.

Wieder drehte sich der Gutsherr im Kreis, konnte nicht vergessen, konnte sich nicht mehr betäuben – wieder und wieder sah er den kleinen Wurm vor sich, der nur wimmerte, während der andere Knabe heftig schrie. Dann das besorgte Gesicht der Hebamme und das Wissen um das mögliche künftige Schicksal dieses Kindes, wenn er nicht handeln würde. Zwei Kettchen hatte er als Geburtsgeschenk anfertigen lassen. Eines davon war für seine Frau bestimmt, das andere für das Neugeborene. So aber waren da zwei Kinder! Dem Gutsherrn traf es damals mitten ins Herz, eine Entscheidung treffen zu müssen. Er sah einfach keinen Ausweg. Immer war man in Angst, man würde die versteckte Halbjüdin ausfindig machen. Womöglich musste man auch noch um den Kleinen bangen, wenn wieder ein Durchsuchungskommando anrückte. Nicht auszudenken, wenn sie ihn mitnehmen würden – um ihm angeblich eine bessere medizinischen Betreuung angedeihen zu lassen, wie man glaubhaft versichern würde. Wie eine solche aussah, wusste man schon. Das Schlimmste aber erschien dem Gutsherrn, nicht da zu sein, wenn ein solcher Fall eintreten würde. In einigen Tagen musste er wieder fort. Und damals misstraute jeder jedem.

Mitleid erfasste die Hebamme, die wohl ahnte, was in ihm vorging. Als er mit ihr handelseins war, drückte er ihr das eine Kettchen in die Hände. Vielleicht fand er mit diesem sein Kind wieder, falls es durchkam. Es dauerte eine Weile, bis sich danach die beiden wieder gefasst hatten. Ja, sie konnten sogar lachen. In welchem Jahrhundert leben wir eigentlich, entfuhr es dem Gutsherrn, als er zärtlich von dem wimmernden Kind Abschied nahm. Wie in einem schlechten Roman, meinte die Hebamme bitter. Sie würde alles für das Kind tun, versicherte sie und – er möge die Hoffnung nicht aufgeben, es einmal wieder zu sehen. Das andere Kettchen schenkte er, wie vorgesehen, seiner Frau, als sie wieder halbwegs zu Kräften gekommen war. Danach war auch der Fronturlaub zu Ende – bald darauf auch der Krieg. Den ersten Geburtstag des Knaben feierte man in Freiheit, wohl darum legte die Mutter ihr Kettchen dem Sohn um den Hals, und dieser wehrte sich, es je wieder herzugeben.

Der Vorleser war über alle Berge. Als er bemerkte, dass der Sohn des Gutsherrn dasselbe Kettchen trug, machte er sich aus dem Staub. Einer Erklärung dafür fühlte er sich nicht gewachsen, einem Sohnsein schon gar nicht. So konnte er Eugen Gutes tun und damit diesem dessen Wunsch nach einem Vater erfüllen. Dennoch kam alles anders. Er wusste nicht, dass nun zwei Menschen nach ihm suchten. Einer davon hatte ihn längst gefunden. Als der Vorleser nach einem Schwächeanfall völlig verwahrlost und bis zum Skelett abgemagert in ein Krankenhaus eingeliefert worden war, wo er seiner letzten Stunden harrte, bekam er nicht mit, dass der Gutsherr an seinem Krankenlager saß. Er setzte alles nur Menschenmögliche daran, um sein Leben zu retten. Die Ärzte hatten vorerst wenig Hoffnung. In den Papieren des Vorlesers fand sich eine Adresse, die von der Polizei vorerst falsch gedeutet wurde. Die Beamten kreuzten auf dem Gut auf, um dort nach Drogen zu fahnden. Hohn des Schicksals, dass nun viele Jahre später doch eine Hausdurchsuchung stattfand, vor der man sich dazumal so ängstigte. Vermutlich war der Vorleser aus einer Notlage heraus in eine zwielichtige Szene geraten. Im Fieber phantasierte er von dem Kettchen. Das machte Cogito, der vorerst glaubte, durch ihn etwas über den Verbleib von Eugen zu erfahren, stutzig. Als der Vorleser wieder etwas zu Kräften kam, wünschte er sich sehnlichst Bücher ...

Der Familie des Gutsherrn entging nicht, dass den Vater etwas beschäftigte. Er unternahm lange Ausritte und war schweigsam wie nie zuvor. Sie brachte sein Verhalten mit Eugens Verschwinden in Zusammenhang. Er hatte einige Gutachten in Auftrag gegeben. Die Antwortschreiben steckten ungeöffnet in der Satteltasche. Eines davon, das vom Goldschmied, kam schon einige Tage zuvor, das andere mit der Morgenpost. Auch dieses zu öffnen, fehlte ihm der Mut. Nach einem langen Ritt schwang er sich vom Sattel. Die letzte Hürde nahm er zu Fuß. Seine Hände zitterten, als er aus seiner Jackentasche die Schriftstücke hervor holte. Vor seinen Augen verschwamm alles Geschriebene, er las nichts zu Ende.

Was in den Papieren stand, war für ihn plötzlich unwichtig geworden. Drei Söhne hatte er! Nicht einen weniger! Da war nur noch die Sorge um das Aufkommen des einen und das Hoffen auf die Rückkehr des anderen. Den dritten jedoch, der ihm nun schon wieder recht gut zur Hand ging, umarmte er nach diesem Ausritt so inniglich wie noch nie in seinem Leben zuvor ...

Menschwerdung

Ungeduldig rutscht es auf seinem Wartebänkchen hin und her – bald würde es die Flügel gegen Arme und Beine tauschen und ganz aus Fleisch und Blut sein. Dann, ganz plötzlich nur Finsternis um es herum und unentwegtes Pochen.

Noch ohne Hand und Fuß nimmt es vieles wahr. Erinnerungen an zuvor sind ausgelöscht. Dauerndes Hämmern macht ihm Angst. Wie Uhrenschlagen hört es sich an. Eine Zeitnehmung auf dem Weg, ein Mensch zu werden? Warum wird es keine Blume oder ein Baum? Warum nicht ein Tier? Vielleicht ein Elefant? Aber dann müsste es vielleicht noch viel länger in dieser Finsternis verharren. Wenn aus ihm eine Schlange würde, hätte es keinen Rüssel und müsste auf der Erde kriechen ... So aber könnte es ein Knabe werden oder ein Mädchen. Warum aber überhaupt ein Mensch? Was da schon alles durch den Kopf eines Winzlings geht ...

Auch Tiere haben Köpfe! Ob sie auch denken? Unentwegt hört es Stimmen. Gute, böse auch. Menschen haben Hunger und Durst – auch Tiere, wenn sie der Finsternis entronnen sind. Pflanzen aber haben nur Durst und brauchen die Sonne, um zu wachsen. Woher es das alles nur weiß? Blumen verwelken, und wenn man sie pflückt, verenden sie in der Vase. Tiere aber sterben – wie die Menschen auch. Warum wird es keine Mücke? Dann könnte es fliegen. Eine Sehnsucht steigt plötzlich in ihm hoch. Als Vogel läge es nun in einem Nest. Noch verspürt es weder Durst oder Hunger. Das kommt erst später – wie bei den Tieren auch. Wer sagt das? Woher will es das wissen? Aber aus ihm wird ein Mensch! Zum Glück, denn als Mücke wäre das Leben kurz. Die Gefahr, erschlagen zu werden ist groß – wie junge Katzen, die niemand haben will. Als Hund hätte man es vielleicht besser, aber es wird kein Hund. Menschen haben keine Flügel, so können sie einander nicht davon fliegen, aber sie können davonlaufen. Das aber müssen sie erst lernen, wenn sie draußen sind – im Licht. Vögel müssen fliegen lernen und Tiere das Jagen. Auch Menschen jagen – nach allem Möglichen ... Woher es das wissen will?

Wieder hört es böse Worte. Menschen sprechen – Tiere nicht und auch nicht die Pflanzen. Als Löwe könnte es brüllen, als Hund bellen, als Biene summen ... Doch es soll ein Mensch werden. Wollte es das? Wer will es haben? Will man es haben? Wenn nicht, wird es dann erschlagen? Wie die Mücken und jungen Katzen? Oder erstochen? Vergiftet vielleicht? Wäre es besser gewesen, ein Elefant zu werden? Ein solches Tier lässt sich nicht so leicht umbringen. Sie fressen sich auch nicht gegenseitig auf, Pflanzen tun das auch nicht, und auch nicht die meisten Menschen. Aber sie töten einander! Warum? Vielleicht wird es auch getötet, ehe es noch ans Licht gekommen sein wird – aber gewiss nicht erschossen ... Ist das ein Trost?

Wann ist man Mensch? Braucht es dazu einen Schrei? Mit den winzigen Füßen würde es nicht davon laufen können, wenn man ihm nachstellt – das Köpfchen wäre viel zu schwer. Und die kleinen Hände würden noch nicht dazu taugen, sich zu wehren. Es muss jetzt wachsam sein, das spürt es. Irgendetwas sagt ihm, dass man mit ihm etwas vorhat. Das Hämmern hört sich oft bedrohlich an. Sie sprechen verächtlich von ihm. O, es würde sich schon anstrengen zu wachsen, bis es ans Licht kommen würde. Aus ihm soll doch ein Mensch werden? Oder? Keine Pflanze, die man ausreißt – einfach so ... Menschen sind kein Unkraut! Oder doch? Ist es nicht schon ein Wesen aus Fleisch und Blut und mit allem, was dazu gehört? Nur zuwarten müssten die da draußen im Licht. Einfach nur zuwarten! Aber dann ist es zu spät, hört es plötzlich jemanden sagen. Auch Vögel müssen warten, bis sie aus dem Ei dürfen. Doch es wird kein Vogel. Da ist keine schützende Eierschale, die zerbrochen werden muss, da ist noch viel mehr ... Vielleicht zerbricht man es? Warum will man nicht warten, es erwarten oder abwarten? Auch es muss sich gedulden. Noch ist es im Dunklen, und unentwegt hämmert es.

Den stummen Schrei vernimmt niemand. Markerschütternd steht er noch ungehört im Raum, als man das Lebewesen aus Fleisch und Blut in den Müll wirft. Kein lautes Schlagen ist mehr um es herum, keine Dunkelheit, nur grelles Licht. Seine Lebensuhr ist abgelaufen ...

Es weiß nicht, wo es ist, auch nicht, was es ist. Irgendein Wesen? Es ist hell, sehr hell, blendend hell. Eine Gestalt im weißen Kittel schüttelt jemand die Hand – einer Frau? Sie lächelt gequält. Wie schön sie ist! Weinen kann sie auch! Tränen rollen über ihre Wangen. Ein Mann setzt sich zu ihr ans Bett. Es möchte auch dazu gehören. Plötzlich entdeckt es die Engel. Einer sieht traurig aus. Er winkt es zu sich. Flüstert ihm etwas zu – schaut es fragend an.

Dann sitzt es wieder auf seinem Wartebänkchen, und dann ist es wieder stockdunkel um es herum. Das Hämmern dauert viel, viel länger als zuvor. Wieder hört es Stimmen. Dann wieder ein Schmerz – sein Kopf dröhnt, es schreit wie am Spieß. Es ist kalt und hell, und da sind wieder die Augen der Frau, und sie lächelt ... Gehört es nun dazu?

Zwei Schutzengel sind diesmal nicht einer zu viel ...

Verlorene Söhne

Ein Zug hält. Jemand steigt aus. Gepäcksstücke werden entladen. Der Zug fährt ab. Ein Mann steht unschlüssig da, blickt ratlos um sich. Es regnet. Niemand weit und breit – nirgendwo ein Unterstand! Er zieht seinen Mantel aus, legt ihn schützend über die Kartons – Bücher sind darin. Dann geht er, nestelt in seiner Jackentasche nach einem Brief. Schwere Tropfen fallen auf das Papier – es ist eine Skizze, die er dem Umschlag entnimmt. Der Mann versucht, sich zu orientieren. Der Regen nimmt zu. Ein kleiner Junge kommt angerannt. Der Mann schreit ihn an, schickt ihn fort. Der Kleine versteht nicht. Wieder nimmt er die Skizze zur Hand, überlegt, wartet, bis der Regen aufhört. Bald ist er nass bis auf die Haut. Das Gewand klebt an ihm. Nun setzt er den Rucksack ab und verstaut die nasse Kleidung darin.

Er macht sich auf den Weg. Eine gottverlassene Gegend! Hie und da ein Gehöft. Dann wieder Wiesen und Wald. Eine Aulandschaft! Nebelschwaden verstellen ihm die Sicht. Dann hinter ihm Fahrzeuglärm – ein Traktor! Er wird angehupt. Der Mann bleibt stehen, fragt nach dem Weg. Ein Stück wird er mitgenommen. Irgendwann findet er die Quelle und dann die Wegmacherhütte, und irgendwann geht er dann auch zurück, um die Kartons zu holen. Dort hockt noch immer der Knabe. Er wolle kein Geld – nur aufpassen, dass niemand etwas nimmt, beteuert er dem Mann, ehe dieser wieder laut wird und ihn auffordert, schnell zu verschwinden. Der Kleine versteht einfach nicht. Stolz deutet er auf eine Scheibtruhe, die er inzwischen besorgt hat. Er könne sie haben, meint er. Schon gut, sagt der Mann dann begütigend, du kannst ja nichts dafür. Wofür?, fragt der Knabe. Ach, der Mann macht eine wegwerfende Handbewegung, bedeutet dem Kind nach Hause zu gehen – die Schubkarre werde er wieder hierher zurückbringen. Als der Mann wieder kommt, um das Restliche abzuholen, ist der Bub noch immer da. Scher' dich zum Teufel, will er sagen, doch er beißt sich auf die Lippen. Dennoch beginnt der Knabe bitterlich zu weinen. Da erscheint eine Frau. Fassungslos starrt sie auf die beiden. Sie weiß nicht, wer ihr mehr Leid tut – der Mann, der da so hilflos vor ihr steht, oder ihr Sohn. Gehört die Karre Ihnen?, fragt schließlich der Mann. Nehmen sie diese nur, sagt sie freundlich, wir benötigen sie derzeit nicht, dann geht sie mit dem Buben fort.

Wieder kommt der Traktorfahrer. Ohne lange zu fragen packt er die Schubkarre samt Inhalt, lädt sie auf den Anhänger, bedeutet dem Mann aufzusteigen und fährt weiter. Sie sind fremd hier?, beginnt er ein Gespräch. Der Mann antwortet nicht. Unweit der Hütte wird er mit allem abgeladen.

Wie Holzscheite schlichtet der Mann nun seine Bücher, die er den feuchten Kartons entnimmt, an der Hüttenwand auf. Drinnen ist kaum Platz. Vorsorglich breitet er seine Jacke und den Mantel darüber aus. Eine Notlösung, bis die Hütte vom Gerümpel befreit ist. Endlich angekommen!, denkt er nun. Endlich allein! Kaum einer Menschenseele würde er hier begegnen. Er entrollt den Schlafsack, fischt etwas Essbares aus dem Rucksack. Das reicht, denkt der Mann, für die Weile, bis der Bart gewachsen ist. Dann kann er sich wieder unter Leute wagen. Die Begegnung mit der Frau, dem Kind und dem Traktorfahrer aber war außer Plan. Doch von ihnen war nichts zu befürchten. Nun hatte ihn die Einsamkeit fest im Griff.

Er haderte, wie man nur hadern konnte – vor allem dann, wenn er sich das schwarze Buch vornahm. Manchmal schlug er es gar nicht auf, nahm es nur in die Hand – wägend. Er mochte sich nicht vorstellen, wie es werden würde, wenn hier der Winter Einzug hielt, obwohl es erst Frühling geworden war. Aber dann musste er ohnedies in die Zelle. Das war so abgemacht. Nicht nur wegen der Quelle, die dann zugefroren sein würde. Allein mit sich, dröhnte es unentwegt in seinen Ohren: Die Wahrheit! Nichts als die reine Wahrheit! Aber er wusste sie nicht zu sagen. Die Beweislage war erdrückend. Manche glaubten ihm, manche nicht. Hier, hoffte er, würde er sie finden. Nach Jahrzehnten ist alles verjährt! Du wirst nicht mehr belangt! Nicht mehr belangt? Soll das ein Trost sein? Wie ein Keulenschlag traf ihn das alles vor wenigen Tagen. Was trieb ihn nur zu einem Schuldeingeständnis? Es ist besser so!, riet man ihm. Wie in einem schlechten Film kam er sich vor. Nur – das Drehbuch schrieben andere. Es umzuschreiben, ist er hierher gekommen. In dieser Einöde, wo Fuchs und Hase sich eine Gute Nacht sagten, lastete immer noch alles wie ein Albtraum auf ihm. Er wartete nur darauf, aus diesem endlich zu erwachen. Umsonst! Nichts geschah! Als er endlich dabei war, die Bücher ins Innere der Hütte zu räumen, erschien die Frau. Sie sei ohne den Jungen gekommen, bemerkte sie sogleich. Der Mann schwieg. Auch die Frau. Wortlos stellte sie frisches Brot und Milch auf eine Kiste. Dann verschwand sie wieder. Der Mann sah ihr nach. Der Bub würde die Hütte finden. Der Mann war sich da sicher. Die Scheibtruhe an der Hüttenwand würde ihn verraten. Aber es geschah nichts.

Fernes Glockengeläute! Schmerzlich wird ihm klar, dass Sonntag ist. Er nimmt das schwarze Buch zur Hand, doch er legt es bald wieder weg. Langsam verrinnen die nächsten Tage. Er verdämmert sie im Schlafsack auf dem nackten Holzboden. Eines Morgens streicht er sich über die Bartstoppeln, zieht einen Hut tief ins Gesicht und tritt vor die Hütte.

Gierig atmet er die Morgenluft. Vögel singen. Das Gezwitscher erreicht ihn nicht. Langsamen Schrittes geht er hinunter zum Fluss, der sich hier durch die Felsen zwängt und gerade noch Platz lässt für eine Straße und die Bahn. Er wirft einen Blick auf die Schienen. Wenn der Zug ihn überrollen würde, wäre er nun alles Bedrängende los. Aber Feigheit ist seine Sache nicht. Er blickt hinüber zu den hohen Bergen – sie könnten ihm behilflich sein, wenn er sie im Sommer besteigt. Er weiß nur zu genau – ein Fehltritt, und alles ist aus und vorbei. Das geht schnell! Berge sind gnadenlos! Oder gnädig? So mancher falsche Schritt im Leben aber bringt einen erst nach langer Zeit um. Auf dem Weg zur Abtei, die man ihm zugewiesen hat, zermartert er wieder seinen Kopf. In einer Höhle soll es geschehen sein. Der Mann kennt unzählige davon. Sie faszinieren ihn. Einmal, noch als Kind, übernachtete er in einer, als er den Weg nicht mehr zurück fand. Aber er fürchtete sich nicht. Sein Glaube an sich selbst war stark und fest. Und jetzt? Man suchte nach ihm – damals, aber das war lange her. Er kramt in seinen Erinnerungen, aber es findet sich nichts, was ihm weiterhelfen könnte.

Er nimmt am Chorgebet der Mönche teil. Seine Lippen bewegen sich, aber er weiß nicht, was er spricht. Dann mustert er die Ordensbrüder ringsum. Auch sie nehmen ihn in Augenschein. Er trägt ein Kainsmal auf der Stirn – hatte es jahrzehntelang getragen, aber jetzt ist es sichtbar geworden. Am Gottesdienst nimmt er nicht teil. Man reicht ihm dennoch die Klostersuppe. Auf dem Heimweg, vor der Bedarfshaltestelle, begegnet ihm wieder der Knabe. Mit großen Augen sieht ihn dieser an. Der Mann ballt seine Fäuste, dann hebt er die Hand. Der Knabe weicht nicht zurück. Bist du mein Vater, hört er ihn noch sagen, bevor dann kurz ein Zug hält. Der Knabe schaut suchend von einem Waggon zum anderen. Eine der Türen öffnet sich. Ein buckliges Weiblein steigt aus, und der Bub rennt davon. Die Alte setzt sich, auf einen Stock stützend, schwerfällig in Bewegung. Alsbald bleibt sie wieder stehen, blickt um sich. Schließlich kommt die Mutter des Buben und nimmt ihr den schweren Korb ab. Der Mann vernimmt nur Gesprächsfetzen. Hinter Bäumen hält er sich versteckt, bis die beiden außer Sichtweite sind.

In den nächsten Tagen ging er einen anderen Weg zur Abtei. Wieder sah er den Knaben, wieder sprach er ihn an: Bist du mein Vater? Der Mann blieb stehen – da war aber niemand! Er fuhr sich über die Augen, sah sich um. Auf dem Heimweg ging er wieder an der Haltestelle vorbei. Von weitem schon sah er den Knaben. Wieder fuhr er sich über die Augen. Ein Zug fuhr durch, der Knabe wartete noch eine kurze Weile, dann verschwand er. Trugbilder? In der nächsten Zeit schloss sich der Mann in der Hütte ein. Bei jedem Geräusch, das er vernahm, durchzuckte es ihn. Der Knabe war überall – draußen, drinnen. Er sah Gespenster! Es ist zum Verrücktwerden hier, dachte er. Dann pochte jemand ans Fenster, drückte die Türklinke nieder. Bitte, öffnen Sie! Die Stimme klang verzweifelt. Draußen stand die Frau. Wenn sie wenigstens Essbares mitgebracht hätte, doch sie fragte ihn nur nach dem Buben. Das wird jetzt nicht mehr aufhören, dachte der Mann bitter und zuckte die Achseln. Die Frau suchte den engen Raum mit ihren Augen ab. Der Mann wurde ärgerlich. Die Frau brach in Tränen aus. Er ist nicht nach Hause gekommen!, stieß sie mühsam hervor. Schließlich erfuhr der Mann, dass sich der Knabe stets unerlaubt zu den Zugstationen begibt. Die Sorge der Mutter war nur zu deutlich. Hat er denn keinen Vater, fragte der Mann. Die Frau schüttelte den Kopf. Sie glaubte, der Sohn würde Leute, die aussteigen, um Geld anbetteln. Schließlich suchten die beiden die Gegend nahe den Geleisen ab, doch der Knabe blieb verschwunden. Als wieder ein Zug hielt, stieg er zur Überraschung der beiden aus. Bist du doch mein Vater?, fragte er den Mann dann hoffnungsvoll, ehe die beiden noch etwas sagen konnten und seine Mutter ihn freudig in die Arme schloss. Die Frau verstand nicht.
Am nächsten Tag bekam er wieder frisches Brot und Milch. Wol-

len Sie Ihrem Sohn nicht sagen, wer sein Vater ist? Die Frau schwieg. In einer einzigen Nacht soll es passiert sein, erfuhr er dann. Was hatte der Mann damit zu schaffen? Hauptsache, sie hielt ihm diesen Bengel vom Leib. Auf dem Weg zur Abtei durchforschte er wieder im Geiste alle Höhlen, die er kannte. Umsonst! Da fand sich nichts, womit er hätte etwas anfangen können. Beim Chorgebet schaute er in die Runde der Brüder. Wer frei von jeglicher Schuld ist, werfe den ersten Stein ... Zwar warf man nicht mit Steinen nach ihm, doch mit Blicken – wenn diese töten könnten, würde es ausreichen für einen schnellen Tod, der ihm Erlösung gewesen wäre. Hatte er nun alles zugegeben oder nicht ... Das war gut so, bedeutete man ihm dort, von wo er gekommen war. Für wen?, fragte er. Aber es kam keine Antwort. Wer hat schon im Kopf, was vor Jahrzehnten gewesen sein soll? Nach dem Geständnis aber dann doch die enttäuschten Gesichter überall um ihn herum. Der Mann musste fort – in die Einsamkeit und dort erst einmal zur Ruhe kommen. Klarheit wollte er haben, doch vor dieser war er himmelweit entfernt. Gehorsam war er allemal. Stets suchte er, wie vereinbart, die Abtei auf. Sie war ihm ja nicht fremd ...

Schließlich wohnte er auch dem Gottesdienst bei. Die Klostersuppe stand auf dem Spiel! Nicht nur! Vor allem aber die Hütte. Sie war ein Zugeständnis. Dieses Zuhause musste man ihm lassen. Um jeden Preis! Anders konnte er jetzt nicht leben. Wieder gingen ihm alle die Höhlen durch den Sinn. Der Tatort war nicht zu leugnen, man wusste von seiner Vorliebe für diese, aber alles andere? War es richtig, zu gestehen, auch wenn man sich keiner Schuld bewusst ist? Doch die Beweislage war erdrückend! Er versuchte sich der Menschen zu entsinnen, mit denen er in den Höhlen unterwegs war. Es waren zu viele. Im rechten Augenblick hatte das Opfer zugeschlagen. Es stand Aussage gegen Aussage. Der Mann zermarterte sich den Kopf. Die Erinnerungen blieben alle aus ...

Man behielt ihn einige Tage hinter den Klostermauern, als er einmal während des Chorgebetes zusammenbrach und wildes Zeug zu stammeln begann. Schließlich trug man die Verantwort für ihn. Ganz offensichtlich sprach er im Fieber. Man hing an seinen Lippen, als gäben sie in diesem Zustand mehr preis als das, was man über ihn wusste. Und das war nicht sonderlich viel. Nicht, nicht, ich will das nicht, lallte der Mann nur. Doch diese Worte waren alles andere als aufschlussreich. Die Brüder umsorgten ihn zwar, dass er wieder auf die Beine kam, ihr Misstrauen aber entging ihm nicht. Einer von ihnen begleitete ihn auf dem Weg zurück zur Wegmacherhütte. Tags darauf kam dieser wieder, brachte warme Decken mit, auch etwas Geschirr und eine Flasche Wein.

Der Mann trank sie an einem Abend leer. Der berauschende Zustand tat ihm gut. Beim nächsten Klostergang steckte man ihm wieder eine Flasche zu. Diesmal trank sie der Mann nicht auf einmal aus. Die Frau sollte auch etwas haben davon, wenn sie wieder mit Brot und Milch erschien. Als er sich an der Quelle wusch, vernahm er ihre Schritte. Schnell zog er sich das Hemd über, beförderte die Kiste aus der Hütte, stellte zwei Becher darauf und hieß die Frau auf einem der beiden Holzklötze, die er heranwälzte, Platz zu nehmen. Die Frau war verwundert. Auf uns!, rief der Mann munter, nachdem er eingeschenkt hatte. Brot und Wein!, sagte die Frau nachdenklich. Das hätte sie nicht sagen sollen. Der Mann zuckte zusammen. Haben sie etwas ausgefressen?, fragte sie dann zögerlich. Ich weiß es nicht!, antwortete der Mann. Und eine tiefe Ratlosigkeit stand ihm ins Gesicht geschrieben. Dann sind sie ein Aussteiger? Im selben Augenblick erschien der Knabe. Er hatte sich unbemerkt angeschlichen, kam von hinten an seine Mutter heran und hielt ihr blitzschnell die Augen zu. Sofort packte ihn diese zornig bei den Händen. Der Knabe aber jubelte: Ich habe es gewusst, ich habe es gewusst! Waaaaas?, fragten die beiden wie aus einem Munde. Der Knabe aber schmiegte sich plötzlich an den Mann und schaute vielsagend zu seiner Mutter. Er i s t mein Vater!, sagte er triumphierend. Der Mann aber stieß den Buben unwirsch von sich. Die Becher fielen um. Betroffen entfernten sich Mutter und Kind. Betroffen blieb auch der Mann zurück. Er leerte den Rest der Flasche und schloss sich dann in der Hütte ein. Niemand pochte ans Fenster, niemand drückte die Türklinke nieder, niemand rief nach ihm.

Schwere Träume suchten den Mann heim. Immer wieder kam ihm der Knabe unter, der sich zärtlich an ihn schmiegte. Der Mann stieß ihn fort. Der Knabe kam wieder, wieder stieß er ihn weg. Das muss ein Ende haben! Schließlich stieg er mit ihm auf die Berge. Ja, er trug ihn sogar auf den Schultern hoch, bis sie ganz oben waren. Dann setzte er ihn ab, und der Bub umklammerte seine Beine, drückte sich an ihn. Da packte er das Kind mit letzter Kraft und stieß es die

Felsen hinunter. Lange noch hörte er es schreien ... Davon wurde er wach. Man rief nach ihm – nicht die Frau, nicht deren Sohn, es war ein Klosterbruder, der sich bemerkbar machte. Traumtrunken öffnete er schließlich schuldbewusst die Hüttentür. Er hatte sich in den letzten Tagen nicht in der Abtei blicken lassen! Er bekam weder Wein noch sonst etwas, nicht einmal einen Vorwurf. Die beiden gingen ein Stück durch den Wald. Auf einer Lichtung setzten sie sich in die Sonne. Ob er den steten Weg zur Abtei als Zumutung empfände? Wie das? Als Demütigung vielleicht? Der Mann wunderte sich über diese Fragen. Ab nun sollte er von den Brüdern dort in bestimmten Zeitabständen betreut werden. Gut so!, dachte der Mann, obwohl – was sollte daran schon gut sein?

Bei einem der nächsten Besuche, wobei man auch für das leibliche Wohl des Mannes Sorge trug, stellte man erstaunt fest, dass dieser sein Einsiedlerleben zuweilen mit einer Frau teilte. Das sah man nicht gerne! Es war aber dennoch lächerlich, die kurzen Besuche der Frau unterbinden zu wollen. Dem Mann taten sie gut, der Frau auch. Was war daran so verwerflich? Schließlich wäre er auch nur ein Mann und die Frau auch nur eine Frau, argumentierte er. Was wollt ihr eigentlich noch? Ihr habt doch mein Geständnis, ich mein Hundeleben! Gehorsam aber wies er die Frau ab, wenn sie nun kam. So hatte er nun niemanden mehr um sich und war allein mit seinen Albträumen, durch die der Knabe spukte, auch wenn er sich seit damals nicht mehr blicken ließ. Immer wieder stieß er ihn fort, wenn er ihm zu nahe kam und zuweilen auch die Felsen hinunter – wenn auch nur in Gedanken ...

Er machte nun wieder seine Wege zur Abtei, beteiligte sich am Chorgebet, auch am Gottesdienst, aß die Klostersuppe, aber in Gedanken trieb er sich in Höhlen herum, und auf einmal war auch dort stets der verwünschte Knabe dabei.

Eines Tages traf er die Frau wieder. Eine Begegnung war unvermeidlich. Mein Sohn, sagte sie schließlich, er ist kein schlechter Junge! Wo ist sein Vater?, fragte der Mann knapp. Die Frau errötete bis in die Haarwurzeln. Sie wurden verlassen, nicht wahr?, forschte der Mann. Ein lediges Kind? Er ist Priester!, sagte sie dann ganz unvermittelt, aber der Bub darf das nicht wissen! Man sorge auch gut für sie und den Sohn, fügte sie noch hinzu. Der Mann konnte nur den Kopf schütteln. Und da steht er immer wieder an der Bahn und glaubt, einmal würde sein Vater aussteigen? Die Frau war betroffen von dem, was ihr der Mann nun erzählte. Davon wusste sie nichts. Immer noch war sie in dem Glauben, der Bub würde die Leute um Geld anbetteln. Der Mann sah sie verständnislos an. Ich weiß, sie mögen meinen Sohn nicht, sagte sie dann enttäuscht. Er ist ein guter Junge! Glauben Sie mir! Soll ich ihm etwa sagen, dass sein Vater tot ist? Eine barmherzige Lüge?, meinte sie ratlos. Was ist schon barmherzig, antwortete der Mann tonlos. Er schickte sie nicht fort – sie ging von sich aus, ging ihm aus dem Weg, kam nicht mehr zur Hütte.

Ein Priester also, war sein Vater!, durchfuhr es den Mann. Er schaute in die Runde der Brüder. Trug einer von ihnen vielleicht auch ein Kainsmal auf der Stirn? Ein Priester!, dachte er wieder, als er sich in der Stiftskirche alleine wähnte, vor dem Gekreuzigten kniete und bitterlich weinte. O, die Frauen! Wäre er doch nur schwach geworden. Irgendwann einmal! Hätte er doch Kinder gehabt! Niemals hätte er eine Frau im Stich gelassen. Oder doch? Um des Himmels Willen, was überlegte er da. Plötzlich sah er sich im Geiste vor dem Altar, in Demut auf die Stufen hingeworfen, vom Bischof die Hände aufgelegt, dann hier in diesem Gotteshaus den Primizsegen austeilend. Man schaltete das Licht ab, schloss das Kirchtor, vergaß, dass da noch jemand kniete und kniete. Wir wissen oft nicht, was wir tun!, überlegte er, als er aufstand. Schlafend auf einer Betbank fand man ihn am nächsten Tag vor. Er sah zum Fürchten aus mit dem wirren Haar, dem ungepflegten Bart und den fiebrigen Augen. Auf Knien bettelte er, wieder in die Waldhütte zurückkehren zu dürfen. Erbarmen wurde ihm zuteil, diesmal noch.

Vom Frühling hatte er nicht viel mitbekommen. Der Sommer stellte sich mit voller Kraft ein. Der Mann fasste wieder Mut. Nun suchte er die Berge auf – einen nach dem anderen. Und einmal, da tat sich der Vorhang seiner Erinnerungen ein wenig auf. Auf einem Gipfel kam ihm wieder der Traum mit dem Jungen in den Sinn, den er die Felsen hinunter stieß. Zuvor aber schmiegte sich dieser fest an ihn. Und da tauchte ein anderer Junge plötzlich auf, der sich einst, vor Jahrzehnten, in einer Höhle an ihn drückte, ihn fest umklammerte, als ginge es um Leben oder Tod. Dieser hatte sich dazumal vor etwas erschreckt. Begütigend fuhr der Mann ihm damals über das struppige Haar, und dann schloss sich der Vorhang der Erinnerung wieder. Frohen Mutes, als hätte er einen Schatz gefunden, stieg er zu Tal. Er brachte der Frau Alpenblumen mit und duldete ihren Sohn um sich. Diesem war nicht mehr danach, ihm näher zu kommen. Er musterte ihn nur feindseligen Blickes. Nicht, dass der Mann sich nach dessen Umarmung gesehnt hätte, aber versprochen hätte er sich einiges davon. Schließlich erinnerte er ihn an den Buben von damals, der ihn jetzt, nach so langer Zeit, in seine missliche Lage brachte.

Schließlich nahm er die Frau und ihren Sohn auch auf die Berge mit. Zwischen dem Mann und der Frau herrschte ein vertrautes Einvernehmen. Jetzt sagen Sie schon, was Sie auf dem Kerbholz haben!, ermunterte ihn wieder einmal die Frau. Von mir wissen Sie alles, aber ich nichts von Ihnen. Sie sind kein Aussteiger, irgendetwas stimmt mit Ihnen nicht! Sind sie auf Bewährung?, fragte sie. Auf Bewährung? Das gefiel dem Mann. Ja!, sagte er, so ist es. Ich sollte Ihnen nicht zu nahe kommen, sagte er dann. Und er begehrte sie plötzlich so sehr, dass er aufstehen musste und ein paar Schritte gehen, um nicht in Versuchung zu fallen. Die Frau verstand nicht, machte sich dennoch Hoffnungen ... Es wäre an der Zeit gewesen, ihr endlich zu sagen, einmal Enthaltsamkeit gelobt zu haben.

Eines Tages aber schleuderte sie ihm Fürchterliches ins Gesicht. Sie Wüstling!, schrie sie ihn zornig an, Sie begehren nicht mich, Sie haben es auf meinen Sohn abgesehen! Woher wusste sie plötzlich Bescheid? Dorftratsch? Es war sinnlos, diese Behauptung entkräften zu wollen. Wer sagt das?, fragte der Mann kurz. Die Frau ließ ihn ohne Antwort stehen. Dann hörte er plötzlich ein böses Lachen und erblickte eine zerlumpte Gestalt. Hallo, Kollege, sprach diese ihn an. Hätte nicht gedacht, dass ich hier einen Kumpel finden würde. Dreist erbat er Unterschlupft – die Polizei wäre hinter ihm her ... Das auch noch!, dachte der Mann und ließ den Vagabunden ein. Widerstand wäre zwecklos gewesen. Der Landstreicher breitete seine Vergehen vor ihm aus wie ein Sortiment erlesener Waren. Jedes Mal, wenn der Mann den Kopf schüttelte, klatschte er sich auf seine Oberschenkel. Die Pfaffen im Kloster hätte er bestohlen, auch gewildert, das gehöre zu seinem Blut, das ihn ganz heiß mache. Die Weiber, du verstehst?, meinte er dann, die stehen auf mich. Vielleicht gibt es auch Kinder von mir – irgendwo ... Ich mache mich immer rechtzeitig aus dem Staub – mich kriegen sie nicht. Mich nicht! He, Kumpel, dir kann ich die Wahrheit sagen, du bist doch auch so einer. Musst dich verstecken! Was hast du verbrochen? Etwa Kinder geschändet? Hat doch die Frau gesagt. Habe alles mit angehört. Ne, das wäre das Allerletzte für mich. Aber, sagte der Vagabund dann gönnerhaft, ich verrate dich nicht. Hast du schon!, erwiderte der Mann. Man sucht dich, du bist der Kinderschänder!, schrie ihn der Mann ganz aufgebracht an, nicht ich! Was hast du mit dem Buben getrieben? Mit dem Buben? Der Lump sah ihn entgeistert an. Ne, wirklich nichts, gab ihm der Landstreicher kleinlaut zu verstehen, aber wenn sich dir ein Knabe an den Hals wirft wie vor einigen Tagen hier und glaubt, dass du der Vater bist – na du weißt schon, da drückst du ihn auch. Nicht, was du meinst, empörte sich der Landstreicher im selben Augenblick, aber das bisschen Wärme und Zuneigung so ganz wie aus heiterem Himmel, verstehst du, das tut schon einmal gut. Der Mann nickte. Ganz zahm wurde der Landstreicher.

Eine Nacht, bat er, bleiben zu dürfen! Im Morgengrauen bin ich weg! Die kriegen mich nicht! Und die Hunde? Welche Hunde? Der Landstreicher wurde blass. Du sollst dich stellen, das ist viel einfacher, meinte der Mann. Du kannst doch nicht ein Leben lang auf der Flucht sein! Der Vagabund schien zu überlegen. Es ist doch gar nicht so schwer, die Wahrheit zu sagen! Oder? Ich will nicht hinter Gittern mein Leben fristen! Nicht büßen?, fragte der Mann dazwischen. Die zerlumpte Gestalt verzog bei diesen Worten das Gesicht. Ich liebe meine Freiheit, erklärte er dann. Warum bist d u denn da, Freundchen?, meinte er dann wieder kämpferisch. Den Aussteiger nahm er dem Mann nicht ab. Also, bist d u der Kinderschänder, nicht ich! Wenn mir nicht dieser Lausejunge in die Quere gekommen wäre und man mich nicht mit ihm gesehen hätte, überlegte der Vagabund, wäre ich längst schon über alle Berge. Aber nun sind alle gewarnt. Dieser verdammte Teufelskerl. Ich – sein Vater! Hier habe ich nur nach Vierbeinigem gejagt, das weiß ich, versicherte er ganz glaubhaft. Man soll sich da nicht so sicher sein, warf der Mann ein. Bin ich aber!, entgegnete der Landstreicher. Du bist nicht von hier?, fragte der Mann. Ne!, antwortete er, und dorthin, woher ich gekommen bin, kann ich auch nicht mehr zurück. Ich auch nicht, sagte der Mann ...

Warum er gerade einem Lumpen seine Geschichte erzählte, wusste er selbst nicht so recht. Ein Geistlicher bist du? Ein Ordensbruder?

Dein Kloster hat dir den Laufpass gegeben? Und jetzt bist du hier? Unter Aufsicht einer anderen Abtei ... Das ist ja ein Ding!, dem Landstreicher blieb der Mund offen. Aufmerksam hörte er den Erzählungen zu. Alles klar, resümierte der Vagabund dann, als man dir den Krummstab in die Hand drückte und das Ding da, wie heißt es nur gleich ..., aufsetzte, schlug das Opfer zu. Jetzt ist es jedenfalls aus mit dem Weihrauch und den schönen Klamotten! Aber sei froh, dass alles verjährt ist, wollte er den Mann trösten. Aber ich, ich gebe nichts zu! So dumm bin ich nicht! Ihn schienen die Berichte des Mannes sehr zu beschäftigen. Nebenbei erwähnte er dann, dass er einmal eine wertvolle Heiligenfigur gestohlen hatte – nicht hier in dieser Gegend. Auch wie man Opferstöcke öffnet, erfuhr der Mann. Dorthin, woher ich komme, aus dem Norden, kann ich nicht mehr zurück. Hier fühlte ich mich sicher. Wie man sich nur täuschen kann! Wie war das genau mit der Höhle und dem Knaben, wechselte der Vagabund das Thema. Weiter, weiter, das ist doch nicht alles, drängte er. Weiter weiß ich nicht! Ehrlich! Der Landstreicher glaubte ihm nicht. Mir kannst du es sagen. Ich bin nämlich auch ein Opfer, sagte er dann und wurde dabei sehr ernst. Aber ich habe geschwiegen, man hat schließlich auch noch eine Ehre. Ehre?, der Mann verstand nicht. Ja, es war kein Pfaffe, es war einer aus der Familie, gestand der Landstreicher, das ist auch nicht lustig. Sei froh, dass du so etwas nicht erleben musstest. Weißt du, was ein Strichjunge ist? Der Mann zuckte zusammen, wollte davon nichts wissen. Alsbald machte sich der Vagabund davon.

Es dauerte nicht lange, da ertönte schon das Hundegebell. Bald danach klopfte es an der Hüttentür. Auch in dieser verlassenen Gegend wird man gefunden! Die Gegend macht verdächtig. Der Mann reichte den Ausweis. So, so, sagten die Uniformierten, als sie einen Blick darauf warfen. Dann nahmen sie ihn mit. Die Ähnlichkeit mit dem Fahndungsfoto war nicht zu leugnen. In einer Wachstube wurde er dem Knaben gegenüber gestellt. Auch dessen Mutter war dabei. War es dieser? Man zeigte auf den Mann. Was hat er mit dir gemacht? Eingeschüchtert gab der Knabe keine Antwort. Vermutlich war es ihm aber gar nicht so unrecht, den Mann in polizeilichem Gewahrsam zu sehen. Ein stichfestes Alibi zu der besagten Zeit enthob ihn jeglicher Anschuldigung. Den Vagabunden verriet er nicht. Wegen angeblicher Ausweisfälschung wurde er noch festgehalten.

Bevor aber jemand von der Abtei für ihn sprechen konnte, musste der Bart ab. Die Uniformierten grinsten: Wenn haben wir denn da? Das ist doch unglaublich!

Die ersten Herbststürme kündigten den nahen Winter an. Manchmal fror der Mann. Mit der Frau kam wieder alles in Ordnung. Sie wusste noch immer nichts von seiner Schmach. Demnach hatte sich nicht herumgesprochen, weshalb er hier war. Die Frau glaubte noch immer an eine unglückliche Verwechslung mit dem Landstreicher, dem man auf der Spur war. Der aber musste entkommen sein. Man hörte nichts mehr von ihm. Bei der Polizei stellte sich alsbald die Unschuld des Mannes heraus, aber auch, dass er Geistlicher ist. Nun hielt die Frau Abstand zu ihm. Eine Erklärung dafür, dass er in der Hütte haust, blieb er ihr dennoch schuldig. Der Umzug in die Zelle gestaltete sich problemlos. Er schnürte sein Bündel – da war sein Rucksack, in dem er den Schlafsack wieder verstaute, und da waren die Bücher. Das kleine Stück bis zur Straße beförderte er sie mit der Scheibtruhe. Dann stapelte er sie, bis das Fahrzeug kam, mit dem er abgeholt wurde. Man hatte versprochen, einige Kisten zu bringen.

Hinter der Klosterpforte war er vor jeglichem Geschwätz sicher. Mauern des Schweigens umgaben ihn nun. Nichts drang nach draußen und von dort nichts herein. Irgendwann gelang auch der Durchbruch zur Erinnerung – irgendwann fielen die inneren Mauern. Als der Mann wieder einmal gedanklich in der Höhle weilte, wo er den Jungen bei sich hatte, entsann er sich ganz plötzlich, dass sich damals dessen Hose feucht anfühlte. Der Bub verging vor Scham. Das kann doch passieren, wenn man sich fürchtet, hörte sich plötzlich der Mann sagen und krallte sich an den aufkommenden Bildern krampfhaft fest, als könnten sie ihm wieder entwischen. Ja, er zog dem Buben die nasse und schmutzige Hose aus, wusch diese und säuberte den Knaben auch vom Kot. Und während das Gewand in der Sonne trocknete, legte er seine Jacke auf dessen nackten Unterleib. Mehr war da nicht?, fragte ihn der Klostervorsteher, dem er sich anvertraute. Der Mann schüttelte den Kopf. Wie konnte er sich da so sicher sein? Er hatte doch gestanden? Der Abt war gestreng, in seinem Inneren aber gütig. Er kannte ihn noch aus der Zeit, wo er in diesem Kloster seine Gelübde abgelegt hatte, ehe der Mann dann nach seiner Weihe in ein anderes Kloster ging, wo er dann lange Zeit verblieb, zu hohen Würden kam, ehe man ihn dort aus guten Gründen wieder fort haben wollte.

Eine Veränderung ging nun in dem Mann vor sich. Er war unsäglich erleichtert, hätte am liebsten alle die hohen Berge umarmt. Es wollte nicht und nicht in seinen Kopf, warum es so lange gedauert hatte, bis seine Erinnerung wiederkehrte. Man bedeutete ihm, dass da noch etwas anderes dahinter stecken müsse, da diese Begebenheit so lange verdrängt wurde. Der Mann aber war sich ganz sicher, dass nichts mehr passiert war danach. So sicher, dass er wieder in die Messgewänder schlüpfte, den Gottesdienst hielt und Beichten abnahm. Nicht, dass man ihm das zuvor nicht gestattet hätte. Er fühlte sich selbst nicht mehr würdig genug dazu, wollte den Leuten aus den Augen gehen. Das war verständlich, brachten doch die Medien diesen klerikalen Absturz ganz groß heraus. Überall war er nun bekannt. Sein Bild mit Mütze und Stab ging durch die Presse und ließ vor allem das angebliche Opfer plötzlich an die Öffentlichkeit gehen, während die wirklichen Peiniger, die schon lange das Weite gesucht hatten, anonym blieben. Ein Klostervorsteher mit so einer Vergangenheit, das war doch ein Fressen für die Leute, obwohl Aussage gegen Aussage stand.

Und das noch immer! Als sich der Frühling ankündigte und der Mann nach langem Überlegen auch dahinter kam, dass er in der Kindheit Opfer eines Missbrauchs durch einen Onkel gewesen war, der sich nach dem Tod seines Vaters um ihn und seine Mutter kümmerte, beschloss er, wieder die Hütte aufzusuchen. Die Erinnerung an die damaligen Geschehnisse verdankte er dem Landstreicher, dessen Reden ihn oft noch beschäftigten und dem er nach wie vor wieder zu begegnen hoffte. Auch dank der steten Nachfrage eines Mitbruders, der damals bei ihm Wache hielt, als er in Fieberträumen sprach, half ihm weiter. Was wohl damit hätte gemeint sein können, er wolle d a s nicht – hartnäckig drängte er den Mann immer wieder, doch zu überlegen, ob da irgendein Zusammenhang zu vermuten sei.

Bevor er aber wieder in seine Hütte siedeln wollte, regte sich Widerstand seitens des Klosters. Die Mitbrüder sahen keinerlei Gründe mehr für einen Umzug. Überhaupt jetzt, wo doch alles wieder seine Ordnung hatte und es nur noch eine Frage der Zeit war, bis .... Eine Frage der Zeit? Wofür? Man glaubte doch nicht im Ernst, dass nach den Anfeindungen alles so werden würde wie früher. Dennoch wurde er gedrängt, wieder den Zug zu nehmen und nach dorthin zu fahren, wo er hergekommen war. Wollten sie ihn loswerden? Schämten sie sich seiner?

Noch immer? Glaubten sie ihm nicht? Wieder und wieder wies man ihn darauf hin, dass sich einige Pfarreien in der Umgebung gemeldet hätten, ihn als Priester einzustellen. Vielleicht waren der Klostergemeinschaft die gut gemeinten Ratschläge nicht zu verdenken. Man musste erst einmal in seinen Schuhen gegangen sein, um zu verstehen, wie es sich anfühlt, plötzlich wie ein Aussätziger das Leben zu bestreiten.

Es war während eines Chorgebetes, als der Mann, der geistliche Würdenträger von einst, seinem Ärger Luft machte. Wer sagt mir, dass i h r nicht Kinder missbraucht habt oder einmal missbraucht worden seid? Nicht alle Opfer melden sich! Und wer sagt mir, dass ihr nicht einmal Frauen hattet und sie sitzen gelassen habt? Um Christi Willen vielleicht? Betretenes Schweigen! Der Mann genoss es nun, von einem Angesicht ins andere zu schauen. Wo bleiben nur eure Unschuldsbeteuerungen? Vielleicht sehnt ihr euch gar nicht nach einer Frau? Es soll auch Brüder geben, die sich Männer wünschen … Nun war der Mann entschieden zu weit gegangen. So über alle herzufallen, war wirklich nicht gerecht! Aber – was ist schon gerecht? Der Mann jedenfalls setzte sich nun in den Kopf, dem Knaben zu einem Vater zu verhelfen …

Ehe er nun seine Zelte ab und in ungewisse Fernen aufbrach, war da noch einiges zu erledigen. Hinter der Wegmacherhütte lehnte noch die Scheibtruhe. Er brachte sie zur Bahnstation. Nicht lange, das wusste er, würde ein Zug kommen und auch der Junge – sogar mit der Erlaubnis seiner Mutter. Mit ihr war alles abbesprochen. Atemlos kam dieser auch angerannt, gerade noch rechtzeitig, bevor der Zug hielt. Der Mann beobachtete aus sicherer Entfernung das Geschehen. Jemand stieg aus. Ein Aussteiger? Jedenfalls dürfte sich dieser noch nicht so ganz dafür entschieden zu haben. Aber wer weiß? Zaghaft griff der Knabe nach dessen Hand. Das wenige Gepäck wurde in die Scheibtruhe verfrachtet. Auf dieses setzte sich dann auch der Knabe. Bald verschwanden die beiden. Wie lange der Vater wohl bleiben würde?

Der Mann aber stieg ein – wieder ein, doch er fuhr – nicht zurück …

Der Weg nach Weihnachten

Angestrengt starrt sie zum Fenster hinaus. Schnee fällt vom Himmel. Wieder klopft es. Diesmal sind es nicht die Ärzte. Zwei Kinder stürmen herein. Tante Eva, rufen sie wie aus einem Munde, wir haben etwas für dich! Das Mädchen ist ganz aufgeregt. Eine Rute!, verrät der Knabe. Auch die Oma ist mitgekommen. Lächelnd steckt sie Kirschzweige in eine Vase und stellt sie ans Krankenbett. Bald kommt der Nikolaus!, sprudelt es aus den Kindern hervor. Eva hat nur Augen für das Kalenderblatt – Barbaratag! Die Frau fängt den Blick ihrer Tochter auf. Alles wird gut – wie damals, sagt sie dann.

Damals war Evas Mutter in anderen Umständen – wie man das so nennt. Es roch schon nach Schnee, und die Wogen der Entrüstung über den neuerlich zu erwartenden Familienzuwachs glätteten sich allmählich. Sogar Eva, die älteste Tochter, damals bald siebzehn, schien sich mit diesem abgefunden zu haben. Konnten die Eltern noch immer nicht genug kriegen?, fragte sie sich und machte ihrem Ärger gehörig Luft – wie auch ihre jüngere Schwester Tini, knapp vierzehn. Von Begeisterung konnte noch keine Rede sein – auch nicht bei Peter und Paul, den Zwillingsbrüdern. Benjamin, der Jüngste, kam damals in die Schule. Sie hätten es nun gut haben können. Jetzt ging alles wieder von vorne los – der Mann wieder Alleinverdiener, das Windelwechseln, durchwachte Nächte, das Babygeschrei, ganz zu schweigen von den Nachbarn, die sich schon bei Benjamins Geburt ihre Mäuler zerrissen hatten. Bald schon würden sie deren Lästerzungen wieder zu spüren bekommen. Sind denn fünf Kinder noch immer nicht genug?

Eva brachte bald einen Freund nach Hause. Nächstens bekommt sie vielleicht auch ein Kind, befürchteten die Eltern. Die Tochter drohte dies an, falls ... Die Eltern dachten nicht daran. Vorerst nicht! Für die Frau fing doch alles so schön an. Bald nach Benjamins erstem Schultag ahnte sie, dass es wieder so weit sein würde. Sie schaute jedem Kinderwagen nach und sich in den Spiegel. War sie nicht schon zu alt? Als sie dann Gewissheit hatte und sie ihr Mann nach dieser Frohbotschaft freudig in die Arme schloss, schien ihr Glück vollkommen zu sein. Das sollte sich ändern. Die Mädchen schämten sich ihrer Eltern, verweigerten jegliche Mithilfe zu Hause und ließen sogar ihren kleinen Bruder im Stich. Schließlich ging er nicht mehr in den Kindergarten! Aber schon nach kurzer Zeit zeigte es der Kleine seiner Familie – er kam allein zurecht. Alle konnten stolz auf ihn sein. In die Freude darüber mischte sich bei der Frau aber auch viel Wehmut. Unverhohlen ließen die Töchter die Eltern ihre Verachtung spüren – so, als hätten sie ein Verbrechen begangen.

Am ersten Adventsonntag saß die Familie wie jedes Jahr um den Küchentisch. Benjamin entzündete am Kranz die erste Kerze. Es ging recht friedlich zu, bis die Rede auf das Ungeborene kam. Wann lasst ihr es endlich wegmachen?, forschten die Mädchen. Der Vater nahm sie beiseite. Vielleicht hätten wir euch auch ..., dann müssten wir uns das nicht mehr anhören, erwiderte er zornig. Er hätte »töten« sagen wollen, doch das konnte er sich sparen, die Töchter verstanden auch so. Nun gaben sie Ruhe. Peter und Paul erhofften sich einen Buben – Zwillinge vielleicht? Gleich zwei?, entrüsteten sich die Mädchen. Benjamin aber wünschte sich ein Schwesterchen.

Spät am Abend, als die Kinder schon schliefen, standen die Eltern am Fenster. Schnee fiel. Es geht wieder auf Weihnachten zu!, sagte der Mann, und damit meinte er nicht nur das Fest. Die Frau strahlte nicht mehr so wie früher, als sie ihre fünf Kinder erwartet hatte. Es wird ein harter Weg, seufzte sie dann, als wüsste sie, was auf sie zukommen würde. Schon kurz darauf, am Tag der heiligen Barbara, überfiel die beiden lähmende Sorge. Sie nahmen die Kirschzweige auf dem Küchentisch nicht wahr, fragten nicht danach, wer sie besorgt hätte, bemerkten nicht die Enttäuschung der Kinder darüber und auch nicht, dass diesmal acht Zweige in der Vase steckten. Außer an dem einen, dem schönsten und längsten, hingen an den anderen die Namenskärtchen – wie das immer so der Brauch war. Papa, Mama, Eva, Tini, Peter, Paul, Benjamin stand auf diesen. Den Eltern entging auch das, sie hatten andere Sorgen – eine Untersuchung ergab, dass das zu erwartende Kind mit hoher Wahrscheinlichkeit schwer behindert zur Welt kommen würde. Die Ärzte rieten zur Abtreibung. Erstmals dachten auch die Eltern daran, es zu tun. Sie drohten zu stolpern auf dem Weg nach Weihnachten und zu fallen. Niemand fand sich, sie aufzufangen – ein Termin wurde vereinbart.

Vor dem Eingriff verbrachten die Eltern eine schlaflose Nacht. Am frühen Morgen blieben die Kirschzweige nicht mehr unbemerkt, auch nicht deren Anzahl. Auf dem achten Zweig baumelten nun unübersehbar vier Namensschilder – *Max* und *Moritz*, war auf einem zu lesen, das war die Schrift der Zwillinge, auch Benjamin hatte seine noch bescheidene Schreibkunst bemüht und drei Buchstaben auf ein Zettelchen gekritzelt. Dass sich auch ihre so kritischen Töchter mit Namensvorschlägen eingefunden hatten, brach ihnen fast das Herz. Dem Weg nach Weihnachten war nicht zu entkommen – der Mann griff zum Telefon und sagte den Termin ab.

Auf dem Adventkranz brannte bereits die dritte Kerze, und noch immer fanden die Eltern nicht den Mut, ihren Kindern zu sagen, was mit ihrem künftigen Geschwisterchen sein würde. Als der Vater sich räusperte und umständlich zu reden begann, schnitt ihm Eva kurzerhand das Wort ab. Ihr habt es getan?, fragte sie ungläubig. Was getan?, riefen die anderen Kinder im Chor. Tini schluchzte plötzlich laut auf und lief aus der Küche. Die Geschwister eilten ihr nach. Fragend sahen sich die Eltern an. Bald aber kamen alle fünf wieder. Paul stürzte sich sogleich auf den Kirschzweig mit den vielen Namen und war im Begriff, diesen in den Mülleimer zu befördern. Blitzschnell riss der Vater ihm ihn aus der Hand. Tini warf der Mutter ein Babyjäckchen, das sie heimlich gestrickt hatte, vor die Füße – es hätte eine Weihnachtsüberraschung werden sollen. Auch die Buben schleppten etwas Selbstgebasteltes an, zertrampelten dann aber dieses halbfertige Gebilde, dem noch nicht anzusehen war, was daraus hätte werden sollen. Benjamin lief ratlos zur Mutter und vergrub seinen Kopf in ihrem Schoß. Peter riss ihn zornig weg. Da ist nichts mehr. Verstehst du? Nichts mehr?! Erschrocken blickte der kleine Bruder den großen an.

Es ist alles meine Schuld, jammerte Eva plötzlich. Auch meine!, Tini war noch immer untröstlich. Die Eltern standen wie versteinert da und schwiegen. Der anfängliche Jubel darüber, dass es doch noch das »Christkindl« geben würde, für das sie nun plötzlich ihre Geschwisterliebe entdeckt zu haben schienen, wich einer beklemmenden Stille, als sie die schlimme Nachricht erfuhren. Sie begriffen nicht so recht. Wortlos gingen sie zu Bett. Die Eheleute standen noch lange schweigend am Fenster. Draußen stand die Nacht wie eine schwarze Wand. Der Weg nach Weihnachten, dachten sie, es würde ein harter werden, aber dennoch fanden sie Trost – war da nicht der Kirschzweig, das Babyjäcken, ganz in Weiß, und das, was von der Bastelarbeit der Buben noch übrig war?

Das ganze Ausmaß der Katastrophe wurde den Kindern erst in den nächsten Tagen offenbar, als sie daran gingen, Erkundigungen einzuholen. Nur Benjamin bekümmerte das alles nicht. Er stellte sich das ganz aufregend vor, vom Klapperstorch ein Brüderchen oder Schwesterchen zu bekommen. Als die Mutter ihn einweihte, dass so ein Kindlein nicht von irgendwo herkommt, sondern unter dem Herzen der Mutter heranwächst, kannte seine Begeisterung keine Grenzen mehr.

Am vierten Adventsonntag kamen die Mädchen mit einem behinderten Kind nach Hause. Die sprachlosen Eltern ahnten Schlimmes. Sollte das wiederum eine Lektion werden? Die Mutter weinte still vor sich hin. Der Vater nahm sie tröstend in die Arme, auch Benjamin wollte gestreichelt werden. Bald aber mussten sie einsehen, dass alle ihre Befürchtungen unbegründet waren. Ihre Kinder bestanden darauf, dass der kleine tollpatschige Gast die vierte Kerze entzünden sollte. Die Zwillingsbuben wetteiferten, ihm dabei behilflich sein zu dürfen. Die Mädchen schauten ganz entzückt dabei zu, und den Eltern fiel wieder einer der vielen Steine vom Herzen, die sich da angesammelt hatten auf ihrem Weg ...

Was weiter geschah? Dieser Weg war vor der Krippe und dem Christbaum noch lange nicht zu Ende. Die Kirschzweige erblühten zu einem wundervollen Strauß, doch Eva kamen wieder Zweifel, ob die Eltern das Richtige getan hätten. Ihr Freund malte ihr das künftige Leben in den schwärzesten Farben aus. Eva behielt seine Reden für sich. Stets wies er auf das unverantwortliche Handeln ihrer Eltern hin. Ein Leben lang werdet ihr Geschwister dieses Kind auf dem Hals haben, Eltern leben nun einmal nicht ewig, ereiferte er sich. Wenn Eva mit den Eltern im Streit lag, war sie immer nahe daran, ihnen das alles ins Gesicht zu sagen, aber sie entschied sich dafür zu schweigen. Er hatte ihr weh getan, sehr weh! Es sollte das erste Mal sein. Es kam nicht dazu. Sein Entsetzen, dass sie nicht die Pille nahm, registrierte sie vorerst nicht. Ich will noch kein Kind, erklärte sie bestimmt. Das kann ich verstehen, machte er ihr einfühlsam vor und sparte dann doch nicht mit ätzenden Bemerkungen über ihr künftiges Geschwisterchen. Außerdem – wieso Kind? Ich habe doch vorgesorgt! Er zog ein Päckchen aus seiner Jackentasche. Eva erstarrte. Stell' dich nicht so an, Verhüten ist auch Männersache. Solltest das deinem Alten endlich einmal beibringen. Dann stürzte er sich auf sie. Eva schaffte es, ihn von sich zu stoßen. Sie trennte sich von ihrem Freund.

Der Frühling warf sich in Schale. Es sollte ein Mädchen werden, das ergab die letzte Untersuchung. Die Familie dachte über den Namen nach. Fünf Buchstaben sollte er haben, darüber waren sich die fünf Geschwister einig, auch wenn Benjamin vorerst noch auf seinen Kirschzweignamen bestand. *Ida* gefiel aber sonst niemandem, auch nicht den Eltern. Doch schon bei der Auswahl der Selbstlaute gab es die ersten Probleme, denn jedes Kind pochte darauf, dass alle aus dem eigenen Vornamen in dem für das künftige Geschwisterchen enthalten sein sollten. Es war aber nicht zu schaffen, mit diesen allen einen zu finden. Schließlich einigte man sich darauf, auf das A zu verzichten. Nun hieß es, mit E, I und U sowie mit den zwölf Mitlauten, die man aus den Geschwisternamen zur Verfügung hatte, etwas Passendes auszuwählen. Das wollte nicht gelingen. Wie findet ihr »Leupi«?, fragten sie ihre Eltern. Diese aber waren nicht zum Scherzen aufgelegt. Auch das Hochfest der Auferstehung änderte nichts an ihrer Stimmung – da war keine Zuversicht mehr, kein Osterjubel, da war nur Kleingläubigkeit in ihnen und vor ihnen der Ölberg mit dem Kelch, der an ihnen nicht vorüber gehen würde. Das letzte Stück auf dem Weg nach Weihnachten lag vor ihnen ...

Zu Pfingsten war es dann so weit! Das Kind kam etwas zu früh zur Welt, und der Vater hätte mit diesem Maienwunder von Herzen froh sein können, wäre da nicht die große Sorge um seine Frau gewesen. Seit der Geburt war sie nicht mehr ansprechbar. Auch die Ärzte standen vor einem Rätsel. Der Weg nach Weihnachten musste ihr alle Kräfte geraubt haben. Man ortete seelische Ursachen. Für die Kinder war das Neugeborene nicht einmal mehr Nebensache – nur Ursache, Ursache allen Übels! Ohne dieses Kind ginge es ihrer Mutter jetzt gut! Die Feindseligkeit gegenüber diesem wuchs und wuchs. Zwar gab es nach langem Suchen nun doch einen Namen für dieses, aber niemand sprach ihn aus. Statt dessen fanden sie, dass *Leupi* ein ganz und gar behindertengerechter Name wäre, vielleicht sogar noch ein bisschen zu niedlich. Nein, sie schämten sich ihres Hasses auf den Vater und das Kind nicht.

Vor allem Benjamins Verstörung gab zu denken. Er vermisste die Mutter sehr. Eva stand kurz vor der Reifeprüfung. Eine ihr vom Leben auferlegte Prüfung legte sie bereits mit Auszeichnung ab, aber niemand nahm Notiz davon. Des Nachts büffelte sie, tagsüber, nach der Schule, ging sie den Geschwistern an die Hand. Sie kochte, putzte und war wütend. Vor allem auf den Vater. Ja, er wird die Mutter umgebracht haben mit diesem Kind, wenn das so weiter ginge. Ihre Befürchtungen waren nicht unberechtigt. Als Benjamin schließlich ins Bett nässte, war sie mit ihren Kräften am Ende. Auf Tini konnte sie nicht zählen, sie brachte schlechte Noten nach Hause und lief Gefahr, das Schuljahr wiederholen zu müssen. Eva war oft danach zu Mute, dem Vater ins Gesicht zu schreien, wie es in ihr aussah. Dann aber ertappte sie ihn einmal dabei, wie er herzzerreißend schluchzte, und war ratlos. Was wusste sie schon davon, dass er, hin und her gerissen zwischen Freude und Schmerz, immer nahe daran war, sein wunderbares Geheimnis zu lüften, doch seine Frau musste es doch zuerst erfahren! An der Einstellung der Kinder hätte sich doch nichts geändert – sie weigerten sich beharrlich, ihr Geschwisterchen zu sehen. Da war nur die Mutter, die für sie zählte. Auch nach der Niederkunft war der Weg nach Weihnachten noch immer nicht zu Ende.

Draußen überblühten sich Baum, Blume und Strauch, aber für die Familie war tiefster Winter ... Eva würde nie vergessen, wie sie alle zusammen ins Krankenhaus gerufen wurden – Schlimmstes befürchtend. Doch es kam glücklicherweise anders. Nun wurden sie Zeugen, wie eine Krankenschwester erstmals das Kind in die Arme der noch schwachen Mutter legte und die Ärzte ihr versicherten, dass *Luise* ein ganz und gar gesundes Mädchen wäre.

Darüber vergingen viele Jahre. Eva war Frauenärztin geworden – aus gutem Grund! Viele Kinderbilder zierten die Wände des Wartezimmers ihrer Ordination. Vielen Frauen stand sie in ihren schweren Stunden bei. Nun lag sie selbst danieder, aber sie war nicht auf dem Weg nach Weihnachten. Diesen ging nur das jüngste Kind der Familie. Eva half den Zwillingen ihrer Schwester Luise auf die Welt. Peter und Paul, die Brüder, übernahmen die Patenschaft und erinnerten sich wieder der Barbarazweige. Aus *Max* und *Moritz* sollte bei der Namensgebung nichts werden – man benötigte nur einen Bubennamen. Für das Mädchen stand nun *Petra* oder *Paula* zur Auswahl!

Eva geht das alles nun wieder durch den Kopf. Sie zählt die Zweige in der Vase und lächelt. Alles ist gut geworden – damals! Die tröstlichen Worte der Mutter im Ohr, beginnt sie zu begreifen – jeder Weg durch die Finsternis ist ein Weg nach Weihnachten. Einen solchen ist sie nun im Begriffe zu gehen. Das Licht am Ende dieses Weges ist noch nicht in Sicht. Bis Weihnachten aber sollte sich weisen, ob es gelungen sein würde, ihre Krankheit zu besiegen. Die Angst, es nicht zu schaffen, lässt sie nicht los. Der Schneefall wird dichter – ihre Zweifel deckt er dennoch nicht zu. Noch kann sie nicht wissen, dass sie das Weihnachtsfest zu Hause mit allen ihren Lieben feiern würde – auch mit *Luise*, ihrer jüngsten Schwester, die man noch immer zärtlich *Leupi* nennt.

Damals hatte man ihr das Leben gelassen. Sie schenkte es weiter – an ihre Kinder *Paula* und *Moritz* und mit ihrer Knochenmarksspende auch an die große Schwester ...

Paradiesvogel

Du, da – vor mir? Siehst du mich? Ich folge dir! Warum? Deine Einsamkeit zu teilen vielleicht? Obwohl – ich selbst fühle mich keineswegs allein. Und Du? Das lässt sich kaum ergründen. Viele sind es nicht, die dich begleiten. Eigentlich nur einer! Er ist festlich gewandet! Und du? Da ist ein Vogel! Hörst du ihn? Er fliegt dir voraus. Das macht mich neugierig. Wohin des Weges? Ich kann es mir denken. Nun kommt er zurück, hüpft hinter dir her. Er ist hinter dir her – wie ich. Ich aber kann nicht fliegen, kann dir nicht voraus fliegen.

Wer du wohl sein magst? Gewesen sein magst? In deiner hölzernen Verkleidung lässt sich das nicht erkennen. Der Weg wird unwirtlich. Das gefällt mir. Auch der erdfarbene Vogel und sein Singen. Der Abstand zwischen mir und dir wird größer. Du hast es gut, du wirst getragen. Meine Schritte werden zögerlicher. Warum nur? Irgendwann wirst du Halt machen. Davor bangt mir. Man wird dich niederstellen, doch ich werde dich nicht zu sehen bekommen. Das wird auch gut sein.

Es riecht nach Erde, das macht mir Angst. Allmählich zeigt sich deine Größe, deine äußere zumindest. Die Gegend ist alles andere als anziehend, deine Aufmachung ebenso wenig. Zu gerne hätte ich mich jetzt entfernt – um nicht zu sagen, aus dem Staub gemacht. Doch da ist noch immer der Vogel. Ich schaue mich um. Niemand folgt uns ...

Ich verlangsame meinen Schritt – bestimme den Abstand zwischen dir, der du fortbewegt wirst, und mir. Wieder wagt sich der Vogel ganz nahe an dich heran. Ich könnte dich jetzt verlieren, wenn ich stehen bliebe oder gar umkehrte.

Die Erde aber hält meinen Schritt nicht fest. Wäre ich dir auch dann gefolgt, kröche eine Schlange hinter dir her? Der Gedanke an dieses Tier verformt auf einmal meine Sinne, lässt plötzlich die Erde sich auftun, und von überall her kriechen sie aus Erdlöchern heraus! Ekelige Tiere! Sie winden sich widerlich und nähern sich dir und mir. Trugbilder? Was ist zu tun? Davonlaufen? Sich ihnen stellen? Zupacken? Sie irgendwo festklammern mit den Köpfen nach unten? Sie würden sich wehren, denke ich. Sie würden nach oben züngeln, sich befreien wollen. Ich schließe die Augen, gehe blind weiter, höre schlurfende Schritte vor mir. Ich schaue wieder auf. Es ist helllichter Tag. Die Gefahr ist gebannt. Die Schlangenskelette ringsum sind nur Trug. Sie fallen ab, werden zu Staub. Alles geht seinen Weg ...

Irgendwann sind alle Wege zu Ende. Die Reihe ist an dir – nicht an mir. Der Vogel hüpft vor dir her. Frische Erde liegt rings um eine Grube. Du bleibst stehen, bist angekommen. Ich halte nun auch an. Ob ich das will? Ich könnte mich jetzt empfehlen. Der Vogel ist um mich herum, auch um dich. Es ist nun still und unheimlich. Plötzlich erhebt sich der Vogel und beginnt zu singen, so höre ich das Gepolter der Erdschollen nicht. Ich bin noch nicht angekommen. Der Vogel lockt, ruft, zieht mich fort. Wieder poltert es zu meinen Füßen. Du bist mir nun ganz nahe. Zwischen uns steht nur der Mann. Er drückt mir die Hand, murmelt Worte. Das erschreckt mich. Wofür hält er mich? Ich bin es nicht, will ich sagen. Doch da ist niemand mehr.

Ich lasse dich nun allein, wende mich ab von dir, sehe zu dem Vogel auf, der das Erdgeviert umkreist. Das Poltern verliert sich in seinem Gesang. Ich bin wieder unterwegs, lasse dich zurück. Neben mir der Vogel – voll Leben und ganz in den Farben des Paradieses ...

Hirtenspiel

Er schaut zum Wetterkreuz hinüber. Der schmale Weg zu seiner Hütte führt daran vorbei. Zögerlich schält sich die Sonne aus dem Morgendunst. Eine Ziege schnuppert an ihm. Irgendetwas scheint sie zu stören. Das frische Hemd? Der Geruch des Rasierwassers vielleicht? Der Bock macht sich am Brunnentrog zu schaffen. Heute wird sie kommen, denkt der junge Senner glückselig – versprochen ist versprochen! Er hört Stimmen! Wanderer? Sie kämen jetzt ungelegen. Ein Pärchen taucht auf. Das junge Mädchen winkt – es ist Marie. Alle Freude verfliegt! Sein Gesicht verfinstert sich, als er den Begleiter erkennt – Thomas! Warum nur bringt sie ihn mit? Die Ziegen meckern, laufen den beiden entgegen. Der Bock bleibt zurück, stößt ihn mit seinen Hörnern an. Lachend kommen die zwei näher. Händeschütteln. Na, du Einsiedler!? Das Mädchen ist guter Laune, der Bursche an ihrer Seite ebenso.

Sie sitzen zusammen, feiern – die gemeinsame Schulzeit liegt hinter ihnen! Zukunftspläne werden geschmiedet. Marie und Thomas sollen studieren! Das ist nicht nur der Wunsch ihrer Väter – eine Arztpraxis und eine Anwaltskanzlei bedeuten eine gesicherte Zukunft. Und der Einsiedler? Er schweigt, fährt sich durch sein struppiges Haar ... Am liebsten bliebe er auf dem Hof und sommers hier oben auf der Alm – wenn man ihn nur ließe. Wofür dann das Gymnasium? Warum nicht ein studierter Landwirt?, überlegt Thomas. Marie nickt abwesend. Ja, wenn die Marie Landärztin wird, wirft der Einsiedler ein. Er müht sich zu lächeln. Es ist zwecklos, überlegt er dann, Thomas und Marie – damit muss er sich abfinden. Hirtenspiel ist nicht mehr ...

Wo ist denn der Krippenesel?, Thomas schaut sich suchend um. Doch bald schon kommt er angetrabt. Wenn man vom Esel spricht ..., Marie ist noch immer ganz vernarrt in das Tier, grault es liebevoll. Dann müssen alle drei lauthals lachen – Erinnerungen werden wach. Der Einsiedler sollte als Hirte seinen Esel zur Krippe bringen. Vorerst klappte alles vortrefflich. Dann aber kam es zum Rollentausch, denn Thomas, in der Rolle des hl. Josef damals, kam mit dem Tier nicht zurecht, es wollte ihm nicht gehorchen, sondern lief ständig aus dem Stall. Überdies versagte Thomas wegen einer Erkältung die Stimme. So stellte man den störrischen Esel mit dem Einsiedler zur Krippe neben Marie. Der stockheisere Thomas kam nun für die Rolle des Nährvaters nicht mehr in Frage – er musste sich mit der eines Hirten begnügen. Da geschah es dann auch, dass sich der hl. Josef in Marie verliebte. Während der Vorstellungen aber entging dem Einsiedler nicht, wie sie Thomas zulächelte, wenn er beim Jesuskind seine Aufwartung machte. Mit aufreizender Gemächlichkeit brachte er an der Krippe seine Gaben dar und hatte dabei nur Augen für die hl. Maria ...

Der fesche Thomas verschränkt die Hände hinter seinem Kopf, schließt die Augen und lehnt sich genüsslich zurück. Hier ist gut sein, sinniert er plötzlich, hier lasst uns drei Hütten bauen – für mich eine, für Maria und Josef ... Da fällt ihm der Einsiedler schroff ins Wort: Wozu dieser biblische Unsinn? Die eine Hütte da wird wohl für uns drei genügen! Oder?, der Einsiedler schaut die beiden an. Diese Stille!, ruft Marie ganz entzückt nun in das plötzliche Schweigen hinein und streicht sich eine blonde Haarsträhne aus der Stirn. Stille? Thomas ist irritiert: Du scheinst alles auszublenden, den Brunnen, das Ziegengemecker, den Bergwind ... Der Einsiedler ist gereizt: Als ob Marie die Natur je interessiert hätte. Letztes Mal fand sie es hier heroben nur langweilig. Da war auch nicht i c h an ihrer Seite, wirft Thomas ein und legt seinen Arm um Marie. Der Einsiedler verschwindet in der Hütte. Thomas lässt nie etwas anbrennen, denkt er, als es zu rauchen beginnt. He, hört er schon von draußen die beiden rufen, riechst du nichts? Du lässt schon wieder alles...! Marie bedeutet nun Thomas zu schweigen und kommt dem Einsiedler zu Hilfe. Dir fehlt einfach eine weibliche Hand, sagt sie scherzend und macht sich am Herd zu schaffen. Dann legt sie ihren Arm um seine Schulter. Dem Einsiedler wird heiß vor Glück. Bist du böse, dass ich den Thomas mitgebracht habe?, sagt sie dann. Nein, nein ..., stottert er und ist wieder ganz und gar auf der Erde.

Beim Essen ist es wieder still. Die Ziegen aber geben keine Ruhe, sind nicht zu vertreiben. Lasset die Tierchen doch zu uns kommen!, meint Thomas gönnerhaft. Muss er so provokant daher reden? Wohl der Tag der dummen Sprüche?! Und so ganz bibelfest bist du auch nicht, bemerkt Marie, während der Einsiedler die Ziegen verjagt. Fehlt nur, dass jetzt kommt: Sind sie nicht auch Geschöpfe Gottes? Stattdessen aber fragt er, ob sie denn nie etwas vom heiligen Franziskus gehört hätten? Ausgerechnet du kommst jetzt mit dem daher? Der Einsiedler schüttelt den Kopf. Lass' ihn einfach aus dem Spiel den heiligen ... Franziskus!, ergänzt Thomas. Was für ein schöner Tag!, schwärmt Marie, den sollten wir doch nicht trüben! Er kann nur noch schöner werden, wenn ich euch verrate, dass ich ins Kloster gehe! Thomas genießt es, wie ihn die beiden nun so fassungslos anstarren, als käme er vom Mond. Waaaaaas?, rufen Marie und der Einsiedler wie aus einem Munde. Mehr fällt euch dazu nicht ein?, Thomas tut enttäuscht und weidet sich an ihren verdutzten Gesichtern. Ins Kloster? Damit treibt man keinen Spaß! Der Einsiedler und Marie sind erregt. Darum also dieses fromme Getue! Dann ist es wieder still. Auch die Ziegen sind verstummt, und der Bergwind scheint eingeschlafen zu sein. Nur der Brunnen gibt noch Laut. Schaut mich nicht so an, sagt Thomas dann, freut euch doch mit mir. Du vor allem, Einsiedler! Du studierst Jus, übernimmst dann die Kanzlei von uns, und meine Eltern werden meinen Entschluss billigen. Marie kannst du auch haben, fügt er noch äußerst gönnerhaft hinzu, obwohl er sie nun ansieht, als wollte er sie mit Haut und Haar verschlingen. Was bezweckt er damit?

Als sich die beiden wieder auf den Weg ins Tal begeben, blickt der Einsiedler ihnen noch ganz entgeistert nach, bis sie kaum noch zu sehen sind. Ein Stück begleitet sie noch der Esel, dann trabt er wieder zurück. Beim Wetterkreuz bleiben die zwei kurz stehen, drehen sich um und winken. Die Sonne verschwindet in einem roten Wolkenmeer, die Ziegen haben Hunger ... Franziskus? Der Einsiedler schüttelt wieder und wieder den Kopf. Er packt den Esel an den Ohren. Von diesem Heiligen hast du wahrscheinlich keine Ahnung! Er streichelt ihn liebevoll, und der Esel hält ganz still.

Nachts kann er nicht schlafen. Vieles geht ihm durch den Sinn. Thomas als Mönch, das passt einfach nicht! Thomas, der bei jeder Gelegenheit über die »Pfaffen« herzieht, sich über die Kirche immer nur lustig macht. Wie oft hat ihn der Einsiedler einen Ketzer genannt. Obwohl ... Dem Einsiedler geht plötzlich durch den Kopf, dass Thomas sich in letzter Zeit in Sachen religiöser Lästerungen sehr zurück hielt. Er schrieb dies aber den Auswirkungen seiner Verliebtheit zu. Allerdings fanden beide an den geistlichen Herren, bei welchen sie während ihrer Schulzeit untergebracht waren, wenig Gefallen. Der Einsiedler denkt daran, wie seine Eltern das Geld zusammenkratzten, um ihm eine höhere Schulbildung zu ermöglichen. War diese das viele Heimweh in der Fremde wert? Und das alles nur, weil die Lehrer den Eltern einredeten, was für einen gescheiten Buben sie hätten. Wie beneidete er seine Geschwister, die nicht so weit zur Schule fort mussten. Später dann gewöhnte er sich an die ständigen Abschiede, und irgendwann waren sie nicht mehr zu spüren. Einmal im Jahr aber, wenn nach den Sommerferien der Abstieg von der Alm nahte, gab es immer noch dieses Ziehen in seiner Herzgegend. Vom Wetterkreuz dann der letzte Blick hinauf zur Hütte und der Wunsch, wieder umkehren zu dürfen ...

Ehe er einschläft, beschließt er noch, die Abmachungen, die er mit Thomas und Marie getroffen hat, nicht einzuhalten, sondern für immer und ewig sommers auf der Alm und die andere Zeit am Hof zu bleiben. So kam es, dass er im Herbst nur mit größter Mühe zu überreden war, wieder abzusteigen und in die Stadt zu fahren. Was sollte er dort? Studieren? Nach Stall riechst du heute nicht! Jemand hält ihm die Augen zu. Die Stimme macht ihn wieder fiebrig. Marie? Ja, wer denn sonst? Viele junge Leute sind um sie beide herum in dem großen fremden Gebäude. Vermutlich wissen sie alle, was sie hier sollen. Der Einsiedler weiß es nicht – oder doch? Marie will er! Und lebenslänglich Bauer sein! Lange schaut er sie an, bis schließlich Thomas auftaucht. Wieder legt er den Arm um Marie. Soll ich Frau Landärztin zu dir sagen?, überlegt er. Wenn schon, dann Kinderärztin, antwortet sie und löst sich aus seiner Umarmung. Aha, sagt Thomas und wendet sich dem Einsiedler zu, um ihn zu fragen, was er vorhätte zu studieren. Hast du dich nun für Jus entschieden? Meine Eltern sind zwar aus allen Wolken gefallen, doch mit dir einmal als Nachfolger in der Kanzlei, dass könnten sie sich unter Umständen vorstellen. Unter Umständen?, fragt der Einsiedler gedehnt. Ach, du denkst schon an ein Kind!, Thomas macht sich lustig wie immer. Das geht aber schnell! Kaum räumt man das Feld ... Habe ich gar etwas verpasst? Er schaut Marie fragend an. Betretenes Schweigen ...

Thomas kann es nicht lassen, denkt der Einsiedler. Was tust du überhaupt hier, fragt er ihn dann, ich denke du wirst Mönch? Du sollst nicht denken, das überlässt du am besten deinen Pferden, Kühen, Hühnern und Ziegen, du sollst Jurist werden! Verstehst du? Der Einsiedler ist vorerst sprachlos. Dann aber die Frage: Und du? Was machst du hier, wenn du...? Was schon? Studieren, wie ihr! Marie bleibt der Mund offen, der Einsiedler schaut ungläubig. Jus?, hakt er nach. Ja, wenn ihr so wollt! Zum Kuckuck, ich werde Anwalt von dem da oben! Oder soll ich Viechdoktor werden? Was meinst du, Marie? Wieder legt er den Arm um sie. Wir zwei doktern dann an Mensch und Tier herum. Schließlich besinnt er sich, nimmt den Arm von Maries Schultern und meint dann sehr ernsthaft: Ich studiere Theologie, was denn sonst! Theologie? Marie ist erleichtert, doch der Einsiedler will es genau wissen: Ich denke du wirst Klosterbruder? Das eine schließt doch das andere nicht aus, oder? Thomas hatte sich zu Maries Leidwesen das Kloster doch nicht aus dem Kopf geschlagen. Dem Einsiedler jedoch ist das nur recht...

Thomas im Habit! Es scheint ihm wirklich ernst zu sein. Die leidenschaftlichen Nächte mit Marie vor seinem Klostereintritt änderten nichts an seinem Entschluss. Marie ist enttäuscht. Enttäuscht auch darüber, dass der Einsiedler kaum die Vorlesungen besucht. Er stürzt sich in die bäuerliche Arbeit, und schon bald ist er wieder oben auf der Alm. Marie kommt zu ihm auf Besuch. Öfter als gedacht. Sie verführt ihn, und der Einsiedler ist wieder guter Hoffnung. Dann auch Marie! Der Einsiedler aber kann rechnen. Es ist von Thomas, nicht wahr? Marie schweigt. Ich muss es ja nicht bekommen, sagt sie dann. Du musst es ihm sagen! – Dem Thomas?! Nein! Niemals! – Was nun?, der Einsiedler ist ratlos. Soll ich?, fragt er dann vorsichtig. Du? Du würdest es für mich tun? Marie fällt ihm dankbar um den Hals.

Der Einsiedler machte sich auf den Weg ins Kloster, wo er Thomas zu finden hoffte. Was wird geschehen, wenn er hört, dass es für ihn Vaterfreuden gibt, grübelte der Einsiedler.

Gleichzeitig graute ihm davor, ihm das zu sagen. Warum? Besuch! Wie schön! Thomas war wie immer. In seiner Ordenskleidung nahm er sich vielleicht ein bisschen anders aus, aber in den Gesprächen scherzte er wie sonst auch, fragte dann, ob der Einsiedler vielleicht Klostergelüste habe und ob er die Trauung schon verpasst hätte. Welche Trauung? Tu nicht so! Leider kann ich euch nicht verheiraten, das dauert noch, bis ich so weit bin. Aber wenn ihr euch Zeit lasst ...? Ihr seid ja noch so jung, fügte er dann schmunzelnd hinzu. Warte, dachte der Einsiedler böse. Eine diebische Freude überkam ihn, bevor er von Maries Schwangerschaft berichten wollte ...

Was hat er gesagt? Marie ist aufgeregt. Ich konnte es ihm nicht sagen, antwortet der Einsiedler. D u musst es ihm selbst sagen! Von

Angesicht zu Angesicht! Verstehst du? Verständnislos schaut ihn Marie an. Ihre Eltern tauchen plötzlich auf dem Hof auf. Man bittet sie in die gute Stube. Ein Stimmengewirr dringt aus dieser. Der ahnungslose Einsiedler ist überrascht. Du hast ihnen doch nicht gesagt, dass...? Aber nein, sie wissen noch nichts von dem Kind. Es geht um eine günstigere Studiermöglichkeit für uns beide. Aha, sagt der Einsiedler erleichtert. In Windeseile zieht er sich um und fällt dann in Arbeitskluft im wahrsten Sinne des Wortes mit der Tür ins Haus – das heißt in die Stube. Ich bleibe auf dem Hof! Ist das klar? Ich gehe nirgendwohin, um zu studieren. Das hätte der Einsiedler nicht tun sollen. Marie ist enttäuscht, erwägt eine Abtreibung. Auch die Eltern sind von ihrem Sohn enttäuscht. Der neue Studienplatz wäre verkehrsmäßig ideal gelegen gewesen, und auch die Unterkunftsmöglichkeit dort preislich wesentlich günstiger.

Der Einsiedler gibt noch den Ziegen zu fressen. Danach macht er sich noch einmal auf den Weg ins Kloster. Du willst hier bleiben?, fragt Thomas ungläubig. Doch nicht für immer, sagt der Einsiedler, aber für ein paar Tage. Hast du Urlaub genommen? Thomas wird misstrauisch. Nein, nein, ich hatte in der Nähe zu tun. Ich muss mir über einiges klar werden ... Aha, das klingt spannend! Willst du meine Kutte probieren, sagt er dann und lacht. Der Einsiedler schlüpft tatsächlich in den Habit und betrachtet sich im Spiegel. Steht dir nicht schlecht, sinniert Thomas. Ach, meint der Einsiedler, ich habe die Nase voll von den vielen Rosenkränzen zu Hause. Ich habe es nicht so mit dem Beten und Kirchengehen. Den Eltern zuliebe, weißt du, da tut man so manches, aber jetzt ist Schluss damit! Thomas überlegt. Warum hast du dann immer dagegen geredet, wenn ich deiner Ansicht nach Gott gelästert habe? Jetzt überlegt auch der Einsiedler.

Die Frauen, wechselt er das Thema, sie bedeuten dir auf einmal nichts mehr? Du willst nun ein Leben lang ohne sie auskommen? Der Einsiedler lauert auf Antwort. Ist das ein Test? Glaube mir, Marie kannst du wirklich haben! Ist es das, was du wissen wolltest? Der Einsiedler fühlt sich ertappt. Dann aber meint er empört: Wie respektlos du von ihr sprichst! Respektlos? Ich?, schnaubt Thomas, das sagt der Richtige. Wer hat denn keinen Respekt vor meinem Entschluss? Wer nervt mich mit der Frage, was geschehen müsste, dass ich anderen Sinnes würde? Soll das jetzt ein Verhör werden oder was? Vor dir muss ich mich doch nicht rechtfertigen? Thomas wirkt ärgerlich. Ich habe mich entschlossen, sagt er dann, und dabei bleibt es! Und was Marie betrifft, so kannst du ihr vermutlich mehr geben als ich. Zufrieden? Vielleicht solltest du noch etwas wissen, meint er dann plötzlich sehr ernst. Genau das will auch der Einsiedler sagen, doch Thomas kommt ihm zuvor

Schon am nächsten Tag bricht er wieder auf. Wie wirst du heißen?, fragt er noch beim Abschied, etwa Josef? Ach, du meinst wohl, weil du mir damals den Nährvater streitig gemacht hast? Thomas lacht wieder. Daran war ich unschuldig, sagt der Einsiedler. Wie wäre es mit »Edelweißkönig« schlägt er vor und deutet auf die Blumen, die er in der Zelle entdeckt. Nach seinem Hirtenstab, den ihm Thomas auf der Alm damals abgebettelt hat, schaut er sich vergeblich um. Kein Heimweh nach den Bergen? Thomas schüttelt den Kopf: Glaube mir, der Thomas wird ein Thomas bleiben, er wird seinen Namen nicht ablegen ...

An diese Worte muss der Einsiedler bei seiner Rückkehr denken. Was soll das heißen? Etwa, dass er es sich vielleicht anders überlegt? Wieder habe ich nichts gesagt, geht es ihm durch den Kopf, als er sich der Alm nähert. Warum nur? Will ich Marie nicht an ihn verlieren? Doch da war noch etwas anderes. Was ihm Thomas kurz vor dem Abschied anvertraute, machte ihn sehr nachdenklich. – Marie wartet schon oben bei der Hütte auf ihn. Von seinem zweiten Klosterbesuch weiß sie nichts. Endlich!, sagt sie dann vorwurfsvoll. Wenn man dich einmal braucht ... Wozu?, meint der Einsiedler abwesend. Na, ich denke, du begleitest mich? Wohin?, fragt der Einsiedler hoffnungsvoll, fährst du nun doch zu Thomas? Nein, ich habe morgen einen Termin! Einen Termin? Ja, in der Klinik, fügt sie rasch hinzu. Ist etwas mit dem Kind nicht in Ordnung?, der Einsiedler wirkt besorgt, fällt Marie auf, aber vielleicht tut er auch nur so. Ab morgen gibt es das Kapitel Kind nicht mehr, dann ist alles wieder wie immer!, Marie klingt sehr entschlossen. Wie immer?, der Einsiedler ist fassungslos. Er tut nun nicht nur so, er ist es wirklich. Und so jemand wird Kinderärztin...

Nachts wälzt er sich von einer Seite auf die andere. Im Traum sieht er Thomas, wie er sein Gelübde ablegt. Das ist beinahe wie heiraten, denkt der Einsiedler, als er schweißgebadet erwacht. Es ist ja nur ein zeitliches, denkt er dann erleichtert und schläft wieder ein...

Doch schon früh am Morgen steigt er ab. Beim Wetterkreuz bleibt er stehen. Herr, du weißt, wie ich über dich denke, aber wenn es dich gibt, so steh' mir doch bei!, fleht er inständig. Thomas erfährt nichts. Der Einsiedler bekennt sich zu dem Kind, von einer Heirat aber will er noch nichts wissen. Das trifft sich gut, denn Maries Eltern sind dafür, dass ihre Tochter studiert, einen Bauern als Schwiegersohn – das ist für sie noch gewöhnungsbedürftig.

*

Der Einsiedler sitzt wieder einmal vor seiner Hütte. Die Ziegen meckern. Die Wiesen sind almrosenrot. Ihm zu Füßen krabbelt unbeholfen ein Kind, gibt merkwürdige Laute von sich. Die Tiere lecken an den kleinen Händen ... Plötzlich erspäht der Einsiedler einen jungen Mann vor dem Wetterkreuz. Lange Zeit kniet dieser dort. Als er sich dann erhebt und auf die Hütte zukommt, schwenkt er den Hut und jauchzt vergnügt. Nun erkennt ihn der Einsiedler. Das Kind beginnt ganz aufgeregt zu zappeln und zu lallen, als Thomas es liebevoll begrüßt. Der Einsiedler ist noch immer sprachlos. Hat es dir die Rede verschlagen?, scherzt Thomas und nimmt den Rucksack ab. Dann bückt er sich und hebt den Kleinen hoch. Na, ja, sagt er dann in die peinliche Stille hinein, machen wir den Rollentausch wieder rückgängig. Ich spiele den Nährvater, du den Hirten – jetzt fehlt nur noch die Mutter Maria – wo ist sie denn überhaupt? Thomas sieht sich fragend um. Der Einsiedler zuckt zusammen. Fort, weit fort! Sie ist doch nicht... ?, Thomas erschrickt. Nein, nein, keine Sorge, sie lebt noch!, hört sich der Einsiedler fast tonlos sagen. Während er nun den kleinen Buben wieder an sich nimmt und ihn sanft auf die Decke gleiten lässt, denkt er schmerzlich daran, dass er sie beinahe um ihr Leben gebracht hätte. Das Kind kann noch nicht laufen?, fragt Thomas in seine Gedanken hinein. Ihr habt nicht geheiratet?, will er wissen. Es ist doch von dir und ihr?, hakt er nach und deutet auf das Kind.

Es gibt nun viel zu erzählen nach der langen Zeit, in der sie nichts voneinander gehört haben, nichts hören wollten. Der Einsiedler begleitet Thomas, der das Kind auf den Schultern trägt, bis zum Wetterkreuz. Dann gibt ihm der Einsiedler den Rucksack. Du hast deinen Namen nicht abgelegt?, will der Einsiedler noch wissen.

Thomas aber dreht sich nicht mehr um, hebt nur noch die Hand zum Gruß...

Der Mönch findet keinen Schlaf. War aus dem ungläubigen Thomas wirklich ein gläubiger geworden? Immer wieder gehen ihm die Bilder aus dem Hirtenspiel nach – der Einsiedler und Marie, das heilige Paar – davor das Jesuskind in der Krippe! Er – der Hirte wider Willen ...

Bald soll nun dieser Hirte zum Seelenhirten geweiht werden. Vielleicht kommt der Einsiedler mit dem Kind? Er hat es ihm noch versprochen! Mit s e i n e m Kind! Hätte er ihm das nicht aus einer plötzlichen Eingebung heraus auf den Kopf zugesagt, er hätte es vielleicht niemals erfahren. Der Einsiedler ist ein schlechter Lügner, denkt er, aber ein guter Mensch. E r müsste statt mir dann vor dem Altar stehen nach allem, was er getan hat, überlegt er. Ob er dem Einsiedler ausreden konnte, Marie durch die ungewollte Geburt beinahe getötet zu haben? Und auch, sich noch immer die Schuld an Maries langem Siechtum zu geben? Dann denkt er an Marie. Ob er glücklich geworden wäre mit ihr? Mit dem Kind wollte sie offensichtlich nichts zu tun haben. Nicht nur, weil die Geburt sie beinahe das Leben gekostet hätte. Der behinderte Bub war in ihrer Familie nicht erwünscht.

Zwei Monate vor der Geburt wusste man erst, was sie erwarten würde. Es abzutreiben, wäre in Anbetracht dieser Umstände noch möglich gewesen. Doch da war dieser Einsiedler mit seiner Familie und den Versprechungen. Und sie hielten alle Wort. Der Bub kam auf den Hof und hatte es gut dort. Es würde ein kurzes Leben sein, meinten die Ärzte. Thomas ballt die Fäuste. Von alledem wusste er nichts! Warum? Dem Einsiedler Vorwürfe zu machen, hätte keinen Sinn gehabt. Niemand außer ihm und Marie wussten, dass es sein eigen Fleisch und Blut war. Was hätte es geändert?, fragte ihn der Einsiedler immer wieder dort oben vor der Hütte, als er reuig den Kopf schüttelte und bedauerte, die Zeit nicht zurück drehen zu können. Nun aber fühlt er sich einer Weihe nicht mehr gewachsen. Nicht mehr würdig, sie zu empfangen. Schließlich hat er drei Leben auf dem Gewissen! Nicht nur das seines Kindes, auch das von Marie und dem Einsiedler. Thomas fühlt sich elend. Marie kann er nicht erreichen. Er war verzaubert von ihrer Schönheit, auch von ihrer

Leidenschaft – es war aber nur eine Liebelei. Sie muss alles anders gesehen haben.

Er kramt nach den Edelweißblumen – wie frisch sie noch immer aussehen. Sie welken einfach nicht – wie so manche Erinnerungen. Sie wären für Marie bestimmt gewesen. Damals, als alle drei bestanden hatten und ein neues Leben vor ihnen lag. Es sollte ganz anders kommen und niemand erfahren, was sich zugetragen hatte und ihn bewog, ins Kloster zu gehen. Er, der unumstrittene Edelweißkönig, dem kein Gelände zu steil und zu gefährlich war, um solche Blumen zu pflücken, musste erleben, dass es so etwas wie Schicksal gab. Die Edelweiß lagen längst in seiner Tasche verwahrt, als er ein Lämmchen entdeckte, das sich verstiegen hatte und kläglich jammerte. Es war vorerst ein Leichtes, es aus seiner misslichen Lage zu befreien, doch es konnte nicht mehr laufen. So schulterte er es und stieg ab ins Tal. Das Lamm aber lastete immer schwerer und schwerer auf ihm. In dem steilen Gelände rutschte er plötzlich aus, fiel kopfüber mit dem Tier zu Boden, kollertet noch eine Weile und blieb an einer gefährlichen Stelle liegen. Sich zu bewegen, hätte tödliche Folgen gehabt. Er bedurfte der Hilfe. Noch immer hielt er das Lämmchen fest. Es leckte an ihm und gab unentwegt Klagelaute von sich. Plötzlich stand jemand über ihm. Glück gehabt!, meinte dieser Mann, der ihn da zur rechten Zeit gefunden hatte. Ein gefallener Hirte? Ein verirrtes Schaf?, fügte er dann noch hinzu. Thomas drehte den Kopf zur Seite. Solche Sprüche konnte er jetzt nicht gebrauchen. Die Frage, wo er denn den Hirtenstab gelassen hätte, ließ Thomas schäumen. Er hatte keinen! Der Retter aber erbat sich diesen für seine Hilfeleistung. Da wusste der »gefallene Hirte« noch nicht, dass diese Begegnung zu einem Wendepunkt in seinem Leben werden würde...

Thomas spürte noch lange Zeit das Lamm auf seinen Schultern, auch, als er seinen kleinen Sohn schulterte und zum Wetterkreuz trug. Es war schwierig, ihn zu überreden sich unter diesen veränderten Umständen doch weihen zu lassen. Erst als der Retter von damals, der sein Wegbegleiter und Beichtvater geworden war, ihm den erbetenen Hirtenstab, den er in Ermangelung eines eigenen dem Einsiedler erst abbetteln musste, wieder zurückgeben wollte, besann er sich.

Nun spendet Thomas den Primizsegen. Der Einsiedler hat Wort gehalten und ist gekommen – mit dem Kind des Neupriesters! Tränen rollen über seine Wangen, und die Mitbrüder haben keine Ahnung, warum ... Das Kind ist, wie von den Ärzten befürchtet, bald darauf verstorben. Die Edelweiß waren der letzter Gruß seines leiblichen Vaters. Der Nährvater hatte seine Schuldigkeit getan. Sogar seinen Namen hatte er ihm gegeben – Nepomuk!

Zuweilen überlegt der Einsiedler, wenn er vor seiner Hütte sitzt und dem Kleinen nachtrauert, sein Leben neu zu ordnen. Als Mönch, denkt er dann, würde er nicht so heißen wollen – aber vielleicht Bruder Josef ...

Frau Helene

Wolkenschleier verdüstern die Sonne. Ein Trauerflor, denkt Frau Helene. Ein Frühling in Schwarz-Weiß, seufzt sie dann. Der Lastwagen rumpelt rauchend und pfauchend stadtauswärts. Stinkende Schwaden von schwarzem Qualm zieht er hinter sich her. Auf der Ladefläche, zwischen Säcken, Kisten und anderem Gerät, kauert sie nun – unterwegs zu einem Arbeitseinsatz!

Sie denkt an den Blockwart. Ob er sie verraten hat? Wahr ist, dass sie oft ihre Fenster nicht verdunkelte! Den Blick auf die Sterne ließ sie sich zuweilen nicht nehmen. Ermahnungen schlug sie in den Wind. Sie forscht und forscht. Oder war es etwas anderes, wovon sie nichts wusste? Wieder denkt sie an den Blockwart und seine Worte, wenn sie nicht einer Meinung waren. Stets trumpfte er auf. Zuletzt schleuderte er ihr schonungslos ins Gesicht, dass aus Berlin keiner mehr lebend herauskommen soll – keiner!

Sie hört den Motor des Lastwagens surren. Keiner!, denkt Frau Helene und sieht zur rauchgeschwärzten Frühlingssonne auf, klagt den unbarmherzigen Himmel an. Sie drückt ein Bündel fest an sich. Ihre Papiere befinden sich darin und – ein Zeugnis. Die Matura hätten Sie ihm wenigstens ersparen können, hört sie die Stimme des Blockwarts im Rattern der Räder. Ihm – das ist ihr Sohn. Und der ist jetzt dort, wo keiner mehr heraus kommt. Der Blockwart, denkt die Frau wieder, was habe ich ihm nur getan? Sie sieht ihre Hände an und hat Angst vor allem, was kommt, denn ihr Sohn kommt – nicht mehr. Sie aber kommt jetzt in ein Lager, das weiß sie, dort muss sie graben mit Hacke und Spaten ...

In einer Kurve wird ihr übel, der Motor kommt ins Stocken. Kisten und Säcke geraten durcheinander. Es geht aber weiter. Es muss weitergehen, denkt Frau Helene, irgendwie ... Und irgendwann kommt sie dann an. Sie hört das Schwatzen junger Mädchen, geht tapfer auf sie zu, obwohl diese kichern und sich anstoßen. Und dann steht Frau Helene in Reih' und Glied mit ihnen – den Spaten in der Hand. Irgendwo liegt auch ihr Bündel. Der Volkssturmkommandant zählt ab. Er ist zufrieden, die Zahl stimmt. Noch ein kurzer Blick auf die Liste – bei einem Namen bleibt er hängen, dann blendet er alles aus, alles ...

Nun wird gegraben: knöcheltief, knietief, hüfttief – ein langes Grab, denkt Frau Helene. Es riecht nach Erde, nach Frühling, und die Sonnenscheibe ist nicht mehr rauchverhangen. Die Köpfe der Grabenden sind kaum noch zu sehen. Sie hat Mühe, die Schollen mit dem Spaten nach oben zu bringen. Plötzlich, vor ihr – Stiefelspitzen! Zu spät! Mühsam gehobene Erde landet auf blank geputztem Schuhwerk. Verdammtes Weibsstück, kannst du nicht aufpassen? Los, komm' heraus da! Frau Helene sieht wieder schwarz, Übelkeit steigt in ihr auf, lässt sie schwanken. Da wird sie von einer starken Hand gepackt und hochgezogen. Der Volkssturmkommandant bringt sie fort ...

Trinken Sie, befiehlt ihr nun eine sanftere Stimme, das wird Ihnen gut tun. Frau Helene sieht in das Antlitz eines noch sehr jungen Mannes. Gehorsam nimmt sie die angebotene Flasche und trinkt einen Schluck. Der Mann neben ihr reinigt umständlich seine Stiefel. Später findet sie sich in einer kleinen Kammer wieder. Es ist schon Nacht! Sie weiß nicht, wo sie ist, doch da hört sie plötzlich nebenan das Schwatzen der Mädchen. Schwarz steht die Nacht vor ihrem Fenster – es ist nicht verdunkelt ... Durch eine Türritze dringt Licht. Frau Helene sieht ängstlich dorthin und zieht die grobe Decke bis zum Kinn. Drückt da nicht jemand die Türklinke nieder? Der Volkssturmkommandant könnte doch ihr Sohn sein, denkt sie. Sie zittert. Berlin ist weit weg, die Angst ist da. Angst? Wovor? Vor wem? Um wen? Die Frau wagt nicht aufzustehen. Kalte Schweißtropfen rinnen von der Stirn ins Haar. Irgendwann schläft sie dann ein.

Ein neuer Frühlingstag. Frau Helene im Liegestuhl! Vor ihr der Volkssturmkommandant. Ob sie vielleicht etwas lesen möchte, fragt er etwas unbeholfen, oder stricken? Frau Helene strickt in Gedanken, trennt Gedachtes wieder auf, wählt ein anderes Muster – strickt schwarze Fäden, weiße, grobe, dicke, dünne, bunte ... Sie hält ihre Augen noch immer geschlossen, und dann hört sie, wie die Stiefel sich entfernen, schleppend etwas. Und dann hört sie das Klirren der Spaten ...

Tage im Liegestuhl, die Nächte in der Kammer! Sonst geschieht nichts. Bald sind die Gräben fertig. Frau Helene hat nicht mehr gegraben, doch die Erde gerochen zwischen Spatengeklirr. Sie denkt an den Blockwart und dann an den Volkssturmkommandanten. Tage später händigt ihr dieser die Dokumente wieder aus. Zu oberst liegt das Zeugnis ihres Sohnes. Frau Helene wird verlegen. Der

Volkssturmkommandant bemerkt es. Sie waren sehr mutig damals, hört sie ihn sagen. Frau Helene hebt den Kopf, sieht zu ihm auf. Sie wissen?, fragt sie zögernd. Und da hört sie wieder die Stimmen, die auf sie eintrommelten – damals: Sie wünschen also, dass Ihr Sohn die Matura macht, Sie wünschen, dass er die Schule nicht verlässt, Sie wünschen, dass er nicht Offizier wird, Sie wünschen ..., Sie wünschen ..., Sie wünschen ....? Ja, wer sind Sie denn eigentlich? Ja, wer war sie denn? Doch nur jemand, der eine humanistische Ausbildung für wichtig hielt in einer unmenschlichen Zeit! Man lachte sie aus, spottete über sie, doch der Sohn besuchte die Schule weiter und wurde reif, das steht im Zeugnis. Reif wofür? Zum Abknallen oder, um abgeknallt zu werden? Der Blockwart hat Recht, dieses Zeugnis hätte sie ihm ersparen können.

Frau Helene steht versteinert da. Aus Berlin kommt keiner mehr lebend heraus, sagt sie dann so vor sich hin – nur, um irgend etwas zu sagen. Wer sagt das?, fragt der Kommandant scharf. Das ist unwichtig!, seufzt sie kaum hörbar, so unwichtig wie dieses Zeugnis da ... Sie werden jetzt nach Hause fahren, bedeutet ihr der Volkssturmkommandant dann etwas verlegen und bittet sie, ihm zu folgen. Die jungen Mädchen blicken ihr nach, sie haben nun Schwielen an den Händen, und ihr Kichern und Schwatzen ist unauffälliger geworden. Frau Helene hat keine Schwielen. Sie geht nun hinter dem jungen Mann her, ein Bein zieht er nach, das sieht man nun ganz deutlich. Er bringt sie zu einem Lastwagen. Sie möchte ihm noch etwas sagen, aber sie hat Mühe, seinen Schritten zu folgen. Junger Mann, möchte sie sagen, ja, wirklich, junger Mann, aber er bleibt nicht stehen ...

Ihre Hand hätte sie ihm gerne in die seine gelegt – oder dorthin, wo Menschen, Menschen ihr Herz zu haben pflegen. Doch er bleibt nicht stehen, und sie kann nicht Schritt halten mit ihm. Von einer Bildung hätte sie ihm etwas sagen wollen, die man nicht in Schulen lernt – oder doch? Warten Sie!, ruft sie dann plötzlich. Da bleibt er stehen. Ist Ihnen nicht gut?, fragt er besorgt. Und sie sagt – nichts, nichts! Und schon verfrachtet er ihr Bündel auf den Lastwagen, der da bereit steht, hilft ihr noch auf die Ladefläche, und Frau Helene findet sich wieder zwischen Säcken, Kisten und anderem Gerät. Nach Hause, denkt sie bitter, und dann denkt sie an den Kommandanten – dankbar, und dann stutzt sie plötzlich. Er hat ihr noch etwas nachgerufen! Was aber hat er gerufen? Sie ist müde ...

Der Lastwagen rumpelt, raucht und pfaucht. Frau Helene schläft schließlich ein und träumt schwer. Dann kommt sie wieder zu Hause an. Man hilft ihr herunter. Zwei vertraute Arme halten sie umfangen. Sie verspürt einen salzigen Kuss. Grüßen Sie Ihren Sohn von mir, hat sie plötzlich die Stimme des Kommandanten wieder im Ohr, ich habe mit ihm maturiert. Noch immer wagt sie es nicht, ihre Augen zu öffnen ...

Der Literaturpreis

Eine gute Rezension macht aus jedem Buch ein gutes Buch. Eine gute Rezension ist eine, die man sich am besten selbst schreibt. Wer sonst als der Autor wird den eigenen literarischen Erzeugnissen gerecht? Ein Vorwort ist somit entbehrlich. Dieses schreibt man auch kaum sich selbst. Außerdem werden Vorwörter erst dann verfasst, wenn der gesamte Text schon vorliegt.

Noch liegt bei mir nichts vor – nur eine soeben fertig gestellt halbe Seite, wohl aber die Rezension über mein neuestes Werk »Das sündige Haus am Sund« von Udo Grün, so mein Deckname. Dieser große Roman wird sich eines Literaturpreises mehr als würdig erweisen.

*

Dieser 300seitige preisgekrönte Erstlingsroman von Udo Grün, im Avanti-Verlag erschienen, lässt keinerlei Langeweile aufkommen. Der Autor verzettelt sich nicht in langatmigen Beschreibungen der Antagonisten samt Wohnunterkünften, also der Untermieter, bestehend aus Rauchern, Nichtrauchern, Schwimmern, Nichtschwimmern, Briefmarkensammlern, Vegetariern, Radfahrern, Autobesitzern, Brillenträgern, Kakteenzüchtern, Singles, Liierten und dergl. aus der sozialen Unter-, Ober- und Mittelschicht, die mit dem Protagonisten Schickele, einem witzfigürlichen Golfspieler auf der Suche nach Platzreife, Konflikte austragen. Erfrischende Dialoge sowie äußere und innere Monologe sorgen für ein Lesevergnügen, das man nicht versäumen sollte. Geht es um zahlungswillige Untermieter, bedient sich der Autor des Stilmittels der alten, bei säumigen des der neuen Rechtschreibung. Die Handlungsstruktur als milieupolitisches Spiel- und Schlachtfeld sowie bewusstseinsströmende Verfahrensweisen tragen vermutlich maßgeblich für den von der Stadt Friedrichshude ausgeschriebenen Preis bei, den der Autor je zur Hälfte für notleidende Künstler spendet, wovon einer davon kein Geringerer als er selbst sein wird.

Schickele, die perspektivebildende Hauptperson dieses beachtenswerten Entwicklungsromans, kann trotz seines Beitritts zu einem Golfklub auf Seite 1 sein Handikap infolge seiner Über-Ich-Hemmungen bis zur Seite 287 nicht wesentlich verbessern. Die Überwindung seiner Höhenangst jedoch bringt die alles entscheidende Wende. Während einer Versammlung der Wohnparteien auf einer Terrasse im 10. Stockwerk des Hauses Nr. 21 im Haus am Sund kündigt er eine ganz beachtliche Mietszinserhöhung an. Eine entsprechende Begründung dafür warten die erregten Bewohner erst gar nicht ab. Wütend und mit wildem Geschrei stürzen sie sich auf den Vermieter, wobei einige Augengläser zu Bruch gehen. Schickele, klein von Wuchs, gelingt es aber, behände den Angreifern und Angreiferinnen zu entkommen. Fassungslos sieht er nun zu, wie sich die Leute, vermutlich in der Annahme, dass die jeweiligen Nachbarn die Schuld an der Preiserhöhung trügen, gegenseitig bekämpfen, wobei sie in der Wahl ihrer Mittel – angefangen von spitzen Fingernägeln bis hin zu den Fäusten – nicht wählerisch sind. Im weiteren Verlauf der Kampfhandlungen stürzen sich nun die Nichtraucher auf die Raucher, die Autofahrer auf die Pedalritter, die Vegetarier auf die Schweinsbratenesser, die Briefmarkensammler unerklärlicherweise auf die Schwimmer. Mit Hilfe der Singles gelingt es Schickele, dem wilden Treiben Einhalt zu gebieten.

Um besser gehört und gesehen zu werden, besteigt er, gestützt von einem Kakteenzüchter, das handbreite Geländer. Der Umstand, dass Schickele die Augen verdreht, blaurot anläuft und in Schweiß ausbricht, wird missgedeutet, denn kurz darauf rückt schon, bevor noch das Folgetonhorn des Rettungsfahrzeuges zu vernehmen ist, die Feuerwehr an. Vermutlich glaubten Passanten in Anbetracht der schwankenden Gestalt auf dem Geländer, ein Lebensmüder würde sich in die Tiefe stürzen wollen. Ehe noch die Sanitäter den 10. Stock erreichen, ist bereits die Drehleiter ausgefahren und das Sprungtuch bereit gestellt – mehr jedoch kann nicht mehr verraten werden ...

Die Primizbraut

Er hätte nicht hierher kommen dürfen. Nicht hier her! Die Hörsaalfenster blenden ihn, er kommt nicht an gegen dieses grelle Licht,
nicht gegen sie auf. Jedes dieser Gevierte springt ihm schmerzhaft
ins Gesicht, und Remus hängt an den Lippen des Professors. Die
Worte fallen wie ehedem. Er glaubt, in glühenden Essen zu hängen.
Ein Sonnenstrahl setzt den Rotschopf neben ihm in Brand, lässt die
Sommersprossen tanzen in dem jungen Gesicht. Auf und ab, hin und
her. Er sitzt neben ihm. Gehört er dazu? Zu alledem, was vor ihm
abläuft? Er hätte es wissen müssen! Die Weberschiffchen von einst
sind entgleist. Im Wirrwarr gerissener Fäden treibt er dahin, ohne
Halt zu finden. Ehe die Sonne den nächsten Schritt zum nächsten
Fenster tut und einen breiten Strom flutenden Lichts über die Pulte wirft, quer über den Raum wie ehedem, als wäre nichts geschehen, klinkt ihn die Sonne unbarmherzig ins Gefüge alter Muster ein,
macht ihn zum Traumtänzer auf schwankenden Brücken. Er hätte
es wissen müssen ... Er hätte nicht mehr hier herkommen dürfen –
nicht hier her!

Alt ist er geworden, denkt er, der Spätberufene, der nicht an den
Lippen des Vortragenden hängt wie der neben ihm, aber an dessen wachen Augen unter dem ergrauten Haar. Wie sich die Bilder
gleichen, und doch fügt sich nichts mehr zusammen. Alles stürzt
plötzlich in sich ein – wie ein Kartenhaus. Karten werden stets neu
gemischt, sagt man. Zu welchen Gunsten? Er hätte auf sich hören
sollen. In sich hinein! Bruchlinien gehen nun quer durch den Raum.
Schlafende Hunde zu wecken, dazu ist er nicht gekommen. Nun wollen sie ihm an die Gurgel. Der Professor hält inne, schaut auf, sieht
zu den beiden hin, wartet, bis der eine, der aufsteht, gegangen ist.
Dann fallen die Worte wieder in die Stille, und niemand merkt ihnen
die Enttäuschung an.

Auch Remus nicht. Wie versteinert sitzt er da. Die Sonne stiehlt
sich aus dem Raum, ihre Zeit darin ist um, die Bankreihen lichten
sich. Im leeren Saal zurückgeblieben, starrt er auf den Platz neben
sich. Wieder ist er fort – wortlos gegangen. Diesmal würde er nicht
wieder kommen. Ein ungutes Gefühl macht ihn da ganz sicher. Eine
Ansichtskarte und Erinnerungen bleiben ihm, nichts sonst. Die Kar-

te! Stets trägt er sie bei sich. »Ein' feste Burg ist unser Gott«, ist noch zu lesen darauf in der sichtbaren Abgegriffenheit dieses Poststückes aus vergangener Zeit. Eine Burg mit einem Engel obenauf samt Himmel mit Schäfchenwolken über der Ewigen Stadt zeigt die Bildseite – dazu noch die Brücke über den Fluss. Der Engel, der sie geschrieben hatte, war seine Burg und wurde sein Pate auf immer und ewig. Sein Pate, auf den er gewartet hatte die vielen Jahre, an den er fest glaubte. Der Pedell macht sich am Lesepult zu schaffen. Remus geht, geht seines Weges, den er hätte zu zweit gehen wollen, wie es ausgemacht war zwischen ihnen beiden. Auch Engel halten nicht Wort …

Tage waren es erst her, dass sie ihre Trittfestigkeit prüften, und nichts deutete darauf hin, dass er es sich anders überlegt hätte. Das wortlose Verstehen schweigsamer Schüler, die sich den Bergen, ihren stummen Meistern, verschrieben hatten, war Trug. Das blinde Vertrauen zueinander auch. Remus denkt an seine Firmung, eine späte Firmung, spürt noch die Hand auf seiner Schulter. Die Sommersprossen zucken auf den nassen Wangen. Der nunmehrige Streiter Christi hatte wohl auf die falsche Burg gesetzt, sich dem falschen Burgherrn verschrieben. Einem falschen Engel vielleicht, einem gefallenen? Oder ist dieser nur kopflos geworden? Um den Schmerz abzuwehren, der ihm das Herz zerriss, hätte Remus sich der Schwerter des Zornes bedienen müssen, doch kampflos ließ er alles heran, was ihn durchbohrte.

Und nun liegen sie in Demut da. Regungslos. Lang ausgestreckt. Die Gesichter nach unten gekehrt. Man kann nicht lesen in ihnen. Weiß an Weiß im Schulterschluss. Dazwischen die Schärpen in Grün. Ein roter Haarschopf neigt sich unmerklich zur Seite. Engelbert, flüstert der junge Mann leise. Dann erheben sich alle. Remus starrt auf den nassen Fleck, wo Engelberts Gesicht lag. Es ist nun keine Zeit zu denken. Die Hände werden aufgelegt. Engelbert ist noch zugegen, Remus bemerkt es erleichtert, schließt die Augen und tastet zur Brusttasche, darin steckt die Karte – »Ein' feste Burg ist unser Gott« …

In den ersten Bankreihen sitzen die Angehörigen. Eine Mutter blickt auf ihren Sohn, dann auf die Mitra, die sich über den Rotschopf beugt. Diese Hände! Wie lange sie nur auf dem Haupt ihres Sohnes verweilen? Mein Sohn, spricht der Mann mit der Mitra dann leise zu Remus, um Engelberts Mundwinkeln zuckt es. Mein Sohn!

Der Mann mit der Mitra, der Professor, sagt dies auch zu ihm, als er die Hände auf das streng gescheitelte pechschwarze Haar legt. Er hatte Thomas von Aquin gewählt und sich für die »quarta via« entschieden. Warum nur die »quarta via«, fragte ihn damals der Mann, der jetzt den Segen auf ihn herabfleht. Damals beschämte der Belehrte den Lehrenden schon im ersten Semester, aus welchem nicht mehr viele geworden waren, weil er das Weite suchte aus Gründen, die der Professor erst nach einiger Zeit erfuhr.

Gundi fasst nach Ulrichs Hand. Sie sind die Eltern von einem da vorne. Ihr teilnahmsloser Blick täuscht, er verrät die innere Erregung nicht und die Abgründe, die sich in ihnen auftun. Und niemand würde diese vermuten an so einem festlichen Tag und an so einem feierlichen Ort. Da vorne steht der Rotschopf, ihr geliebter Sohn. Den Vater aber plagten schon lange Zweifel, und eigentlich hatte er ihn auch nicht verdient, diesen wunderbaren Menschen. Die Hände zum Gebet zu falten, fällt schwer. Sie sind an Lenkräder gewöhnt. Auf der Überfahrt war noch alles in Ordnung mit ihm und der Welt – von Tanger zurück nach Gibraltar lief auch noch alles nach Plan. Was für ein Plan! Der Schwager war schuld! Aber das entschuldigt ihn nicht. Sich selbst machte er noch lange etwas vor wie damals auch dem Spätberufenen dort vorne seine angebliche Fahruntauglichkeit. Es gehörte zum Plan, dass er sich betrank, und Engelbert, der mit dem pechschwarzen Haar und der grünen Schärpe, lenkte damals den Laster. Ulrich war nicht vermögend, konnte sich nicht viel leisten. Die Versuchung war groß, das Geld lockte, und an allem war der Schwager schuld. Nur der Schwager? Auf der Ladefläche befand sich ein Fahrrad, sonst nichts. Vielleicht war das ein Fehler. Engelbert fuhr den Laster so sicher auf die Fähre, wie er zuvor mit seinem Fahrrad durch halb Europa gestrampelt war. Zurück sollte es bequemer gehen. Das war so ausgemacht – mit ihm, dem Fernfahrer, und schnell sollte es gehen. Neun Monate waren fast um, und bald würde es vielleicht wieder ein Mariechen geben, nachdem das eine schon unter der Erde lag. Ob es auch Gundis Wunsch war, wieder ein Töchterchen in den Armen zu halten?

Seine Frau lässt plötzlich die Hand los, um ihre Mundwinkel zuckt es, als hätte sie Ulrichs Gedanken erraten. Wie lange schon hat sie keine Kirche mehr betreten? Für sie ist das alles Theater, was da vor ihren Augen abläuft, ein schlechtes noch dazu. Weshalb waren sie da?

Ihrem Sohn zuliebe? Männer waren ihr verhasst. Und da oben stehen sie. Einer nach dem anderen. Einer nach dem anderen fiel über sie her – vor langer Zeit, wenn auch keiner von diesen dort vorne, aber im Grunde sind sie alle gleich. Alle? Lange, lange hatte sie es sich verboten, daran zu denken. Aber jetzt? Zwei von da oben liebt sie – den Sohn und dessen Freund, und einem, dem mit der lächerlichen Nikolausmütze, muss sie wohl für immer dankbar sein. Aber sie will das nicht mehr – will nicht mehr dankbar sein, auch nicht schuldig, sondern ganz und gar unschuldig. Dann könnte sie vielleicht dem einen da vorne wieder in die Augen sehen. Sie denkt an damals, als ihr kleiner rotblonder Sohn zum ersten Mal zum Tisch des Herrn trat. Auch Ulrich, ihr Mann, war dabei. Sie sucht nach einem Taschentuch. Remus wollte sie alle dabei haben an diesem Tag und zu dieser bedeutsamen Stunde – auch seinen Engelbert, der da vorne nun an seiner Seite steht.

Heute ist fast alles wie damals, denkt sie, nur das Mariechen fehlt. Mariechen, das Schwesterchen, das plötzlich zum Altar getrippelt kam, um auch ein Stück vom »Brot des Lebens« zu bekommen. Geschickt schlüpfte es unter der Schar der weißgekleideten Mädchen und der fein herausgeputzten Buben hindurch, doch Engelbert nahm es auf den Arm und trug es zu den Eltern zurück. Und sie beide, die Mutter und der Vater, saßen so stocksteif da wie eben jetzt. Und das Mariechen behauptete später allen Ernstes, es hätte auch etwas davon bekommen – ein ganz, ganz kleines Stückchen ... Und Remus zweifelte nicht daran. Nun steht er da vorne. Ein Fest für Remus – wie damals? Ulrich, dankbar nun dafür, dass seine Frau von ihm abrückt, heftet angestrengt seinen Blick auf den »Engel«, wie ihn damals ihre beiden Kinder nannten. Daneben nun sein Sohn – Remus. Sein Sohn? Wirklich sein eigen Fleisch und Blut? Wann hatte er zu zweifeln begonnen? War Gundi, die Frau neben ihm, jemals von diesem Mann losgekommen, den seine Kinder den »Engel« nannten? Aber auch von ihrem Mariechen kamen sie nicht los. Ob Remus dort vorne sich noch erinnert?

Ins Gebet vertieft, zum ersten Mal in seinem Leben mit einem Messgewand angetan, den »Engel« noch immer an seiner Seite, schließt Remus die Augen. Und wieder wäre er ihm bald entwischt – der Freund, der Pate. Nun aber lächelt er ihm zu wie damals, als sie, die beiden Kinder, seine Schultern nach den Flügeln absuchten.

Wenn man schon Engelbert hieß, musste man auch Flügel haben. Wie oft hatte der »Engel« die Sommersprossen in Remus' Gesichtchen zählen müssen, und alle bekamen sie einen Namen, einen lateinischen! Engelbert studierte Theologie, wollte Priester werden. Der kleine Remus wollte das dann auch. Er übte mit Mariechen das Messelesen, wenn sie allein zu Hause waren. Feierlich drehte er sich vom Küchentisch um und sprach sein »Dominus, wo bist du?« Und wenn dann Mariechen, Glöckchen läutend ministrierend, ganz und gar unlateinisch mit »Ich bin da!« antwortete, wurde aus dem kleinen Möchtegernpriester wieder ein ganz gewöhnlicher Knabe, der seine Schwester höchst unpriesterlich ausschimpfte.

Gundi, ihre Mutter, arbeitete als Sekretärin an einem theologischen Institut. Dort lernte sie auch Engelbert kennen, und irgendwann brachte sie ihn auch nach Hause – zur Freude der Kinder. Ihm, der ganz allein auf sich gestellt war, wurde nun Nestwärme zuteil. Er hütete die Kinder, umsorgte sie, wenn die Eltern außer Haus waren, brachte sie zu Bett und widmete sich, wenn die Kinder tief und fest schliefen, seinen Studien. Eingeschlafen über seinen Büchern, so fanden ihn dann Gundi und Ulrich vor. Ins Seminar zurückgekehrt, verbrachte er oft bis in die Morgenstunden die Zeit mit Studium und Gebet. All zu oft schlief er in den Vorlesungen ein, vor allem, wenn die Sonne durch die Hörsaalfenster strahlte und eine warme Lichtgasse über die Pulte warf. Und er erwachte wieder, wenn sie auf ihrer Wanderung zu den nächsten Fenstern gekommen war, so weit, bis der Haarschopf des Professors in hellen Flammen stand. Der Professor!

Engelbert sucht seinen Blick, der Mann unter der Mitra hält die Augen gesenkt. Das rötliche Haar war nun schlohweiß, sein Blick müde. Immer wieder aber späht der Professor zu den hintersten Bankreihen. Es ist dunkel dort, es lässt sich kaum erahnen, dass weit hinten im Kirchenraum eine Gruppe von Männern, die sich um einen Mann scharen, teilnahmslos dieses Geschehen verfolgt. Bei näherem Hinsehen müsste jedoch auffallen, dass, jedes Mal, wenn sich die Gläubigen von den Bänken erheben oder niederknien, drei Männer in der letzten Reihe im Sitzen verharren, und bei noch genauerem Hinsehen würde man bemerken, dass der mittlere in dieser Männergruppe nie die Hände zum Gebet faltet, während die beiden anderen, eng an ihn geschmiegt, in ihrer Bewegungsfreiheit ebenso eingeschränkt zu sein scheinen. Tatsächlich lassen auch die dahinter stehenden breitschultrigen und hoch gewachsenen Männer die Gruppe vor ihnen keinen Moment aus den Augen. Wenn auch Fluchtgefahr ausgeschlossen werden kann, so ist doch zu vermuten, dass diese Leute – betrachtet man ihre undurchdringlichen Mienen und ihr Gehabe – unter den unauffälligen Anzügen Waffen tragen ...

Ulrich wird unruhig, ein Zittern geht ruckartig durch seinen Körper. Es musste kommen – der rabenschwarze Tag von damals brachte sich wieder in Erinnerung. Die quietschenden Bremsen mischen sich quälend unter den Orgelsturm, und als die große Hostie gehoben wird, hört er das Stimmchen von Mariechen, es hätte auch ein Stückchen von ... , nur ein ganz, ganz kleines ... Es wird ein Geheimnis bleiben, denkt Ulrich, wie so vieles, was um sein Töchterchen geschah. Mariechen nahm alle ihre Geheimnisse mit in die kühle Erde. In wilder Verzweiflung drückte Remus sich damals an Engelbert, die Eltern waren nicht vom Grab zu trennen. Und Remus flüsterte in dieser traurigen Stunde dem Engelbert immer wieder ins Ohr: Ich werde Priester wie du, du du, du, du ... Im Schellen der Wandlungsglöckchen vermeint Engelbert das Du, Du, Du, Du zu vernehmen. Remus blickt zur Seite, die Angst von vorhin kriecht wieder an ihm hoch. Draußen vor der Tür, wo man sich sammelte für den feierlichen Einzug ins Gotteshaus, standen sie noch nebeneinander, und sie gingen miteinander, das war so ausgemacht. Dann aber überließen die Spätberufenen den Jungen den Vortritt. Das war zuvor nicht so ausgemacht. Remus blickte zurück – nur kurz, doch lange genug, um zu sehen, dass da einer fehlte. Remus trat aus der Reihe. Man war noch nicht weit gekommen auf dem Weg zum Altar, erst bis zu den hinteren Bankreihen ...

Herr, ich bin nicht würdig, ich bin nicht würdig, nicht würdig ... Er hätte es am liebsten laut in den Kirchenraum geschrieen – immer wieder. Und eine, die würde vielleicht in irgendeiner der Bankreihen sitzen und neben ihr, nein, dieser verfl... Mann. Es wird nichts ungeschehen, auch nicht an solch einem Tag. Nichts! Wieder schlug Engelbert die Vergangenheit wie eine Peitsche ins Gesicht. Ein harter Schlag! Er taumelte, aber Remus war zur Stelle und dann immer an seiner Seite auf dem langen Weg bis vor zum Altar – dem Weg in die Zukunft?

Oder war es der Weg aus der Vergangenheit? Was für eine Vergangenheit! Das Tagebuch hatten sie ihm gelassen und seine Kleider. Wo aber blieb sein Fahrrad? Engelbert glaubte damals an nichts mehr. An sich selbst nicht, nicht an andere, und an den da »oben« schon gar nicht mehr und war doch jetzt dem gelobten Land so nahe wie nie zuvor in seinem Leben. Da war der Sinai, der Jordan, Jerusalem, Bethlehem. Er, der Herr Leutnant auf dem Golan, empfand nur Abscheu vor dem angeblich geheiligten Boden. Es gab diesen Christus nicht. Ein Schwätzer war dieser. Nichts weiter. Diesem märchenhaft zusammengereimten religiösen Schwachsinn konnte er nur noch ein müdes Lächeln abgewinnen – von den Toten auferstanden, in den Himmel aufgefahren, unbefleckte Empfängnis... In der widerlichen Nähe dieser biblischen Orte brachen die alten Wunden wieder auf, und er zog zu Felde gegen sie mit Verachtung und Hohn. Kreuzigt ihn, kreuzigt ihn, hatte er oftmals durch die vergitterten Fenster gerufen und Ulrich gemeint, den Lumpen, der davongekommen war. Wie nur? E r sollte doch Vater werden, glaubte er, nicht Ulrich! Mein Gott, warum hast du mich verlassen, das behielt er für sich, nur nachts, wenn ihm der Raubmörder auf der Pritsche über ihm auf die Nerven ging, Angst machte in der Dunkelheit, da kam es leise über seine Lippen, bis es in wilden Verwünschungen erstarb. Da kam der Mann an sein Bett heran, und Engelbert schrie aus Leibeskräften, bis endlich die Zellentür aufgeschlossen wurde, der Wärter Licht machte und seine unverständlichen Ermahnungen aussprach. Dann war wieder Stille.

Ich werde dir alles erklären, flüsterte Engelbert dem fassungslosen Remus ins Ohr. Er war im Begriffe umzukehren auf dem Weg zum Altar, um wieder das Weite zu suchen. Die Kirchentore standen noch offen. Remus aber eilte ihm nach, packte ihn und holte ihn wieder zurück. Mit fester Stimme spricht nun Remus die Wandlungsgebete mit. Das Priesterspiel wurde ihm damals ein für alle Mal ausgetrieben. Nun spielt er nicht mehr. Nun ist alles Wirklichkeit. Seit Mariechens Tod und seit der »Engel« nicht mehr kam, hatte er niemanden mehr, der ihm ministrierte und seine »Predigten« anhörte, niemanden, der ihm zusah, wenn er am Küchentisch das Kochbuch seiner Mutter aufschlug und feierlich darin blätterte. Gundi ertappte ihn einmal, wie er, vermutlich in Ermangelung eigener Worte, ein Rezept zu singen begann. Und man lachte, bis ihnen allen das Lachen verging. Mariechen hatte sich losgerissen, und das

Auto ist losgefahren, mitten in das knospende Leben hinein. Dann verlosch es, ehe es noch erblüht war. Und irgendwann war Gundi wieder guter Hoffnung. Remus wünschte sich einen Bruder – so sehr er auch um seine Schwester trauerte, und »Engelbert« sollte er heißen. Aber das Brüderchen bekam er nie zu sehen. Es sei schon im Himmel, bedeutete man ihm. Und Engelbert? Engelbert hatte ihn im Stich gelassen. Man schwieg ihn tot, so musste auch er tot sein. Vielleicht war er im Himmel – bei Mariechen. Und der »Engel« wollte doch einmal Priester werden, und wozu hatte er ihm die Zeichnung mitgegeben, als er damals auf Reisen ging. Ein Boot hatte er ihm gezeichnet, weil er wusste, dass sein Engelbert ans Meer fahren würde. Das Boot sollte ihn retten, wenn er unterzugehen drohte. Er zog ein zerknittertes Blatt Papier aus seiner Hosentasche und strich es glatt. Und seine Mutter und Engelbert beugten sich über sein Kunstwerk und lächelten. Was mache ich nur mit einem solchen Boot?, fragte Engelbert. Da fiel Remus auf, dass es keine Ruder hatte. Bevor Engelbert die Zeichnung einsteckte, zeichnete Remus noch die Ruder ein – für alle Fälle. Man konnte nicht wissen ...

Doch er wurde Leutnant – mit einiger Verspätung, aber das wusste Remus nicht, wie auch vieles andere. Zur Beförderung zum Oberleutnant kam es nicht mehr. Der Gefreite Faßknecht war auch gegen ihn. Er wisse da so einiges von ihm, bedeutete er dem Leutnant immer wieder, wenn dieser ihn wegen seiner Verfehlungen zur Rede stellte. Mangels an Beweisen wurde er damals aus dem Gefängnis entlassen, die verlorenen Jahre der Haft aber gab ihm niemand zurück. Noch klebten sie an ihm wie eine zweite Haut, sie ließ sich nicht abstreifen. Aus dem »Engelbert« wurde ein »Teufelbert«, und niemand sah ihm das an. Den Gefängniswärtern entging die gute Führung nicht. In seinem Tagebuch las es sich anders. Er schrieb deutsch.

Um ihn herum sprach man spanisch – und so kam ihm auch alles vor: die Verhöre, besonders aber die Fahrt mit dem Fernlaster, die Festnahme, als die Fähre anlegte. Er fuhr den LKW von Bord, denn Ulrich hatte zuviel über den Durst getrunken. Engelbert argwöhnte nichts. Dann nahm alles seinen Lauf. Und Ulrich kam davon, auch er wurde verhört, doch seine bevorstehende Vaterschaft schien für ihn die Rettung gewesen zu sein. Seine Haftzeit fiel viel geringer aus.

Gundi, der gute Geist des Instituts, von Studierenden wie immer umlagert, war noch ahnungslos. Pater Benedikt, der Professor, war es, der den Uniformierten zuerst entdeckte, als dieser in den Gängen an den Türen nach Namensschildern Ausschau hielt. Er nahm sich etwas merkwürdig aus in dieser Umgebung und in der Art, wie er sich seinen Weg mitten durch die jungen Leute bahnte. Die Tür des Sekretariats stand offen, und an dieser stieß er dann schließlich auch mit dem Wachmann zusammen. So konnte er wenigsten vorerst verhindern, dass der Schreck nicht gleich in das Ungeborene und dessen Mutter fuhr. Er handelte entschlossen, dennoch blieb es nicht aus, dass Remus und seine Mutter nun nicht nur auf den kommenden Bruder oder die Schwester warteten, sondern auch auf den Vater. Und der kam nicht und nicht, auch nicht der »Engel«, und der Arzt machte ein bedenkliches Gesicht, als der Professor eines Tages während des Diktierens den Krankenwagen zu holen hatte, um Gundi ins Krankenhaus bringen zu lassen. Die telefonische Auskunft, die ihm vorerst verwehrt worden war, verhieß nichts Gutes. Wo aber blieb Ulrich nur? Es kam nie zur Sprache, was da Pater Benedikt alles unternommen hatte, dass der werdende Vater schließlich doch noch rechtzeitig zur Geburt, die sich endlos hinzog, eintraf.

Sie wurden getrennt verhört. Engelbert starrte unentwegt auf die Säckchen und Päckchen, die man ihm anklagend vor die Nase hielt. Wo diese wohl herkamen? Noch nichts von einem doppelten Boden gehört. Wo? Im Laster? Engelbert schüttelte ungläubig den Kopf! Man möge ihn zu Ulrich bringen, bat er ständig. Umsonst! Seiner Bitte wurde nicht entsprochen. Und es wollte kein Ende nehmen – das Verhör und was da noch so alles aus dem LKW gefischt wurde. Ulrich hatte die Warnungen des Schwagers, eines Legionärssohnes, in den Wind geschlagen. Aus Sicherheitsgründen eine spätere Fähre zu nehmen, kam für Ulrich nicht in Frage, er wollte nach Hause, Engelbert auch. Ulrichs Ziehschwester war völlig ahnungslos wie Engelbert. Jeder Besuch aus Europa war in Nordafrika, ihrer neuen Heimat, willkommen. Ulrich, der Fernfahrer, hatte diesmal den sympathischen jungen Mann mitgebracht, den sie beide schon längst aus den Briefen von Gundi kannten. Er wurde sehr freundlich aufgenommen. Im Süden Spaniens war Engelberts lange Ferienreise zu Ende, Ulrich nahm ihn mit hinüber nach Marokko. Er wusste nicht, worauf er sich da einließ.

Wie jede Nacht, bevor er sich im Gefängnis auf seine Pritsche warf, tastete er das vergitterte Viereck nach etwas Sichtbarem ab.

Manchmal kreuzte ein Vogel das ewige Himmelsblau, manchmal zeigte sich ein Stern. Er befand sich in einer Stadt, die er zuvor nie gesehen hatte. Auf der Rückfahrt, so war es geplant, wollten sie hier Halt machen und den Turm der Kathedrale besteigen. Nun war er auf eine andere Art hierher gelangt. Die Hitze kam von innen und außen, an Schlaf war nicht zu denken. Mit einem Mörder eine Zelle zu teilen – so weit hatte er es gebracht! Zusammen mit diesem musste er mit seiner Einsamkeit zurecht kommen. Obzwar es keine Sprache gab, die eine Verständigung ermöglichte, wurde irgendwann zwischen ihnen alles klar, sogar die Grenzen steckten sie einvernehmlich ab innerhalb dieser wenigen Quadratmeter.

Dann wurde Engelbert zu Diensten außerhalb der Zelle herangezogen. So sah er den blauen Himmel nicht nur während der Stunden, wo er im Gefängnishof im Kreis zu gehen hatte, sondern auch durch Fenster, die nicht vergittert waren. Fenster ohne Gitter! Nicht, dass er ausgebrochen wäre, an den nächsten Mauern wäre Endstation gewesen, nur – vier unvergitterte Fenster, was für ein Glücksgefühl nach langer Zeit. Er dachte an den Hörsaal, an Pater Benedikt, wie Honig flossen seine Worte, nisteten wieder in seinem Kopf. Er hatte Mühe, diesen zähen Schleim, zu welchem sie geworden waren, aus dem Gedächtnis zu bekommen. Schmutzig waren die Fenster und schmutzig das, was Engelbert nun vom Pater dachte. Alle Menschen waren Lumpen. Alle? Nein, nicht alle! Remus nicht, auch wenn sein Haar den rötlichen Schimmer hatte, der sich auch in des Professors ...

Mit Gundi und Remus war nun alles vorbei, alles gelöscht! Das hatte er nun ein für alle Mal mit sich abgemacht! Lumpen! Hunde! Falsche Hunde! Er schlug das Buch zu, das da offen vor ihm lag. Die Fenster waren nicht zu öffnen, nur zu zertrümmern. Manchmal näherte er sich ihnen, sah durch sie hindurch ins Grau der Mauern, blickte in sein Spiegelbild – manchmal, wenn er es trotz des Schmutzes zu sehen bekam. Er schreckte zurück, schaute wieder hinein, gewöhnte sich daran. Je rascher er die aufgetragene Arbeit erledigte, desto mehr Zeit blieb ihm, für sich nach Büchern zu suchen, ehe er wieder zurück in seine Zelle musste. Die Ausbeute war mager. In seiner Muttersprache fand sich kaum etwas. Dreimal war er erfolgreich. Einmal, als er ein Bastelbuch aufstöberte, später, als er ein Rätselheft fand, das leider schon voll geschrieben war, und dann stieß er auf eine Bibel. Bei der Bergpredigt lachte er sich zu

Tode. Selig, selig, selig – er konnte sich kaum halten vor Lachen. In der Zelle lachte er weiter. Selig die Armen im Geiste, verstehst du? Der Genosse starrte ihn fassungslos an. In der Bücherei lief man zusammen und blätterte in dem Buch. Was es da zu lachen gab? Engelbert verspielte sein bisschen Freiheit. Einen Verrückten konnte man nicht für diese Dienste gebrauchen. Nun hatte er nichts mehr zu lachen. Missmutig hockte er in der Zelle. Beide Insassen waren sich wieder die vielen Stunden am Tag im Weg.

Weihrauch erfüllt den Kirchenraum. Remus hustet merkwürdig. Gundi zuckt zusammen. Sie friert, auch wenn die Musik sie noch so warm umhüllt. Dem Geistlichen wird die Mitra abgenommen. Auch der Krummstab wandert in andere Hände. So fehlt die Stütze. Er ist müde, man sieht es bei jedem Schritt. Engelbert mustert ihn. Da ist noch immer der Blick aus den hellen Augen, die die Jahre schadlos überstanden haben. Auch Gundi sieht das. Was wäre sie und wo wäre sie jetzt ohne ihn? Geht wirklich nichts ohne ihn? Nichts ging ohne ihn! Nichts! Sie denkt es bitter und verspürt keine Dankbarkeit. Männer sind hassenswert – in welchen Gewändern sie auch immer stecken mögen. Und sie hat geboren – einen Sohn, einen Mann! Dort vorne steht er, und dieser hat die Zeit nicht vergessen, als Pater Benedikt, vor allem aber Gundi, seine Mutter, ernstlich daran glaubten, jemand anderer könnte ihm den »Engel« ersetzen, dessen Stelle in seinem Herzen einnehmen ... Der Professor nahm sich seiner und seiner Mutter an, als sein Vater und Engelbert so lange ausgeblieben waren – damals.

Nach Mariechens Tod lachte seine Mutter nicht mehr, auch Remus nicht, und den Professor mochte er nicht, auch wenn er ein Priester war. Er stellte ihn bloß, um ihn loszuwerden. So schleppte er einmal ein Märchenbuch an – das Buch, aus dem ihm Engelbert immer vorgelesen hatte. »Brüderchen und Schwesterchen«, das mochte er am liebsten. Nun schlug er Rotkäppchen auf, zeigte auf den bösen Wolf und verlangte, dass dieser Mann ihm die Geschichte davon vorlesen sollte. Remus, der Neupriester nun, der damals schon längst lesen und schreiben konnte, viele Märchen auswendig wusste, ganz abgesehen davon, dass er dem Märchenalter längst entwachsen war, schämte sich damals nicht, den Professor mit so einer »Vorlesung« lächerlich zu machen. Seit Engelberts Verschwinden durfte niemand das Buch anfassen. Dann aber, als er seine Mutter wieder lachen sah, sah, wie die alte Fröhlichkeit wieder in sie zurückkehrte, fiel der große Bub dem Professor um den Hals, und es kam ihm nicht als Verrat an Engelbert vor. Das Märchenbuch verräumte er für immer, doch den Professor duldete er nun, wenn er kam. Und er kam oft.

Eines Tages durfte Engelbert wieder in die Gefängnisbibliothek. Ob es da irgendwo ein Märchenbuch gab? Er suchte die Regale ab. In den schlaflosen Nächten ging er alle die Märchen durch, die er den beiden Kindern vorgelesen hatte. »Brüderchen und Schwesterchen« wollten sie wieder und wieder hören. Unentwegt rechnete Engelbert – die Tage, die Wochen, bald würden es Jahre sein. Wem sah das Kind ähnlich? Mir, wem sonst, dachte er teuflisch. Die Rachelust kochte in ihm einen Satansbraten nach dem anderen. Niemand kümmerte sich um ihn, niemand holte ihn hier heraus. Ohne Geld kein Anwalt, ohne Anwalt keine Entlassung. Ohne Geld keine Vergünstigungen. Er schrieb sich die Finger wund, die Antworten blieben aus, dann aber schrieb er nur noch in sein Tagebuch, und da stand: drei Monate (lächelt vielleicht schon), acht Monate (sitzt schon?) ... geht schon, spricht schon ... Der Gefreite bekam einen Lachkrampf.

Er schob Wache. Im Schein der Taschenlampe genoss er, was ihm diesen verhassten Dienst versüßte – dieses Tagebuch. Er liebte es in dem Ausmaß wie er den Leutnant verabscheute. Vorerst durchschaute er noch nicht viel. Es waren rätselhafte Aufzeichnungen, die er da vorfand. Aber das war der Reiz an der Sache – nämlich die Bruchstücke so zusammenzusetzen, dass sie nach und nach einen Sinn ergaben. Noch war er nicht so weit, doch das erhöhte die Spannung in dieser Öde. Welch ein Glück, dass dem Leutnant der Kerosinofen explodiert war. Wie ein Rauchfangkehrer sah er aus, der gute Mann. Wie ein richtiger Teufel! Dieser grinste ihm aus dem Spiegel entgegen. Ein zufriedener Teufelbert, der sich heftig fluchend an das Putzen machte. Alles half zusammen – auch der Gefreite! Schadenfreude gehört nun einmal zu den schönsten Freuden. Und von diesen gab es nicht viele hier. Ruß ist nicht nur schwarz und klebrig, sondern in einer Weise schmierig, dass sich leidliche Sauberkeit nur mit Mühe erlangen lässt, und das auch nur, wenn man das Unterste zu oberst putzt und kehrt. Die Mengen an Schmutzkübeln zählte Bert, wie er sich nun zu nennen pflegte, nicht mehr.

Es machte Spaß, mit den Fingern im Dreck herumzuschmieren. Dabei stieß er einen der vollen Kübel um, und dessen Inhalt ergoss sich über seine Schmieragen. Sie flossen ineinander, auseinander, und Bert ergötzte sich am Durcheinander der Rinnsale. Er wand den Putzlappen aus und machte sich erneut an die Arbeit, alles Gerät zu säubern. Leutnant, seien Sie ein Mann, rief er seinem Spiegelbild zu. Zu Befehl! Bert nahm Haltung an. Der Spiegel wenigstens war nun blitzsauber, sein Wohncontainer leer. So hallte alles zurück, was er redete, vielleicht auch, was er dachte. Seine Habe trocknete in der Sonne, die Kameraden hatten sich verzogen. Später begann er mit dem Einräumen, und noch später fiel er in einen schweren Schlaf, und in seinen Träumen landete er wie so oft wieder in seiner Zelle. Nun wusste er, wie der Zellengenosse den Mord verübt hatte. Ihm wurde übel, und Angst hatte er nun auch. Nacht für Nacht kroch sie von Pritsche zu Pritsche, und des Tags schaute sie ihm stets über die Schulter. Er musste sich loskaufen von ihr, der Angst, und auch von ihm. Er überließ ihm seinen Pullover – Gundi hatte ihn gestrickt, viel mehr hatte er nicht zu verschenken.

Eines Tages gestand Engelbert dem Tagebuch ein, dass es nicht nur die Angst war, die sich zwischen sie stellte, sondern auch noch der blasse Neid. Einmal im Monat durfte der Mithäftling seine Frau sehen. Sie hielt zu ihm, dem Mörder! Und wer hielt zu ihm? Aufrechterhaltung der Ehe – Engelbert lachte böse. Er dachte an Ulrich und Gundi. Wo hatte Ulrich nicht überall seine Frauen, wenn er mit dem Laster über Land fuhr? Engelbert gefiel es, wenn Ulrich unterwegs war – er mochte ihn nicht sonderlich. War er eifersüchtig auf Gundi? Er genoss es auch, wenn der Zellengenosse für eine Weile aus dieser räumlichen Enge das Weite suchte. Wie ließ es sich da in diesem Geviert atmen, denken, fluchen und singen. Wenn er wieder kam, brachte er Geld mit. Auch für Engelbert fiel etwas ab, so kam er zu Schreibzeug und Papier, auch Zeitungspapier kramte er hervor. Ein Mörder mit Herz! Nun bastelten sie zusammen die Flieger, die in einem Bastelbuch samt spanischer Bastelanleitung zu finden waren. Kleine Flieger, große Flieger. Er ließ auch welche durch die Gitterstäbe in die Freiheit segeln, bis es Ärger gab. Eine Zeit lang sah er sie noch im Sonnenlicht in die Tiefe tanzen. Auch die Delphine tanzten vor dem Bug des Schiffes auf der Überfahrt in dieses Land, in dem er nun festsaß. Engelbert sah ihrem Treiben zu, nicht ahnend, was da bald auf ihn zukommen sollte.

Ulrich vertrug die Überfahrt schlecht. Mit Alkohol wäre diese besser zu überstehen, ließ er ihn wissen, und Engelbert glaubte dem verfluchten Hund, der sich einige Drinks genehmigte, um angeblich damit der Seekrankheit zu entkommen. Nun glaubte er an nichts und niemanden mehr, auch nicht daran, dass sein Tagebuch jemals wieder zum Vorschein kommen würde. Vergeblich suchte er danach. Es musste in den Wirrnissen des Putztrubels verloren gegangen sein – beim Einräumen vielleicht oder beim Ausräumen ... Nur der Gefreite wusste, was Bert nicht wissen konnte. Einmal hörte er die Kameraden lärmen. Besuch aus der Heimat war gekommen – Touristen, die das »Gelobte Land« bereisten, das »Heilige Land«, und nun einen Abstecher zu ihnen herauf auf den Berg machten.

Damals gaben sie sich nicht zu erkennen. Willst du immer noch Pfaff werden, hörte er den Gefreiten seinen Cousin fragen. Cousin? Die Sonne fiel auf den roten Schopf des Angesprochenen, und die Sommersprossen tanzten in seinem jungen Gesicht, aber das bildete sich Bert wohl nur ein. Doch die himmelblauen Augen waren nun einmal keine Einbildung, sondern schmerzliche Wirklichkeit – wie auch der Blick, nur die Stimme war anders, tiefer, aber den Tonfall hätte Bert aus tausend anderen Stimmen wieder erkannt. Der Besucher war von einer Sanftheit, die Bert irritierte. Engelbert hatte sich verändert, das lag nicht nur am Bart, den er nun trug, er spuckte alles aus, was nach Weihrauch roch. Der Leutnant und der Gefreite waren sich einig, wenn sie über Gott und seine Welt lästerten. In Gegenwart des jungen Burschen empfanden sie das als besonders lustvoll. Je abfälliger sie redeten, umso wohler war ihnen. Mit verstohlenen Seitenblicken maßen sie den jungen Mann, der geduldig zuhorchte und nachsichtig lächelte, als trüge er einen unsichtbaren Heiligenschein. Doch was er bei sich trug und Wert hatte, war nur eine Ansichtskarte. Je sicherer sich Engelbert war, dass es Remus sein musste, der da leibhaftig vor ihm saß, desto mehr wurde seine Lästerzunge angestachelt. Nun war Bert im Begriffe zu einem Vernichtungsschlag auszuholen. Ob er schon alle die Sakramente beisammen hätte, die für so eine Weihe notwendig wären, fragte er ihn nun wie beiläufig und lauerte auf Antwort. Die Ehe, ätzte der Gefreite, die wäre noch ausständig! Nein, beteuerte der junge Besucher ganz ernsthaft, die Firmung fehle ihm noch und der Pate dazu auch, aber er sei auf der Suche nach ihm.

Da brach Bert in ein fürchterliches Gelächter aus, das sogar dem Gefreiten Angst machte. So, so, einen Paten sucht der junge Mann. Wie wäre es mit dem Herrn Gefreiten? Dieser war nun bemüht, dem Leutnant zu versichern, dass ihn sein Cousin wohl nur auf den Arm nehmen würde. Nicht lügen, Bürschchen, nicht lügen, der Himmel sieht das aber gar nicht gerne, spottete Bert noch, während der Gefreite mit seinem Besuch unter einem fadenscheinigen Vorwand bald das Weite suchte. Bert kotzte das alles nur an. Wer war nun hier ein Engel? Ehe der Gefreite den jungen Mann am Arm packte und mit sich fortzog, warf der Besucher noch einen langen und vielsagenden Blick auf den Leutnant. Lass' den Paten grüßen, wenn du ihn gefunden hast, hörte sich Bert noch sagen, und lange nachher würde er noch versuchen, sich in Erinnerung zu rufen, was Remus darauf antwortete. Remus mit dem Gefreiten verwandt? Das wollte ihm auch nicht aus dem Kopf ...

Wie kann man nur Remus heißen? Was niemand wusste: Gundis erste Begegnung mit dem Pater fand in einem Beichtstuhl statt, danach suchte er Arbeit für sie, eine Unterkunft und überredete sie dazu, sich vorerst einmal einem Pilgerzug anzuschließen. Was Gundi aber nicht wusste, war, dass der Pater sie zufällig vom Gerichtssaal her kannte. Es ging nicht um sie bei dem Geschworenenprozess. Doch da war die Zeugenaussage dieser blutjungen Frau ...

Die hohe Freiheitsstrafe für den Angeklagten, das entging ihm damals nicht, schien sie kaum zu berühren. Auch nicht, dass ihr kurz darauf übel wurde und Gerichtsdiener sie hinaus führten. Nun begegnete er ihr wieder – es war nicht irgendeine Beichte. Es ging um viel – vor allem um ein Ungeborenes, das nicht erwünscht war. Angeblich war für die Reise nach Rom jemand ausgefallen, so wurde für sie ein Platz frei. Freude ihrerseits darüber war kaum zu erkennen. Diese Fahrt sollte der armen Seele gut tun. Sie irgendwie wieder in eine geordnete Lebensbahn zu bringen, das jedenfalls erhoffte sich der Professor, der für sie auch die Kosten der Reise übernahm und vermutlich die Geschichte vom Reiserücktritt eines Teilnehmers erfunden haben mag.

In Rom angelangt, trieb sie sich des Nachts herum – voll der Hoffnung, sich endgültig zu verirren, zu fallen, immer tiefer, von irgendwo herunter zu springen, um alles los zu werden, sich selbst und was da in ihr wuchs. Nichts mehr denken, nichts mehr fürchten. Vor allem die Männer. Einen Sohn zu gebären? Ihr schauderte. Wie eine einsame Wölfin irrte sie durch die nächtliche Stadt, nicht willens, das wilde Tier, das sie in ihrem Leib trug, jemals an ihrer Brust zu nähren nach allem, was geschehen war. Sie war noch kein reißendes Tier, doch sie wurde zur läufigen Hündin gemacht, gezwungen dazu, obwohl sie doch noch ein junges Hündchen war ... Dieses Gewerbe aber war einträglich, und das folgsame Hündchen bekam ein Bett und zu essen. Doch es war und blieb ein Hundeleben, auch später, als ihre Liebesdienste nichts mehr einbrachten, weil sie davongelaufen war, sich lossagte von diesem schrecklichen Gewerbe. Dennoch fiel sie wieder einem Raubtier, das aus seinem Gefängnis ausgebrochen zu sein schien, in die Hände. Entwürdigend, wie dieser Mann über sie herfiel – so, als wüsste er, dass sie keinerlei Ehre mehr im Leib hatte.

Verbrecher begehen Verbrechen in jeglicher Art. Dieser aber hatte nichts Menschenwürdiges mehr an sich! Vielleicht fehlt das allen Männern – mehr oder weniger? Und den Frauen? Sie mochte an ihr Frauenleben nicht denken. Und an die Wende? Da war der Pater, der Professor – er hatte ihr ein Versprechen abgenommen, eine Stellung besorgt, die Reise bezahlt ... Am Trevibrunnen, zu welchem sie von einem Menschenstrom hingetrieben wurde, hätte man sie um ein Haar ins Wasser gestoßen, was ihrem damaligen Zustand nicht sehr förderlich, ihr aber dennoch nützlich gewesen wäre. Sie wurde angerempelt und dann von jemand, der sie noch rechtzeitig zu fassen bekam, aufgefangen. Erschrocken stammelte Gundi einige Dankesworte in Italienisch. Der dunkelhaarige Mann lächelte freundlich und antwortete auf Deutsch. Er war Fernfahrer und roch nach Schweiß. Sie überließ sich ihm, auf eine Vergewaltigung mehr oder weniger kam es ihr nun auch nicht mehr an. Doch gegen ihre Erwartung benahm er sich ritterlich und brachte sie in die Herberge. Wieder musste sie sich übergeben ...

Tags darauf trafen sie sich an der Engelsbrücke. Sie vertraute sich seiner Führung an, sie tauschten Adressen aus. Gundi schob den Zettel fort, wie alles, was auf sie zukam. An die Engelsburg dachte sie noch gerne, bis ganz hinauf zum Engel waren sie gekommen. Tags darauf machte er sich dann mit seinem Lastauto davon. Alle Lebensmüdigkeit war von ihr abgefallen. Daran hatte nicht nur die gemeinsame Nacht ihren Anteil, sondern auch die Wölfin, die sie zu Gesicht bekam, und die beiden Knaben, denen sie ihre Mütterlichkeit zuteil werden ließ. Der Fernfahrer erzählte ihr eine Geschichte darüber, auch die Namen der beiden Knaben behielt sie in Erinnerung. Später dann, als sie wieder zu Hause war, erschien der Fernfahrer am Institut, und bald war Hochzeit. Eine kirchliche Trauung sogar! Der Professor nahm sie vor – im kleinsten Kreis. Außer den Trauzeugen, die der Geistliche von irgendwo auftrieb, war niemand zugegen, und das Kind hatte es sehr eilig, auf die Welt zu kommen, wenn man die Zeitrechnung ab Rom vornahm. Die Eltern entschieden sich, es nicht Romulus, sondern Remus zu nennen.

Wie konnte man nur Engelbert heißen? Er, der Waisenknabe, der Sängerknabe auch, konnte es nicht mehr erfragen. In den letzten Kriegstagen kamen die Eltern um, sein Vater an der Front, was erst nach langer Zeit zur grausamen Gewissheit wurde, seine Mutter wurde leblos aus dem Schutt der Bomben geborgen. Wie sollte der Bub begreifen, was geschehen war?

Es war die Zeit, wo sich die Vögel in den warmen Süden verabschiedeten. Dafür kamen andere, silbergraue, und wenn man sie brummen hörte, wurden die Schulkinder im sicheren Stollen untergebracht. Dann war es mit einem Male aus mit der Totenstille, die dort herrschte. Die Kinder brachten Leben in die feuchten Gänge hinein, und Engelbert, der eine glockenreine Stimme besaß, musste singen, bis alle mit einstimmten. Dem Lehrer verging Hören und Sehen, wenn er daran dachte, was sich außerhalb zutrug. Die Kinder aber streckten die Hände nach oben, um die Bomben aufzufangen, wenn sie kämen, wie einen Ball – ganz einfach war das. Doch diese suchten sich andere Wege. Nach jeder Entwarnung stürmten die Kinder hinaus in die Helle des Tages. Es dauerte eine Weile, bis Fröhlichkeit wieder ihr junges Leben bestimmte. Einmal traf es das Schulhaus. Ein rauchendes Trümmerfeld war davon geblieben, doch man verschmerzte, was darunter begraben lag. Und einmal wurde der Herrn Lehrer zur Seite genommen, als er die Buben aus dem Stollen brachte. Einen holte man aus der fröhlichen Schar heraus. Nun war Engelbert ein Waisenknabe – die Hoffnung jedoch, der vermisste Vater würde zurückkehren, gab er nicht auf. Schließlich kam er zu den Sängerknaben in einem Land, das nach den Grauen eines Krieges wieder zum Leben erwachte und seine Stimme erhob, die sich anders anhörte als früher.

Das Tor des Stollens hatte Engelbert hinter sich gelassen, das Tor seines Elternhauses war geborsten. Nun schritt er durch ein anderes Tor. In den schmiedeeisernen Ranken prangten und dufteten die herrlichsten Rosen, und im Herbst leuchteten die roten Hagebutten aus dem Blättergrün. Durch dieses Tor schritten die Buben mit den Goldkehlen, wenn sie auf Reisen gingen und zurückkamen, aber auch dann, wenn sie für immer fort mussten. Dann, wenn die Stimme Purzelbäume zu schlagen begann und nicht mehr so recht wollte, war die Stunde des Abschieds nicht mehr weit.

Das alles erzählte er dem Mörder, auf Deutsch zuerst und schließlich spanisch. Den Namen Hitler verstand auch ein Spanier. Adolf war auch einmal Sängerknabe, sein Vorname hatte es damals allen angetan – auch Engelbert. Er war schon einige Jahre älter. Ihn, den jüngsten Sohn, nannte man nach dem Urgroßvater und dem Großvater väterlicherseits, dem stolzen Kaiserjäger mit Edelweiß und Hahnenstoß, nach dem Vater auch, dem Gebirgsjäger mit Edelweiß und ohne Hahnenstoß, den man nicht mehr trug im Feld, und auch ohne Stolz – angesichts dessen, was da sein Namensvetter und Führer an Schrecklichem verbrochen hatte. Die Stimme seines Sohnes war nicht von so großer Wichtigkeit, aber der Vorname. Er verpflichtet dich, ließ man ihn wissen. Und er sang von der »hohen Fahne und den geschossenen Reihern«, wie die Buben heimlich über ein damals bekanntes Lied spotteten. Mit einem Erzieher war da nicht gut Kirschen essen, der ließ ihn den Text sprechen, bis er nicht mehr konnte – stehend, kniend, liegend, bis die Reihen dicht geschlossen waren ...

Dem Buben mit dem besonderen Vornamen war nicht zum Singen angesichts der schrecklichen Ereignisse, die er mitbekam, aber der Erzieher kannte da kein Mitleid. Bald aber brach seine Stimme, und schließlich wurde er auch noch zum Volkssturm eingezogen – ein letztes Aufgebot an alten und jugendlichen Männern sollte für das Vaterland noch alles geben. Er bekam eine Armbinde, und seine Mutter brach zusammen. Im Tod war sie nun mit ihrem gefallenen Mann und ihren beiden im Krieg umgekommenen Söhnen wieder vereint. Nach Kriegende landete ihr Jüngster wieder bei den Sängerknaben – als Erzieher. Welch ein Glück für Engelbert, denn von Adolf, den sie zu dessen Sängerknabenzeit immer »Bariton« nannten, bekam er Trost und Zuwendung, wenn er sich des Nachts vor

Kummer in den Schlaf weinte. Er war es, der Engelbert Mut machte, wenn dessen Vater wieder nicht dabei war bei den Heimkehrern. Er selbst hoffte auf ein Wiedersehen mit einem vermissten Bruder. So hielt er in der einen Hand das Bild von Engelberts Vater hoch, in der anderen das eines blonden Fliegers. Wilhelm hieß er, aber die Mutter musste schon geahnt haben, dass er nicht wieder kommen würde. Sie hielt nichts von stolzer Trauer, eine der ganz anderen Art bemächtigte sich ihrer. Franz und Josef, die Zwillinge, traf vor Stalingrad die tödliche Kugel, zuvor den Vater bei Narvik. Das war eine schreckliche Geschichte. Drei Tote in der Familie und einen Vermissten – das war zu viel für sie, vor allem als man auch noch ihren Jüngsten in den Kampf schickte, in den Endkampf ...

Engelbert durfte stets mit auf den Bahnhof, wenn ein Heimkehrerzug angesagt war. Aber es war nichts zu erfahren von den Heimkehrern, die Tränen in den Augen hatten und sie mit ihren mageren Händen fortwischten. Und als sie wieder einmal unverrichteter Dinge den Bahnhof verlassen hatten, schob Engelbert seine Hand in die des Baritons, sah zu ihm auf und sprach: Na, großer Bruder, so gib dich doch mit einem kleinen zufrieden – und irgendwann gingen sie nicht mehr dorthin, wo die Freudentränen flossen und die der Trauer. Und irgendwann kamen auch keine Züge mehr an mit entlassenen Kriegsgefangenen. Auch die anderen Buben hatten es gut beim »Bariton«. Engelbert jedoch war ihm besonders ans Herz gewachsen. Es dauerte ungewöhnlich lange, dass er noch seine helle Bubenstimme behielt. Adolf ging den Leidensweg dieses Buben mit für eine Zeit, und jedes Mal, wenn der Waisenknabe die Ferien im Heim verbringen musste, während die anderen von den Eltern abgeholt wurden, war dieser froh, den »Bariton« in der Nähe zu haben. Ganz allein in dem großen Schlafsaal die Nächte zuzubringen, ängstigte ihn. So durfte er immer länger als sonst aufbleiben, und der »Bariton«, ein leidenschaftlicher Bastler, zeigte ihm, wie man sich die Zeit vertreiben konnte. Flieger baute er mit ihm am liebsten. Du wirst dich mit diesen noch einmal in die Lüfte erheben, orakelte damals der Schützling. Mit diesen nicht, erwiderte der Bariton, vielleicht aber mit anderen ... Als Engelberts Stimme brach, suchte der »Bariton« für sich nach neuen Aufgaben. Schließlich landete er beim Heer. War sein Bruder um des Fliegens Willen in den Krieg gezogen – er würde um des Friedens Willen fliegen.

Nun stehen die Männer am Altar vor ihrer Weihe. Einer davon ist Gundis Sohn – und der des Fernfahrers. Der aber hegte Zweifel, ob er es denn wirklich war. Er kannte das Vorleben seiner Frau, und er wusste auch, wie sie unverschuldet auf die schiefe Bahn geriet. Ihr drittes Kind sollte Mariechen heißen – wie die tote Schwester, so würde alles wieder gut werden, dachten die Eltern. Remus wünschte sich einen Bruder, Engelbert sollte dieser heißen, und Engelbert sollte der Taufpate sein, das war ausgemacht, aber nur unter der Bedingung, dass er auch der Firmpate von Remus werden würde.

Den Taufpaten musste man totschweigen – man brauchte auch keinen, nur einen kleinen Sarg. Ulrich spricht die Gebete nicht mit, Gundis Lippen bewegen sich nur leise, flüsternd. Der da vorne mit der Mitra machte nie einen Unterschied. Bei den Studenten nicht und bei ihr nicht, die im Beichtstuhl vorerst nicht willens war zu beichten, sondern nur gekommen war, weil dieser Schwarzrock ihr über den Weg gelaufen kam und sie angesprochen hatte. Sein ermunterndes Lächeln machte ihr Mut. Doch er war ein Mann – wie sein Gott auch, und es war ihr danach, diesen seinen Gott samt seiner verdammten Welt anzuklagen. Sie konnte ihm das nicht in sein gütiges und wissendes Gesicht schreien, aber da drinnen im Beichtstuhl, getrennt von ihm durch eine Wand, da tat sie es mit Wonne und Leidenschaft – die Aussätzige, die Unreine, die Verfluchte.

Im Halbdunkel sah sie sein Gesicht, sah, wie Tränen über seine Wangen rollten, hörte, wie er von Liebe sprach, und als er sie los sprach von ihren Sünden, da schluchzte sie auf wie ein kleines Kind, das man in die Arme nahm und in den Schlaf wiegte. Sie blieb lange knien, und irgendwann holte sie der Geistliche nicht nur aus dem Beichtstuhl, sondern auch aus ihrer Not.

An dem Versprechen, das sie ihm geben musste, trug sie bis zu ihrer Niederkunft schwer, aber auch er gab ihr eines, und er hielt sich daran. Unwillkürlich muss Gundi daran denken. Sie müsste dankbar sein ... Ach, Remus! Ein leiser Seufzer war von ihr zu hören. Ulrich bemerkt ihn nicht. Mit seinen Gedanken ist er weit, weit weg. Er entsinnt sich seines ersten Besuches bei ihr im Institut, wo Gundi für den Professor arbeitete. Hart war die Arbeit anfänglich, da sie keinerlei Ausbildung hatte, doch sie erhielt Hilfe, wo es nur ging. Bei ihrer ersten Begegnung in Rom erzählte sie ihm davon. Dem Professor zuliebe ließen sie Remus taufen, und Ulrich, der nichts von solchen kirchlichen Gepflogenheiten hielt, stimmte zu – wie auch bei der Hochzeit. Wie konnte er nur? Der Segen der Kirche konnte ihm damals schon gestohlen bleiben. Der Bub sah niemandem ähnlich, Gundi nicht, Ulrich nicht, und niemand hänselte ihn seiner roten Haare wegen. Der Rotschopf war der Liebling aller, nur sein Name kam allen ein wenig ungewöhnlich vor. Seine Schwester, die ihn innig liebte und die der Mutter wie aus dem Gesicht geschnitten war, wurde »Mariechen« gerufen. Ulrich hätte sie gerne »Ulrike« genannt, doch auch hier gab der Fernfahrer wieder nach.

Es riecht wieder nach Weihrauch, Ulrich ist schlimm dran, er kämpft gegen die aufkommende Übelkeit. Auch damals erbrach er, nicht auf der Fähre, aber dann, als man alles genau von ihm wissen wollte und sich der Alkohol aus allen Winkeln seines Körpers verflüchtigt hatte. Auch er wurde in eine Zelle gesperrt. Ulrich kam diese Zeit wie eine Ewigkeit vor, doch eines Tages setzte man ihn kurzerhand in den Zug – es wäre dringend, wurde ihm bedeutet. Die Unschuldsbeteuerungen waren vielleicht nicht umsonst gewesen. Er hatte Familie – vielleicht fiel das ins Gewicht. Vor allem eine hochschwangere Frau. Es dauerte lange, bis er Gundi alles gestand. Dann sollte Gras über diese unrühmliche Sache wachsen. Der Professor nahm ihn bei seiner Rückkehr ins Gebet. Dass Engelbert in diese Schmuggelaffäre auch verwickelt war, wurde verschwiegen. Vorerst. Hatten sie eine andere Wahl? Oder doch? Was mag dem Professor durch den Kopf gegangen sein. Hatte er nicht stets die Hand im Spiel? Warum Ulrichs vorzeitige Entlassung? Feindselig starrt Ulrich auf ihn, warum nur sitzt er jetzt da in dieser Kirchenbank? Was hat er hier verloren? Nur weil Remus es so haben wollte? Remus, sein Sohn? Mariechen aber, das wusste er, fühlte er, war wirklich sein Kind, aber es war nicht mehr am Leben ...

Engelbert hatte sich nach seiner überraschenden Entlassung – angeblich wegen vorbildlicher Führung – bei Pater Benedikt nicht gemeldet, er wollte niemanden sehen, auch Gundi nicht. Und Theologie zu studieren, das war für ihn wahrlich kein Thema mehr. Er würde sich schon durchschlagen, und er hatte sich durchgeschlagen und keine Gedanken an die Vergangenheit mehr verschwendet. Nur – Remus aus seinem Herzen zu reißen, fiel ihm unsäglich schwer. Aber auch das schaffte er, und dann war ihm wohler.

Das Leben ließ ihm keine Wahl, das Militär ihn alles vergessen.

Mittellos wie er war, hatte er nicht viele Möglichkeiten, eine Stätte zu finden, wo es Arbeit gab, zu essen und ein Dach über den Kopf. Mehr brauchte er nicht. Er rauchte nun, trank und schoss, und er schoss gut, und es machte ihm Spaß. Er kommandierte, es wurde salutiert. Nun war er jemand, bekam seine Sterne – einen nach dem anderen. Und auch der Gefreite am Golan war ein vorzüglicher Schütze, nur schoss er stets in die falsche Richtung – dann, wenn er sich dem Suff ergeben hatte, ballerte er wie wild und drehte durch. Das kam immer öfter vor, und schließlich nahm man ihn fest und schob ihn ab. Das Tagebuch nahm er mit. Noch immer fiel daraus etwas für ihn ab und er hätte doch selbst eines schreiben können von Ruth und dem Kind und den Leuten, die ihn adoptiert hatten. Aber warum? Es stand nicht dafür! Seine Missetaten hatte er nicht so gewollt. So nicht! Das Militär war seine große Hoffnung – diese Chance verspielt zu haben, bereute er bitter. Alkohol ist kein Problemlöser – und er hatte Probleme, nicht nur der Leutnant. Aber kann man es sich so einfach machen, sich nicht selbst in die Pflicht zu nehmen, sondern sich auf eine Familie herausreden, die versagt hat? Der Leutnant hatte jedenfalls keine. Vielleicht besser als eine, die einen in Not im Stich lässt.

Blind war das Kind und sprachbehindert – Folge geschwisterlicher Sündhaftigkeit? Ralf und seine Schwester wurden in Europa mehr oder weniger ausgesetzt, ihrem Schicksal überlassen. Die Eltern zahlten, zahlten gut und begaben sich wieder nach drüben – nach Nordafrika. So glaubten sie, einer Familienschande zu entgehen. Zurück blieb ein halbwüchsiger Knabe mit einem Säugling. Ruth, die Schwester, hatte sich auch aus dem Staub gemacht – aus dem irdischen. Die Entbindung war schwer und forderte ihr Leben. Das falsche, wie sich später herausstellen sollte, denn das Knäblein, das sie auf die Welt brachte, redete nichts, sah nichts, aber da waren Menschen, die es herzten und kosten wie ihr eigenes Kind, und sich des großen Buben, des Kindesvaters, rührend annahmen, ihm ihren Namen gaben. Dieser aber sollte ihnen das Leben schwer machen, zuweilen zur Hölle. Er war an so viel Nähe nicht gewöhnt. Mit Ruth war das anders. Die schwesterliche Nähe kostete er aus, zu sehr! Und dann wurde alles anders, als die drei dahin starben – nacheinander. Zuerst der Kleine, aber nicht dieser, sondern der Große hatte den Adoptiveltern das Herz gebrochen, sie waren nicht mehr die

Jüngsten und wurden seiner Eskapaden nicht Herr. Die vielen Aufregungen stand ihr Körper nicht mehr durch. Ralf schloss die Augen – was hatte er nur für ein schlechtes Gewissen, nicht nur wegen des Tagebuches ...

Remus greift sich an die Brust – die Karte! Das Messkleid liegt nun zwischen ihr und seiner Hand. Wie lange hatte er sie auf seinem Nachtkästchen stehen gehabt? Als er an seine Brust klopft, spürt er sie ganz deutlich. Jeder verblasste Buchstabe darauf ist ihm kostbar. Auch bei seinem Besuch auf dem Golan trug er sie bei sich, ohne zu wissen, wem er da wohl begegnen würde. Ralf, sein Cousin, hatte ihm geschrieben. Gefreiter sei er geworden. Ob er bei ihm vorbeischauen wolle, wenn er ins Heilige Land reiste, bevor er sein Studium aufnehmen würde? Noch immer geht eine große Kraft von dieser Karte aus. Bildet er sich das ein? Remus denkt an das Lied. »Ave Maria« würde sie singen – heute auf dem Chor. Wer? Der Friede sei mit dir! Die Geistlichen umarmen sich. Gundi zuckt zusammen, Ulrich schluckt. Sie wissen nichts von den Briefen, die zwischen Remus und Engelbert hin und her gewandert waren. Unter der Engelsburgkarte klopft freudig das Herz des Jungpriesters, als er seinen »Engel« in die Arme schließt. Auch der Mann mit der Mitra umarmt Remus gerührt. Wenn ihr Sohn wüsste, dass er Pater Benedikt letztlich sein Leben verdankte ... Gundi denkt wieder an ihr Versprechen damals. Dennoch lebte sie noch immer mit einer Lüge, nicht nur mit dieser.

Friede, Friede, wie soll Frieden werden? »Er« wird auch da sein, so bereitete Remus seine Eltern in knappen Worten auf das Wiedersehen mit Engelbert vor. Sie glaubten, sich verhört zu haben, auch der Professor, der erst kurz zuvor von Remus unterrichtet worden war, dass Engelbert woanders sein Studium abgeschlossen und dort alle Bedingungen für die Weihe erfüllt hätte. Erst jetzt, beim Friedensgruß, blickt Engelbert den Pater voll an und er ihn. Engelbert wusste nicht, wie dankbar er ihm eigentlich sein müsste. Die beiden hatten nach der der letzten Trennung, als Engelbert wortlos aus dem Hörsaal gegangen war, getrennt ihr Ziel erreicht. Kurz vor Abschluss des Studiums trafen sie sich bei Exerzitien wieder. Das war ein Wiedersehen! Ein unverhofftes und glückliches! Remus' Eltern weigerten sich vorerst beharrlich, zur Feier zu kommen, als sie hörten, dass auch Engelbert mit ihm geweiht werden würde. Aber das konnten sie ihm nicht antun. Wirklich nicht? Und nun sitzen sie da, fühlen sich elend, Remus hustet, mit seiner Gesundheit steht es nicht zum Besten. Er hätte es nicht verwunden, wären sie nicht gekommen. Und die Eltern wussten, was es heißt, Kinder zu verlieren – so oder so. Bei Remus bestand noch Hoffnung, er musste es schaffen. Und der »Engel« war einst gut zu ihren Kindern gewesen und – unschuldig für Ulrich im Gefängnis gesessen. Wie konnten sie Remus diese Bitte abschlagen, wie aber dem »Engel« gegenübertreten?

Ein wahrer Engel war Engelbert damals seinen Kindern, das musste auch Ulrich einbekennen. Gewiss, es sprang auch für den Theologiestudenten, trotz des Anscheins der Uneigennützigkeit, etwas heraus. Schließlich bewohnte er nur, ehe er ein Zimmer im Seminar bekam, einen kleinen Kellerraum, der schwer zu heizen war. Bei ihnen konnte er sich satt essen und wärmen. Sie lachten sich halbtot, wenn der Engel erzählte, wie er es schaffte, die Beine, die an seinem Fenster vorüber kamen, den »Oberteilen« zuzuordnen. Da gab es Beine, die kamen immer wieder, man konnte die Uhr nach ihnen stellen. Bald kannte Engelbert so manchen Schritt auswendig, so vertraut war er ihm, auch wenn die Beine in anderen Röcken, Hosen oder Schuhen steckten – Kinderbeine, Frauenbeine, Männerbeine... Remus hatte ihm einmal eine Zeichnung darüber angefertigt, diese war sein erstes Geschenk an seinen Engel. Eine Uhr, eine ganz und gar bemerkenswerte Uhr. Vermutlich, weil Engelbert die Bemerkung über die Uhr, die man nach den vorbeikommenden Beinen stellen konnte, fallen ließ. So malte Remus statt der Ziffern auf das Ziffernblatt Beine und darüber Fragezeichen, damit waren die unbekannten »Oberteile« gemeint. Nur für die Ziffer 12 und 1 hatte sich der Knabe etwas anderes ausgedacht. Der große Zeiger zeigte auf die Zwölf, und an diesen Platz hatte sich Remus selbst hingezeichnet – mit Oberteil und dem roten Haarschopf war er unschwer zu erkennen. Der kleine Zeiger stand beim Einser, und dort prangte, wie könnte es anders sein – seine kleine Schwester! Und dann ging diese seltsame Uhr verloren, Engelbert musste sie auf dem Küchentisch liegen gelassen haben. Wie sehr auch danach gesucht wurde, sie blieb verschwunden. Einige Tage war Remus sehr einsilbig, und seine Augen trugen Trauer. Bald aber war alles wie immer.

Wenn Gundi schon frühmorgens ins Institut musste und Engelbert noch Zeit hatte, besorgte er den Einkauf, frühstückte mit den Kindern und brachte Remus zur Schule und Mariechen in den Kindergarten. Wenn Engelbert nicht Zeit hatte, musste Remus einspringen. Einmal, da war Ulrich auf »Tour«, und am Küchentisch standen zwei Plätze leer, einen davon, den von Mariechen, nahm Engelbert ein. Bald würde es dazu kommen, dass er bei Gundi auch Ulrichs Platz einnehmen würde ... Engelbert saß bei Remus am Bett und las ihm schon zum zweiten Mal das Märchen von »Brüderchen und Schwesterchen« vor, Gundi war inzwischen nach Hause gekommen. Der Bub wollte und wollte nicht verstehen, dass Mariechen nie mehr zurückkommen würde. Als Remus endlich eingeschlafen war, trat Engelbert in die Küche, um sich zu verabschieden – Gundi hatte wieder die rot geweinten Augen. Irgendwann lag sie dann in Engelberts unschuldigen Armen. Sie schluchzte still vor sich hin, und Engelbert erschauerte. Er ließ sich treiben, stemmte sich nicht gegen das, was dann geschah und was sich in seinem Leben niemals mehr wieder ereignen würde.

Gundi war nun wieder in anderen Umständen! Oftmals erbrach sie. Mit Engelbert sprach sie nie darüber. Zwischen ihnen war alles so, als wäre nichts geschehen. Engelbert war froh darüber. Wegen Ulrich plagten ihn Gewissensbisse, und so kam es, dass Engelbert mit seinem Fahrrad in den Sommerferien auf Reisen ging. Rom hatte er sich zum Ziel gesetzt und Monte Cassino, dann sollte es weitergehen nach Lourdes und auch nach Fatima. Zuletzt würde er sich mit Ulrich treffen. Mit dem Laster sollte die Fahrt dann zurück angetreten werden. Ulrich beschloss, die Geschäfte seines Lebens zu machen, dunkle Geschäfte – Gundi ahnte nichts davon, und Engelbert schon gar nicht ...

Wenn er im Zug saß oder auf seinem Fahrrad während seiner Reise in den Süden, war das schlechte Gewissen sein ständiger Begleiter. Hätte dieses doch in Ulrich genagt. Bei seinem Abschied wollte er noch mit Gundi über die eine Nacht reden. Es entging ihm nicht, dass sie sich immer wieder übergeben musste. Sie aber meinte nur, dass alles gut wäre, und gab ihm noch reichlich Proviant mit und eine Münze, die er in Rom in den Brunnen werfen sollte. Auch einen Pullover, den sie ihm gestrickt hatte. Eigentlich wollte der »Engel« zuvor noch nach Athos, um dort zu bleiben für eine Weile, Ruhe zu finden und nachzudenken. Dann aber trieb es ihn nach Rom, in die Ewige Stadt. Gundi und Ulrich hatten sich dort kennen gelernt, und Remus – das war nur zu vermuten ..., so änderte er seinen Kurs. Auch der blonde Flieger, der Bruder vom »Bariton«, kam ihm wieder in den Sinn. Das letzte Lebenszeichen kam aus Monte Cassino!

Ulrich überredete ihn, später nach Spanien zu kommen und dann mit ihm nach Afrika. Afrika! Du Hund, du vermaledeiter Hund! Wie oft hatte er das in alle Himmelsrichtungen hinaus geschrien – wie der Muezzin auf den Minaretts. Wie oft hatte er das in seinem Tagebuch notiert. Ein Höllenhund wollte er nun selbst werden. Einer, der niemals mehr wieder ein »fiat voluntas tua« über die Lippen bringen würde. Du hast es zugelassen, er sprach es nicht aus, aber seine Faust deutete nach oben. Nur so ließ sich die Haft ertragen. Wenn er aber an Gundi dachte, kam er sich selbst wie ein Hund vor, ein treuloser Hund, und das tat weh. Von einer Hochzeitskutsche mit vier Schimmeln voran hatte sie früher einmal geträumt, verriet sie ihm. Das blieb von den Gesprächen in jener bedeutsamen Nacht in Erinnerung – auch ihre unrühmliche Vergangenheit, die sie ihm anvertraute ...

Einmal, da konnte er nicht anders, damals, bei der Begegnung am Golan, da wurde er sein eigener Feind. Die Strafe von neun Jahren war nicht gerecht, er war nicht bereit, diese für die neun Monate zu zahlen, sollte e r der Vater sein, wenn ... das war aber nicht erwiesen, denn Gundi schwieg. Engelbert wollte nicht bezahlen, für diesen gemeinen Hund schon gar nicht. Er hielt sich die Rechnungen offen, die mit Ulrich und die mit dem da oben. Es gab auch Tage, wo er auf Post wartete. Das waren nicht wenige Tage. Je mehr er zum Saulus wurde, desto weniger haderte er mit seinem Los. Auch neun Jahre vergehen – aber dann! Es sollten viel, viel weniger werden, doch jeder Tag war zu viel, den er in diesen grässlichen Mauern zu verbringen hatte. Das Modellbuch konnte er nun schon bald auswendig. Die Flieger, die da aus dem vergitterten Fenster segelten, wurden immer wunderlicher. Jeder davon war zwischen den gedruckten Zeitungszeilen voll geschrieben. Vielleicht erreichte irgendwann einer einmal jemanden, der dadurch auf ihn aufmerksam würde. Umsonst, da war niemand, der sich um solche Papierflieger kümmerte oder sie gar auseinanderfaltete und darin las.

Eines Sommers holte man ihn aus der Zelle, und er wurde Bademeister! Das war wie ein Wunder für ihn. Das Becken mit dem köstlichen Nass musste gewartet werden. Strafgefangene tummelten sich darin. Keine Mörder, versteht sich, Rauschgifthändler auch nicht. Für Engelbert war alles wie im Märchen. Sorgfältig versah er seinen Dienst, auch wenn er nicht ins Wasser durfte – zumindest so lange, bis alle aus dem Becken waren. Dann aber hechtete er sich hinein, schüttelte sich wie ein Pudel ab und streckte den blässlichen und bis auf die Knochen abgemagerten Körper trotzig der Sonne entgegen. Und immer wieder stellte er in seiner Muttersprache in ganz bewusster Undankbarkeit den da oben fluchend zur Rede, dass die Gefängnismauern erzitterten. Man lachte über ihn, ahnte nicht, was er da alles von sich gab. Hauptsache, er machte seine Arbeit.

Und eines Tages trieb er, als er schwamm, ein Papierschiffchen vor sich her, gefaltet aus dem Blatt Papier mit Remus' Zeichnung. Zuerst, bei seiner Festnahme, wollte man darin einen Beweis seiner Schuld sehen. Bald aber bemerkte man die kindliche Linienführung und reichte sie Engelbert wieder, und sie lachten sogar und deuteten auf die Ruder. Als Engelbert einen Blick darauf warf, bemerkte er, dass die Ruderblätter in Form von Händen gezeichnet waren. Engelbert ruderte umsonst um seine Freiheit, um die Gerechtigkeit. So trieb er das Papierschiffchen vor sich her, bis es sich mehr und mehr mit Wasser ansaugte und schließlich untertauchte. Wie ein Schiff ohne Ruder – so kam er sich vor, und er genoss es, wie sich das Papier auflöste und nur noch kleine Fetzchen vorhanden waren, als die Gefangenen wieder das Becken benutzten. Lässt sich so Vergangenes auslöschen? Und eine Zukunft, vor der ihm graute?

Die Tagebucheintragungen aber wurden jetzt spärlicher. Er sprach und tobte sich unter freiem Himmel aus, was den anderen merkwürdig vorkam. Er gewöhnte sich nun auch wieder an das Nebeneinander von Leibern, Männerleibern, alte, junge – was hatten sie nur alle verbrochen? Sprechen durfte er mit niemandem, das war streng verboten. Warum eigentlich? Nun brauchte er nicht mehr im Gefängnishof seine Runden zu drehen. Hoch erhobenen Hauptes schritt er sein kleines Stückchen Land ab. Er begann die unbarmherzig auf ihn niederbrennende Sonne zu lieben, sie versengte alles an ihm. Sie tat ganze Arbeit – nach außen und innen. Nun war er schwarz wie ein Teufel nur schwarz sein konnte, nur das pechschwarze Haar bekam einen roten Schimmer. Hitze und Kälte konnten ihm nichts mehr anhaben. Das alles kam ihm nun beim Militär zugute.

Am Golan lebte er richtig auf. Man meldete sich nicht so leicht nach dorthin und schon gar nicht für so lange Zeit. Engelbert wurde auserwählt. Er bestand alle dafür notwendigen Prüfungen. Seinen Bubentraum, ins Heilige Land zu reisen, hätte sich eigentlich damit erfüllt. Doch es sollte eine Pilgerschaft der anderen Art werden. Die freien Tage nützte er zwar, um nach Jerusalem zu kommen, doch er war nur Zaungast, wie einer, den das alles nichts mehr anging. Sein Gott war tot, gestorben unter seinen Händen, und auf geheiligtem Boden trat er verächtlich auf seine Zigarettenreste.

Seltsamerweise übte die Klagemauer auf ihn einen merkwürdigen Reiz aus. Er konnte und konnte sich nicht von ihr trennen und den Leuten, die sich an ihr ausklagten. Vielleicht sollte man an diesen Gott glauben – der allerdings noch auf sich warten ließ, überlegte er. Der kalte Stein an seinen Handflächen berührte ihn auf seltsame Art, knapp über ihm nützte ein kleiner Strauch die Mauerritze und entfaltete sein Gezweig. Ein Spatz hatte sich dort eingenistet. Er tschilpte lautstark auf Engelbert nieder. Er sah auf, dann zog er nach Bethlehem, die Geburtskirche beeindruckte ihn – der Gedanke an das Kind war immer noch zugegen und unerträglich. Wie eine Kreuzspinne lauerte er irgendwo in ihm, um sich dann bemerkbar zu machen, wenn es Engelbert am wenigsten erwartete. Vielleicht hatte es rote Haare und Sommersprossen im Gesicht wie bei Pater Benedikt. Die scheinheilige Kirche konnte man vergessen. Auch Gundi – wie konnte er nur dieser dämlichen Ziege verfallen gewesen sein? Alles, was nach Weihrauch roch, war zum ...

Dem Militärseelsorger ließ Bert keine Chance. Bei einem Schusswechsel während eines Patrouillenganges verwundet, zwar nicht lebensbedrohlich, aber doch in einer Weise, dass er nach Hause geflogen werden musste, hatte Bert nun wieder viel Zeit zum Nachdenken. Zu denken gab ihm auch die unerwartete Begegnung mit dem Bariton. Eines Tages, im Offizierskasino, Bert war noch etwas unsicher auf den Beinen, aber doch so gut wie möglich wieder zusammengeflickt, hörte er eine Stimme sagen: Na, Leutnant, wie geht's! Bert schaute auf, stand auf, versuchte Haltung anzunehmen vor dem Major, der ihn da mit so freundlichen Worten bedacht hatte. Weiters war da vorerst nichts, und Bert war außer Gefecht gesetzt. Es dauerte lange, bis er wieder schoss, und er schoss schlecht.

Und er kommandierte schlecht, und man machte sich Sorgen um ihn. Er schien aus dem Gleichgewicht geraten zu sein. Und eines Tages bekam er eine Vorladung. Bert war erstaunt, dass ihn ein ihm unbekannter Fliegermajor zu sehen wünschte – noch dazu auf einer Rollbahn. Bert tat, wie ihm befohlen. Der Major empfing ihn in seiner Fliegermontur, auch er wurde in eine solche gesteckt, und es ging in die Lüfte. Der Major hatte den Leutnant zur Begleitung angefordert.

Irgendwann, als Bert mit »jawohl, Herr Major« antwortete, hörte er diesen sagen: Aber Engelbert, wolltest du nicht einmal der kleine Bruder vom Bariton sein? Der Leutnant stutzte: Du, der Bariton, der Adolf ...? Der Major lächelte. Hast du mich denn nicht erkannt? Habe ich mich so verändert? Engelbert war vorerst sprachlos. So waren die Sängerknaben hoch in den Lüften wieder unter sich nach langer, langer Zeit. Dann bemerkte Engelbert das abgegriffene Stofftier im Cockpit. Weißt du noch?, fragte der Bariton, und Engelbert sah fassungslos den Hasen mit den langen Ohren an. Dann drückte er ihn an sich. Der Heimwehhase! Wie lange nur war das alles her. Der Bariton hatte damals den Hasen in seinem Zimmer sitzen. Wenn ein Kind Heimweh hatte, durfte das Kuscheltier zu ihnen ins Bett. Wie viele Kindertränen waren da wohl in die langen Löffel geflossen? Der Blick des Hasen war Engelbert noch immer vertraut. Wolltest du nicht einmal ..., begann der Major zaghaft zu fragen, aber weiter kam er nicht. Engelbert starrte angestrengt geradeaus. Beide hingen sie nun ihren Gedanken nach. Über den Wolken wähnten sie wohl auch den blonden Flieger ...

Aus mir ist ein Schwein geworden!, brach es plötzlich aus Engelbert heraus. Der Flieger schwieg. So sag doch etwas, bettelte der Leutnant. Der Flieger schwieg noch immer, nahm ihm den Hasen aus der Hand und reichte ihm ein Taschentuch. Was hast du schon für eine Ahnung von Schweinen, meinte er dann und änderte die Flugrichtung, nachdem er einen Funkspruch durchgegeben hatte. Engelbert jedoch hoffte, der Bariton würde zur Landung ansetzen. Es gibt Menschen, die zu Schweinen werden, gewiss, aber du schaffst das nie und nimmer ... Engelbert schwieg, er verstand nicht. Er wollte ihm alles erklären, doch der Bariton ließ ihn nicht zu Wort kommen, sondern ihn wissen, wie sein Vater umgekommen war. Er ist nicht gefallen, ein Kamerad hat ihn erschossen, ihn erschießen müssen – nein, nicht müssen! Freiwillige wurden dafür gesucht. Hättest du dich dafür gemeldet?, fragte ihn der Bariton lauernd. Ich weiß, natürlich nicht! Aber warum meldet sich da jemand und schießt ihm mitten ins Herz? Mitten ins Herz, verstehst du, obwohl er so sehr darum gebeten hatte, das nicht zu tun! Was glaubst du, warum? Das Bild seiner Familie trug er stets an seinem Herzen in der Brusttasche und die Briefe. Da hat der Kerl mitten hineingeschossen. Mitten hinein!, sage ich dir. Engelbert schwieg. Er wollte wissen, warum es zur Erschießung gekommen war, aber es schnürte ihm die Kehle zu, danach zu fragen. Er merkte, dass der Bariton angestrengt das Flugzeug pilotierte. Schließlich fragte er Engelbert dann kurz vor der Landung, ob er, wäre er ein hoher Offizier, einen Soldaten, der beim Wachestehen vor Müdigkeit eingeschlafen war, zur Abschreckung der anderen töten ließe ...

Wie Wilhelm, der Bruder, der blonde Flieger, wohl umgekommen sein mag? Den Major quälte das immer noch. Der Leutnant erzählte ihm vom Besuch in Monte Cassino, wie er am deutschen Soldatenfriedhof die unzähligen Grabsteine nach einem bestimmten Namen abgesucht hatte. Ein Gefreiter neben dem anderen stand auf den Grabsteinen, sage ich dir – manchmal ein Obergefreiter oder ein Leutnant, hin und wieder ein Hauptmann. Ich habe ihn nicht gefunden, bedauerte Bert. Es muss eine fürchterliche Schlacht gewesen sein, meinte der Major, aber sie brachte die Wende – dank der Polen ... Der Leutnant dachte an die vielen jungen Männer, die beweint worden waren. Sie wechselten das Thema – sie beide hatten ihre Eltern, der Bariton aber auch noch alle seine drei Brüder verloren in diesem grausamen Krieg ...

Nach einem Sonnenstich unter Spaniens heißer Sonne wurde Engelbert in die Zelle gebracht und seinem Schicksal überlassen. Man merkte längst, dass niemand für ihn nur einen Finger rührte. Keine Post, kein Besuch, keine Intervention. Engelbert fieberte, und in seinen Fieberträumen sah er das Kind. Es lief ihm entgegen und suchte seine Schultern nach den Flügeln ab. Er hob es auf, und als er es wieder auf den Boden stellte, war da eine dicke fette Spinne, und auf dem Rücken wurde deutlich das Kreuz sichtbar, das in allen Farben zu leuchten begann. Eine Totgeburt kam ihm nicht in den Sinn ...

Sie aber wussten es zwei Tage vor der Niederkunft. Gundi brach in ein wildes unheimliches Lachen aus. Sie lachte sich halbtot, dennoch gebar sie unter unsäglichen Schmerzen und hielt es in den Armen, und Ulrich hielt es im Arm, und sie herzten und küssten es, obgleich es keinen Ton von sich gab. Dann wurde es Nacht um die Mutter, und sie hörte den neuen Schrei nicht, auch nicht den Freudenschrei von Ulrich, dem Vater.

Irgendwann kam ein Wärter und trug Engelbert in die Krankenstation. Dort blickten zwei freundliche Augenpaare auf den Schwerkranken nieder. Zum ersten Mal nach den Verhören vernahm er Worte in seiner Muttersprache. Sie klangen fremd und vertraut zugleich und kamen von weit her an sein Ohr. Engelbert versank wieder in seine Fieberphantasien, träumte wirr, erwachte wieder, schlief wieder ein. Und zwischendurch fragte der Arzt, ob er denn keine Angehörigen hätte. Engelbert schüttelte den Kopf. Einen Freund vielleicht? Eine Freundin...? Ist es so schlimm, fragte Engelbert, trotz seiner Schwäche nun misstrauisch geworden. Der Arzt lächelte gütig, fragte beharrlich weiter, wirklich niemanden? Er wusste aus den Papieren, dass er Student war. Das war wenig, doch es brachte ihn weiter – den Arzt in seinen Nachforschungen, da er nun wusste, mit wem er sich in Verbindung setzen musste, und auch Engelbert, denn er kam nach Hause.

An Reue mangelte es Ulrich, der schon lange vor ihm den Nachhauseweg angetreten durfte, nicht. Schon auf der Fahrt war ihm nicht wohl in seiner Haut. Wie konnte er Gundi in die Augen sehen, und Remus erst. Seiner Frau ging es schlecht, sehr schlecht. Er hatte nur die Wahl, Engelbert zu verraten oder die Familie seiner Ziehschwester. An eine andere Möglichkeit dachte er wohl nicht. Manchmal ballt er während des Gottesdienstes die Hände zur Faust, wenn sich die Bilder von damals wieder einstellen. Er selbst hatte das so nicht gewollt. »Mäxchen«, der Legionärssohn, sein Schwager, hatte ihn hereingelegt, und er selbst hatte Engelbert betrogen. Völlig ungefährlich wäre das alles, hatte »Mäxchen« gemeint, völlig! Den Fernfahrerjob war er los, und Pater Benedikt half, wo er nur konnte. Ulrich hat wieder Arbeit, dennoch grollt er dem Mann, der da vorne mit der Mitra steht und sich an seinem Sohn zu schaffen macht. An seinem Sohn? Die Zweifel kamen spät und immer häufiger, doch er fühlte sich Engelbert gegenüber so in Schuld, dass er Gundi nicht zur Rede stellen konnte und Pater Benedikt auch nicht.

Undank wäre das gewesen. So begann er Gundi zu hassen, trug sich mit der Absicht, sie zu verlassen. Frauen gab es genug für ihn. Er blieb dennoch bei ihr, sie aber blieb ihm ein Rätsel. Nun sitzt sie neben ihm, tobt nicht, schreit nicht, wofür er sie verabscheuen könnte, und sie begruben schon lange kein Kind mehr. Was aber wird aus Remus? Wird er der Nächste sein, den sie zu Grabe tragen? Ulrich stützt seinen Kopf in die Hände – für solch einen Gott lässt sich sein Sohn weihen – sein Sohn? Warum nicht? Rom war doch ein Traum, und Gundi glücklich mit ihm – glaubte er wenigstens. Eine Frühgeburt macht nun einmal misstrauisch, früher oder später, und der mit der Mitra musste ihnen beiden und den Kindern auch noch den Segen der Kirche geben. Aber er hatte ja seiner Gundi die Stellung verschafft – und wer weiß, was noch alles. Und er muss sich eingestehen, dass er es selbst eilig hatte, Gundi zu ehelichen, und Gundi war es recht – wie dem Professor auch. Dankbar sein, immerzu nur dankbar sein und schuldig, schuldig auch, ewig schuldig ...

Engelbert konnte nicht verstehen, wie so ein gescheites und bezauberndes Geschöpf wie Gundi jemanden wie Ulrich heiraten konnte. Remus, der Sohn, vergötterte die Mutter. Auch Engelbert erging es nicht anders, vor allem nach dieser einen Nacht mit ihr. Es musste eine heilige Keuschheit in dieser Begegnung gewesen sein, da alles so unbefangen zwischen ihnen blieb bis zu dem Tag, wo Engelbert sich mit seinem Fahrrad in den Zug setzte und dann für lange Zeit, ohne noch einmal etwas von sich hören zu lassen, verschwinden sollte. Auch der Verdacht, den er gegen den Professor irgendwann einmal hegte, änderte nichts in seiner Einstellung zu dieser Frau. Sie blieb für ihn lange noch ein heller Stern, bis er irgendwann einmal zwischen den Gitterstäben des Zellenfensters erlosch. Und was wusste er schon wirklich von ihr? Noch geisterte ihr Sohn durch seinen Kopf und sein Herz, bis dieses zu Stein wurde.

Wie machte es ihm nur Spaß, den Militärseelsorger mit kränkenden Bemerkungen in die Flucht zu schlagen – ihn, der sich redlich um ihn mühte, vor den Kopf zu stoßen. Dieser Mann fehlte ihm gerade noch! Man müsste ihm einen Heiligenschein rund um seine Sterne auf den Spiegel nähen ... Schießen und Beten, das schließt sich aus! Dennoch, die Begegnung auf dem Golan mit Remus sollte ihn nicht mehr loslassen. Bald darauf wurde der Gefreite abgezogen, so würde Remus wohl nicht mehr kommen, keinen Grund zum

Kommen haben. Remus, der gute und teure Remus, durfte nicht Ulrichs Sohn sein. Allmählich klammerte sich Engelbert daran, dass es vielleicht doch der des Professors ...? Ralf Faßknecht, der Cousin von Remus? Auch das war für ihn unvorstellbar, nein, auch das durfte nicht sein, der Säuferheld, der Galgenstrick. Warum nur hatte er damals Ulrich auf dem Schiff vertraut ...

Die Gottesdienstbesucher gehen zum Tisch des Herrn. Das Brot des Lebens wird gereicht. In die feierliche Handlung hinein erklingt das Ave Maria. Remus schaut wie gebannt auf den Chor hinauf. Er lächelt. Auch Gundi und Ulrich drehen sich um und sehen nach oben. Dann begegnen sich ihre Blicke, und alle Teilnahmslosigkeit, die sie sich gegenseitig vorzutäuschen bemüht waren, fällt ab von ihnen. Ulrich nimmt Gundis Hand, und sie entzieht sie ihm nicht. Die Wärme der Stimme erreicht nicht nur sie, sondern alle, die zu dieser Feier gekommen waren, auch Engelbert. Er legt, als Priester nun, die Hände auf. Die Leute knien nieder, um den Segen zu empfangen. Seine ausgestreckten Hände zittern, als plötzlich Gundi vor ihm steht und sich niederbeugt. An ihrer Seite Ulrich ... Gundi hält den Blick gesenkt. Ulrich schaut zu ihm auf, flehend, und Engelbert weicht seinen Blicken nicht aus.

Die Gruppe der Männer in der letzten Sitzbankreihe ist nicht mehr zu sehen. Offensichtlich sollte kein Aufsehen erregt werden. Schließlich hätte das blitzende Metall an den beiden Handgelenken des mittleren, mit dem er an den zu seiner Linken und an den zu seiner Rechten gekettet war, zu wilden Vermutungen Anlass gegeben. Ganz zu schweigen von dem Auto vor den Kirchentoren, in das die sechs Männer noch vor dem feierlichen Auszug stiegen, um so unauffällig wie nur möglich abzufahren – nach dorthin, von wo sie gekommen waren. Einer der Männer, der, den man sicherheitshalber in die Mitte genommen hatte, weinte still vor sich hin.

Der Knabe hatte nicht überlebt. Auf dem Gottesacker kam alles ans helle Tageslicht. Geburtstag und Todestag waren eins. Engelbert hatte es tags darauf zu Mariechens Grab gezogen. Er fand es wieder. Bei dem Mädchen lag nun ein Büblein, das man Engelbert genannt hatte. War das zu fassen? Engelbert glaubte, an einem falschen Grab zu stehen. Zweimal, dreimal, viermal las er seinen Vornamen, schluchzte, schüttelte sich vor Freude dann. Es war gut so, alles war gut! Wie ein Wunder kam ihm alles vor. Warum nur wollte er nicht mit Remus darüber sprechen, warum Remus nicht mit ihm? Es war doch sein Sohn? War es das? Seine Schuld wäre nun getilgt, wenn es so wäre, sie lag unter der Erde. Er dachte an das unverhoffte Wiedersehen mit ihm bei den Exerzitien in einem Kloster, wo die Priesterkandidaten auf ihre Weihe vorbereitet werden sollten. Im Kreuzgang begegneten sie einander wieder nach jener Flucht aus dem Hörsaal, wo lange Zeit keiner vom anderen etwas wusste. Getrennt waren sie beide ihre Wege zu Ende gegangen – nun standen sie knapp vor dem Ziel, das sie sich gemeinsam gesteckt hatten. Den Blick von Remus würde er nie vergessen, als er ihn erspähte, auf ihn zustürmte, ihn in die Arme schloss und lange Zeit nicht mehr losließ. Dass Engelbert nicht aufgegeben hatte, erfüllte Remus mit großer Freude. Das Fest der Priesterweihe jedoch wollten sie zusammen begehen. Engelbert konnte diesmal die Bitte nicht abschlagen. Er erbat sich zwar Bedenkzeit. Dann aber schrieb Engelbert an Remus, dass er sich entschieden hätte. Ein Wagnis, schließlich war da noch einiges offen.

Auf dem Friedhof nun war mit einem Schlag alles anders. Dankbar blickte er zum Himmel, dann wieder auf die Tafel – geboren und gestorben in jenem Jahr, wo Engelbert hinter Gittern saß. Er ließ keine Trauer aufkommen. Zwar kam Ulrich einige Tage später zurück von seiner Tour damals nach jener Nacht mit Gundi, aber daran dachte er jetzt nicht. Er zweifelte nicht mehr an seiner Vaterschaft. Eine große Dankbarkeit erfasste ihn, sonst nichts. Er blickte um sich. Er war allein, niemand war ihm gefolgt, niemand vermutete ihn hier. Er starrte noch immer auf das Grab und die Inschrift. Eigentlich hatte er schon Abschied genommen von allen. Remus wollte auch die Primiz mit ihm halten. Engelbert winkte ab. Noch nicht! Er hatte vor, mit seiner zu warten, lange zu warten, und er wusste auch, wo er sie halten würde. Remus aber hatte keine Zeit mehr zu verlieren, das wussten alle – nur Engelbert nicht. Angesichts dieses neuen Umstandes entschloss er sich, zu Remus' erstem Messopfer zu kommen. Nun konnte er auch die Gegenwart von Gundi und Ulrich ertragen. Gewiss! Da stand nichts mehr zwischen ihnen. Von ihm aus nichts mehr …

Schon zwei Tage später sollte die Feier sein. Ein einziges großes Halleluja trug Engelbert dorthin. Remus entdeckte ihn, bevor er zum Altar schritt. Nie, nie, sprach er, werde ich dir das vergessen, dann hustete er wieder. Oft schloss Remus während der Messe die Augen. Seine Engelsburg trug er mit sich, ganz nah an seinem Herzen. Primizprediger war der Professor. Wer sonst? O, wie Engelbert nun alle liebte. Die Primizbraut, ganz in Weiß, entzückte ihn, besonders, als sie das Ave Maria sang. Es war dieselbe Stimme wie einige Tage zuvor, wo erstmals er im Priesterkleid vor dem Altar stand. Alles war überirdisch – vor allem das Strahlen, das von Remus ausging. Noch vor dem Festmahl, nach der kirchlichen Feierlichkeit, brach Remus zusammen. Er wurde in die Klinik gebracht. Nichts Besorgniserregendes, beruhigten die Ärzte. Bevor Engelbert abreiste, setzte er sich zu Remus ans Krankenbett. Als er ihm die Kopfkissen zurecht richtete, fand Engelbert die Karte. Remus drückte sie an sich. Die Engelsburg! Ungläubig sah sich Engelbert diese an. Du hast sie immer bei dir getragen?, fragte er. Immer, antwortete Remus, und Engelbert dachte an Baritons Vater, dem man mitten ins Herz geschossen hatte.

Bei einem Kameradschaftstreffen, erzählte der Bariton Engelbert, war er zufällig dem damaligen Offizier begegnet. Und von diesem erfuhr er, dass sich dessen Fahrer, der den Schießbefehl damals ausführte, sich noch dieser widerlichen Tat rühmte und danach noch den blutverschmierten Brustbeutel wie eine Trophäe schwenkte. Der Offizier aber nahm ihn ihm ab. Wie es diesem gelang, ihn durch die Kriegswirren und die Strapazen der Gefangenschaft zu bewahren, blieb dem Bariton ein Rätsel. Der Offizier hatte jedenfalls seine Suche nach der Frau und den Söhnen nach langen Jahren bereits aufgegeben, da wollte es der Zufall, dass er an den einen noch lebenden Sohn, nämlich den Bariton, geriet. Was ist? Remus holte seinen Freund aus seinen Gedanken, denen er nachhing. Engelbert fuhr zusammen. Nichts, sagte er dann, es ist nichts, und strich liebevoll über dieses Poststück. Es war ganz und gar heil. Er wagte es nicht, Remus anzusehen. Sag schon, drängte ihn Remus, was ist? Ach, nichts!, antwortete Engelbert mit tränenerstickter Stimme.

Als er nochmals an Mariechens Grab stand, dachte er an die Karte, die er damals in Rom an Remus geschrieben hatte. Alle die Jahre über glaubte der gute Remus an ihn, vergaß ihn nicht, und er? Er hatte ihn im Stich gelassen, war fortgelaufen, hatte das Boot versenkt – das mit den merkwürdigen Rudern, und die »Uhr« mit den Beinen und Oberteilen hatte er verlegt. Wo diese wohl hingeraten war? Und das Mariechen? Er glaubte nun, seine Händchen zu spüren, die seine Schultern nach Flügeln absuchten. Engelbert war nachdenklich und dennoch voll des Glücks. Dann erschrak er und glaubte tatsächlich, Mariechens Gesichtchen vor sich zu sehen. Ein Spuk? Mariechen ist tot. Hatte er es gedacht, gesagt? Mariechen lebt, sprach das junge Mädchen und lächelte ihn an. Ja, gewiss, antwortete Engelbert unsicher, in uns lebt es weiter, in der Erinnerung bleibt alles lebendig. Da ging Engelbert ein Licht auf. Ich glaube, ich kenne sie, ja, natürlich, die Primizbraut? Versonnen musterte es Engelbert, und sein Gesicht glich dem von Mariechen aufs Haar. Das Mädchen war zwar schon älter – dennoch glaubte er, das Kind von damals vor sich zu haben. Merkwürdigerweise fragte es nicht, wer er sei. Schien ihm nicht wichtig zu sein. Ich bin der Engelbert, stellte er sich vor, und er zeigte auch auf den Grabstein. Sehen sie, lächelte das Mädchen, der lebt auch, und sah Engelbert eigentümlich an. Ehe er noch weiter mit ihm reden konnte, war es verschwunden. Eine Beklemmung machte sich nun in ihm breit. Irgendetwas fühlte sich nicht so richtig an in dieser Begegnung. War es der Blick? Warum fragte es nichts? Warum war es so eilig wieder gegangen?

Er reiste ab, wie er es von vornherein geplant hatte. Zuvor besuchte er noch Remus, um sich zu vergewissern, dass es ihm wieder besser ginge. Seit wann stand plötzlich Pater Benedikt, der Bischof, mit Gefangenen seelsorglich in Verbindung? Warum nur bat er Remus, einem Sträfling, einem »Lebenslänglichen«, den Primizsegen zu erteilen? Nur weil sich ein Häftling das einbildete? Das hätte doch Engelbert für ihn tun können. Er dachte an seinen Zellenkumpel in Sevilla. Vielleicht bin ich schon auf dem Weg zum Vater, sprach Remus in die Stille hinein, die nun zwischen ihnen beiden entstanden war, da Engelbert über das merkwürdige Ansinnen des Professors nachdachte. Darüber aber erschrak er dann so heftig, dass Remus das Thema wechselte. Der Doppeldeutigkeit dieser Worte waren sich beide nicht bewusst. Es konnte wohl nur der himmlische gemeint gewesen sein – wer sonst?

Engelbert befürchtete plötzlich, dass sein erstes Sakrament, das er spenden würde, das der Krankensalbung sein könnte und dass es Remus sein würde, dem er – nein, er durfte nicht daran denken. Irgendetwas trieb ihn dazu, das hiesige Gefängnis aufzusuchen – als freier Mann, als Neupriester, der zwar geweiht war, doch sein erstes heiliges Messopfer noch immer nicht zelebriert hatte. Er ließ sich die Kapelle zeigen. In den düsteren Mauern stieg in ihm wieder das Grauen hoch, der Zorn und die ganze verdammte Vergangenheit. Sind Geistliche hier gefragt? Ein Aufseher sah ihn merkwürdig an. Wo sind die Lebenslänglichen? Hier nicht! Aha! Sie sind am falschen Ort, Hochwürden, die Lebenslänglichen sind in … Tatsächlich war das Auto der besonderen Art mit dem Herrn, den man in der Kirche bei der Priesterweihe unauffällig in die Mitte genommen hatte, von weit her gekommen und nach der Messfeier sofort wieder zurückgefahren. Engelbert dachte an seinen Don Diabolo, mit dem er zusammen in einer Zelle gehaust hatte. Seit damals hatte er nichts mehr von ihm gehört, nicht einmal verabschiedet hatte er sich von ihm, so schnell ging dann dort plötzlich alles. Der würde Augen machen …

Ralf, der ehemalige Gefreite vom Golan, trug nun keinen Helm mehr, keine Uniform, kein Gewehr, aber das Tagebuch hatte er bei sich. Auf den Tragflächen des Silbervogels spiegelte sich die Sonne. Unter ihm zeigte sich die Straße von Gibraltar. Er war angegurtet. Damals auch! Das rettete ihm vermutlich das Leben. Ein Leben, das er so nicht mehr wollte. Schweißperlen traten auf seine Stirn. Er möge vorsichtig fahren, bedeutete man ihm, aber es wäre eilig. Im Atlasmassiv fand man die Überreste der Maschine. Abgestürzt samt seinem Vater und der neuen Frau. Ralf kam unter dicken Verbänden zu sich, eine schreckliche Wahrheit später dann an den Tag. Er hielt sich nicht daran, vorsichtig zu fahren, so kam es, wie es kommen musste. Viele Kilometer vor der Unglücksstelle, die nur schwer zugänglich war, kam er mit dem Auto ins Schleudern. Nun stand er noch wackelig auf den Beinen. Man sagte ihm nur, was er ohnehin schon geahnt hatte. Er überlebte den Absturz, obwohl das Auto Feuer fing, die Eltern das Flugzeugunglück aber nicht. Manchmal überkam ihn ein irres Lachen, wenn sich ihm aus dem gestohlenen Tagebuch die Zusammenhänge so nach und nach auftaten. Nun kam es über ihn in einer Art, dass er Gefahr lief, den Verstand vollends zu verlieren. Abrechnung wollte er halten mit seinem Vater und der

Frau, die er sich nach dem Tod seiner Mutter zugelegt hatte. Abrechnung auch mit seinem Onkel. Und welch' eine! Das Schicksal kam ihm schon zuvor, denn bei den Eltern hatte sich alles erübrigt. Was den Onkel betraf, da war noch eine Rechnung offen.

Die Kunde von der Priesterweihe erreichte ihn spät und auf vielen Umwegen. Dass Remus alles andere als gesund war, bekümmerte ihn und auch, dass er zu seiner Primiz nicht kommen konnte, aber die andere, die vom Leutnant, der wollte er nicht entkommen, konnte er gar nicht mehr, denn zu dieser war Ralf nun im Flugzeug unterwegs. Er saß noch blass in seinem Sitz. Es war ein schneller Entschluss, nach Sevilla zu fliegen. In Spanien hatte er oft geschäftlich zu tun. Diese Stadt aber mied er, wenn es sich einrichten ließ. Nun, da seine Eltern tot waren, war alles anders. Nun sollten alle ihren Frieden haben, besonders er selbst und der Leutnant wieder sein Tagebuch. Er hätte aber noch immer nichts dagegen gehabt, mit allen seinen Gedanken in die Tiefe zu stürzen. Zu fallen, fallen, immer tiefer, das wäre leichter und einfacher, viel einfacher. Nur schnell sollte es gehen, wie bei Mäxchen und seiner neuen Frau. Anwalt wollte er werden, als er begriffen hatte, was da alles gespielt worden war. Remus hätte nicht auf den Golan kommen dürfen. Niemals! Oder doch? Er könnte jetzt eine Notlandung erzwingen. Er griff sich ans Herz. Aber da war nur das Tagebuch, und das wog schwer. Er dachte an die Frage des Leutnants, ob Remus denn schon alle seine Sakramente hätte … Wie ahnungslos er damals noch war. Remus hatte demnach seinen Firmpaten gefunden. Wie gerne hätte er nun auch einen, aber er war doch noch nicht einmal getauft. Vielleicht ließe sich da noch etwas nachholen. Er dachte an das Bußsakrament.

Irgendwas wurde doch noch aus seinem verpfuschten Leben. Mehr aber als jetzt war nicht mehr drinnen. Mit dem Tagebuch hatte er lange Zeit überlebt. Dem Leutnant sei Dank! Auch dem Zufall, ihm am Golan begegnet zu sein. Vor allem aber dem Tagebuch. Seine innere Leere von damals war nun wieder ausgefüllt. Mit nichts Aufregendem, aber ausgefüllt, so recht und schlecht. Nun bedurfte er dieses Buches nicht mehr, obwohl es längst zu einem Stück seiner selbst geworden war.

Das Flugzeug zog schnurgerade seine Bahn. Sein Leben verlief anders, im Zickzack, in Loopings, zog Schleifen. Da waren die vielen Kurven, und schließlich eine, die ihn aus der Leere hinauswarf. Wie sollte er nun dem Leutnant, nein, dem Primizianten gegenübertreten? Bert – hatte er wirklich mit Tante Gundi? Oder waren es nur Hirngespinste eines Eingesperrten? Phantasieträume, um zu überleben? So, wie er mit dem Tagebuch überlebt hatte? Die Landung ging glatt vor sich, keine Turbulenzen, die Maschine rollte aus. Ralf löste den Gurt, griff an seine Brust. Die Ausgangstüren öffneten sich. Das Handgepäck wurde herunter genommen. Da kam der Aufruf, wieder die Plätze einzunehmen – der Hinweis sich anzuschnallen blieb sonderbarerweise aus. Polizei fuhr vor. Ein Terrorist an Bord? Ein Krimineller? Die Stimme des Kapitäns meldete sich nicht mehr, die Stewardessen wurden beiseite geschoben. Kein Schuss! Nichts! Polizei betrat das Flugzeug, das Gewehr im Anschlag. Die Pässe bitte! Es wurde kontrolliert, die Leute ließ man einzeln aussteigen. Ralf holte den Pass hervor, dann klickten die Handschellen. Er wurde abgeführt.

Unerträgliche Hitze empfing ihn. Er kam in einen kahlen Raum und schaute durch ein winziges vergittertes Fenster. Leute gingen vorüber, man hörte ihre Stimmen – Frauen, Männer, Kinder, die Luft war stickig. Das Tagebuch? Er wurde durchsucht, auch alle seine Sachen. Nein, dieses Buch gehörte nicht ihm. Es ist die Wahrheit! Er wollte es ihm zurückgeben. Wem? Wem? Wo? Wann? Bei der Primiz! Alles Lüge! Wo sollte eine solche stattfinden? In welcher Kirche? In keiner Kirche! Keiner Kirche? Wo dann? Im Gefängnis! Lügen, Lügen, Mensch, sagen Sie die Wahrheit. Sie haben doch mitgespielt bei dem Unglück. Bei welchem Unglück? Stellen Sie sich nicht so an! Mit uns spielen sie sich nicht! Eine Primiz in einem Gefängnis? Etwas Besseres fällt Ihnen nicht ein? Die Vernehmenden glaubten, zum Narren gehalten zu werden. Die Adresse der Kirche war die Adresse des Gefängnisses von Sevilla. Die Wahrheit und nichts als die Wahrheit zu sagen, wurde er aufgefordert. Ralf verstand nicht. In die Kirche wollte er, nicht ins Gefängnis, was war so schlimm daran? Ob das seine Eltern wären? Man hielt ihm Bilder vor die Nase, er musste antworten. Sie sind tot!, rief er. Tot? Es ist die Wahrheit! Flugzeugabsturz, alles ausgebrannt. Ich bin unschuldig, stammelt Ralf. Er spricht im Fieber. Der Arzt fühlt den Puls. Nicht mehr vernehmungsfähig. Wann wieder? Morgen? Morgen vielleicht oder übermorgen. Übermorgen ist es vielleicht zu spät, das Fieber steigt weiter.

Bert, Engelbert, der Primiziant, fährt mit dem Zug. Er kennt die Strecke – hin und zurück. Damals hatte man ihm eine Fahrkarte besorgt, ein wenig Geld gegeben und in den Zug gesetzt. Es war eine lange Reise und ein langsamer Zug, immer wieder umsteigen, immer wieder sich melden, immer daran danken, wohin er nun sollte, was tun? Nun fiel alles Schwere von ihm ab. Er hatte vor, in der Gefängniskapelle allein seine Primiz zu feiern. Pater Benedikt, der ehemalige Professor und Bischof nun, wollte das einfach nicht zulassen. Vor der Abreise kam er zum Bahnhof und bedeutete Engelbert, dass er nachkommen würde. Vielleicht, so meinte er, würde er auch eine Primizbraut mitbringen. Das gehöre nun einmal dazu. Die Predigt, so meinte er, könnte er sich wohl sparen. Pater Benedikt sah ihn fragend an. Engelbert antwortete nicht, und plötzlich war ihm danach, alles zu sagen, was er da immer noch auf dem Herzen hatte, und wessen das Herz voll ist... Er musste nun endlich etwas loswerden. Den Verdacht?

Pater Benedikt sah ihn lange an, als er zu sprechen begann, dann schüttelte er den Kopf. Nicht, Engelbert, ich bitte dich, nicht! Ich trage schon schwer an einem Beichtgeheimnis – alle die Jahre, ich möchte nicht ... Sag jetzt nichts! Es ist gut, alles ist gut. Engelbert glaubte, verstanden zu haben, und verstand doch nicht, und der Zug fuhr mit ihm und allem Ungesagten ab. In seinem wenigen Gepäck befand sich ein Kelch – er hatte ihn von seinen Militärkameraden bekommen. Der Militärseelsorger, sein priesterlicher Kollege nun, dem er sich so beharrlich verweigerte, trotz der guten Worte für ihn und seiner Fürsorge, hatte ihn ihm überreicht. Engelbert war gerührt. Wie sich nur alles wieder gut zusammenfügt, dachte er unentwegt. Er trug sich nun sogar mit dem Gedanken, Militärgeistlicher zu werden. Den glanzvollen Schlusspunkt seines steinigen Weges wieder nach dorthin, wohin er wohl hingehörte, wollte er in Sevilla setzen, der einstigen Stätte seiner Schmach. Zugefügtes Unrecht zu verzeihen, fällt schwer – ein schweres noch viel schwerer. Engelbert lebte wieder in seiner Welt, lebte auf, als Streiter Christi wollte er sich als christliches Vorbild eintragen in die Herzen derer, die noch auf dunklen Pfaden wandelten, die er selbst in seinem grenzenlosen Hass und seiner Bitternis beschritten hatte. Er war in die Irre gegangen und hatte wieder zurückgefunden. Es war nun an ihm, Verirrten wieder den rechten Weg zu zeigen. Für seinen Gott

wollte er nun kämpfen – nicht mit Waffen, sondern mit Wort und
Tat ...

Er schritt durch die Straßen und Gassen der Stadt. Es war unmenschlich heiß, doch er spürte die Hitze nicht, nur eine noch nie
gekannte Glückseligkeit – sein erstes Messopfer, er konnte es kaum
erwarten. Die Gefängnisleitung war im Bilde, würde alles vorbe-
reiten, die Kapelle schmücken. Als er durch das Gefängnistor trat,
nahm ihn die Polizei in Empfang. Nicht schon wieder, schoss es ihm
durch den Kopf. Eine Verwechslung, es musste eine Verwechslung
sein! Herr, Herr – er blickte hilflos nach oben, von dort grinste eine
graue Decke zurück.

Grau, grau, Engelbert graute vor dem, was da wieder kommen
würde. In seinem Koffer konnte nun wirklich nichts sein, was nicht
hineingehörte. Das Gepäcksstück wurde durchstöbert, alles an ihm
selbst durchsucht. Als sie den Kelch zu Gesicht bekamen, gaben sie
auf. Sie legten ein Buch auf den Tisch. Engelbert sah ungläubig darauf. Sein Tagebuch? Aber wie kam es nur hierher? Auf dem Golan
... Alles in seinem Kopf drehte sich im Kreis. Nein, hier hatte er es
gewiss nicht zurückgelassen. Er wäre sich da ganz sicher! Da war
der Kerosinofen, der seinen Geist aufgegeben hatte, da waren die
Schmutzwasserkübel, da war sein innerer Schweinehund. Da war
das Spiegelgesicht des Teufelbert.

Engelbert schloss die Augen. Liebevoll strich er über das Buch,
nahm es an sich. Doch er musste mitkommen. Er wurde in einen
Raum geführt. Dort lag ein Mann im Fieber. Ob er diesen da kenne? Ralf? Ralf? Engelbert war wie von Sinnen. Sollte ihn die ganze schmutzige Vergangenheit wieder einholen? Ralf erkannte ihn
nicht, er starrte ins Leere. Was ist mit ihm, fragte er den Dolmetscher. Kennen sie diesen Mann, fragte jemand auf spanisch. Die
Haare waren verklebt, das Gesicht aufgedunsen. Man zeigte ihm ein
Passfoto, Engelbert kramte sein Spanisch wieder hervor. Man zeigte ihm die Bilder von Mäxchen und einer Frau. Engelbert verstand
keine Zusammenhänge, auch Ralf nicht, als er sich langsam wieder
erholte und ins Leben zurückkehrte. Auch Mäxchen samt Frau waren wieder auf unvorstellbare Weise lebendig. Wie und warum, das
hätte vermutlich auch ein ausgekochter Teufel nicht für möglich
gehalten. Armer Ralf! Was da alles an Trübem und Dunklem ans
Tageslicht kam, hätte eine mittlere Sonnenfinsternis über Spanien

auslösen müssen. Nun aber saßen die Übeltäter fest hinter Schloss und Riegel.

Aus der Primizfeier im Gefängnis wurde nichts. Wie ein Lauffeuer sprach sich die Kunde von den Ereignissen von damals und heute herum. Engelbert hätte es sich niemals träumen lassen, einmal in der Kathedrale von Sevilla sein erstes heiliges Messopfer feiern zu dürfen. Gewiss, auch der Bischof hatte da wohl wie immer die Hände im Spiel. Es gab da einige zeitliche Verzögerungen zu meistern, und verschiedene Vorbereitungen waren noch zu treffen. Der Leutnant-priester sollte nicht nur sein erstes Messopfer feiern, sondern dem Gefreiten vom Golan alle die Sakramente spenden, nach denen er nun zu tiefst verlangte. Und da gab es noch Paten zu besorgen.

Und der Himmel über Sevilla erstrahlte just in jenem Blau, wie Remus' es in seinen Augen hatte, als die Glocken der Kathedrale zur Feier läuteten. Und Engelbert saß in einer Kutsche mit vier Schimmeln daran. Und als das Gefährt vor dem Gotteshaus hielt, waren sie alle, alle da. Der Major kam mit dem Flugzeug angereist, nicht nur, um Pate zu sein, auch Remus hatte er mitgebracht. Eine Menschenmenge stand Spalier und jubelte ihm zu ... Engelbert wird wachgerüttelt. Willst Du Deine eigene Primiz versäumen? Remus? Du? Wie kommst Du denn hierher? Ja, das war nun wirklich nicht ganz einfach. Auch wenn er sich körperlich wieder einigermaßen erholt hatte – sein sanftes Herz hatte wilde Kämpfe zu bestehen. Bislang hatte er sich kaum mit Engelberts Vergangenheit, sondern mehr mit dessen Gegenwart und Zukunft beschäftigt. Angesichts des Gefängnisses aber, in welchem Engelbert wichtige Jahre seines Lebens zubrachte, unschuldig zubrachte, und das er nun in rauer Wirklichkeit vorgeführt bekam, war er voll Trauer, auch über sich. Ich hätte nach ihm fragen müssen, früher nach ihm suchen. Vielleicht wollte der Bischof ihm das zu verstehen geben, als er ihn vor der Abreise nach Spanien bat, einem Lebenslänglichen einen sehnlichen Wunsch zu erfüllen.

Wohl ein merkwürdiger Wunsch! Sich einen Primizsegen zu erbeten, war das nicht absonderlich? Pater Benedikt hatte ihn zu jenem Mann begleitet, der bei Remus' Priesterweihe in der letzten Bank saß. Diesmal trug er keine Handschellen, auch keine Bewachung war zu sehen. Remus hatte damals am Altar davon nichts mitbekommen. Nun überlegte er wieder, was wohl den Bischof bewogen haben mag, einen Gefangenen zu besuchen und ihn zu segnen. Sollte er vorbereitet werden auf das, was ihn in Sevilla erwarten würde? Die Begegnung mit diesem Mann war für Remus erschütternd und beglückend zugleich. Die Reumütigkeit des Häftlings, der eine Lebensbeichte ablegte, berührte ihn außerordentlich. Remus spendete sein erstes Bußsakrament, und er wusste nicht, wem ... Pater, sie haben meinen Wunsch nicht vergessen, strahlte der Gefangene. Die wunderbaren blauen Augen in dem ausgemergelten Gesicht leuchteten auf. Pater Benedikt murmelte etwas davon, dass es nicht so einfach gewesen wäre, einen Primizianten aufzutreiben, der so einem Wunsch auch nachkommen wollte. Wie er doch schwindeln konnte! Remus merkte nichts von alledem.

Dann war Remus mit ihm allein. Er betrachtete den Mann mit den rötlichen Bartstoppeln und den himmelblauen Augen, die so gar nicht zu dem passten, was er nun zu hören bekam. Er erfuhr von dessen Schandtaten, die ihn erschaudern ließen, seinem Gefängnisausbruch, seiner Vergewaltigungstat auf der Flucht, seiner neuerlichen Gefangennahme und der Verurteilung – lebenslänglich! Und da war auch die ehrliche Reue und der Blick, den Remus nicht zu deuten vermochte. Nach der Lossprechung drückte er Remus an sich wie einen Sohn ... Was ist mit dir?, fragt Engelbert, als er Remus gedankenverloren vor sich sieht. Das frage ich dich, du Schlafmütze, erwidert er. Engelbert reibt sich die Augen. Von seinem Traum sagt er nichts.

Die Kutsche aber ist Wirklichkeit, statt der vier Schimmeln ziehen diese aber nur zwei. Auch ist da kein Menschenspalier, doch Schaulustige drängen sich vor den Kirchentoren. Aber die Glocken der Kathedrale läuten, und vor dem Einzug trifft er sie alle an – wie im Traum auch. Und da ist auch schon die Primizbraut, die vor Engelbert hintritt ...

Viel später, nach dem Glockenjubel beim feierlichen Auszug und dann nach dem Primizmahl, würde Engelbert einen Brief öffnen, den ihm Remus zugesteckt haben wird, und darin eine Zeichnung vorfinden – eine besondere, eine von Kinderhand! Eine Uhr wird sie zeigen mit vielen, vielen Beinen unter den Ziffern – nur die Überschrift wird eine erwachsene Handschrift tragen: Ich bin der Weg, die Wahrheit und das Leben! Und ein Datum würde darauf stehen.

Engelbert wird sich erinnern, dass es mit jenem Tag übereinstimmen würde, da die Hörsaalfenster ihn ausgeblendet haben. Und noch etwas würde Engelbert auf dieser Zeichnung entdecken – beim großen Zeiger den Remus mit dem roten Schopf, beim kleinen Zeiger aber ein zweites Mariechen neben dem einen, datiert mit jenem Tag, wo dem toten Bruder eine ganz und gar lebendige Zwillingsschwester in die Welt gefolgt war – »unsere Primizbraut« wird daneben in Remus' Handschrift zu lesen sein ...

Ein giftiges Traktat

Gift bedeutet auf Englisch Geschenk, auf Althochdeutsch Gabe. Dieses Wort schreibt man klein, auf Neuhochdeutsch aber groß. Aus gutem Grund! Da handelt es sich nämlich um etwas Gefährliches, obwohl es lt. Paracelsus auch auf die Dosis ankommt. Und der musste es wissen! Die Mitgift wird auch groß geschrieben, obwohl sie meist nicht giftig ist und sehr oft klein, aber Ausnahmen bestätigen die Regel. Hochzeitstorten können meist ohne Gefahr für Leib und Leben genossen werden. In vergangenen Zeiten allerdings, wo es noch keine Lebensmittelpolizei gab, war man auf der Hut. Wenn die Vorkoster nicht allesamt gleich tot umfielen, konnte man sich getrost der Gerichte bedienen.

Warum Giftzwerge noch immer frei herum laufen, fragt sich schon. Wenigstens die Giftzähne sollte man ihnen ziehen – wie den Schlangen auch. Aber bei diesen Viechern, die kaltblütig zubeißen, nützt es nicht einmal, auf die Giftdrüsen zu drücken, um ihnen die Giftigkeit auszutreiben – diese füllen sich immer wieder. Wie sie das anstellen, möchte man gar nicht wissen. In irgendeiner Weise werden sie wohl auch nützlich sein, weil sie doch oft für medizinische Zwecke gemolken werden – wie Kühe, obwohl sie kein Euter haben. Wohl nicht umsonst dürfen sie sich im Aushängeschild der Pharmazeuten so genüsslich züngelnd um den Giftbecher wickeln. Da doch viele Menschen eine Schlangenphobie haben, suchte man vermutlich für diesen Zweck die ungiftige Äskulapnatter aus ...

Außer diversen Schlangen und Pflanzen produzieren auch Bienen Gift. Es eignet sich dennoch nicht dazu, Ratten, Schnecken oder Tauberl zu vergiften. Selbst wenn sie dieser oftmals zum Tode verurteilten animalischen Zielgruppe ihren Giftstachel aufdrücken würden, was bei Häuslschnecken kaum vorstellbar wäre, würde das nur für sie selbst tödlich sein. Mit Blutvergiftungen ist nicht zu spaßen. Gegengifte dafür lagern zwar in den Giftschränken diverser Giftküchen, doch oft fehlt der Schlüssel dazu. Wenn man ihn dringend braucht, findet man ihn nicht. Verstecke haben so ihre Tücken. Obwohl – nicht in allem, wo Gift drauf steht, ist auch Gift drinnen. Um Giftiges mit Ungiftigem nicht zu verwechseln bzw. das eine vom anderen richtig zu unterscheiden, lernt die Apothekerzunft, unzulässigerweise auch als Giftmischer bezeichnet, Latein – »Dosis sola venenum facit«! Für das veneficium, das ist die Giftmischerei, wäre doch nicht unbedingt eine akademische Ausbildung erforderlich. Auch Analphabeten wissen diesbezüglich schon Bescheid. Überall dort, wo sich ein Totenkopf mit unterhalb gekreuzten Gebeinen, die eher wie Hundeknochen ausschauen, zeigt, ist Gift im Spiel. Wenn daraus nicht Ernst werden soll, ist Vorsicht geboten. Mit Giftgas kann man so ziemlich alles um die Ecke bringen, während aber nicht alles, was giftgrün ausschaut, für einen Giftmord taugt. Giftspritzen haben oft eine Tarnfarbe. Wenn Giftpfeile nicht zum Bumerang werden sollen, wäre ein einstelliges Handikap zweckmäßig, auch wenn man nicht Golf spielt.

Pharmazeutenehen sind im Hinblick auf eine etwaige vorzeitige Auflösung weniger gefährdet. Man kann Gift darauf nehmen, dass sie während ihrer Zweisamkeit das Rezept für Wolke 7 immer rechtzeitig parat haben. Apothekerpärchen lernen sich oft beim Schwammerlsuchen kennen und, wenn sie anschließend das Pilzgericht heil überstehen, auch lieben. Sodann legen sie vorsichtshalber ihre zwischenmenschlichen Giftstoffe auf die Apothekerwaage, um einem späteren unliebsamen Erwachen aus dem Traumboot der Liebe vorzubeugen. Alle Apothekenbedienstete sind zwangsläufig Suchtgiftler, auch wenn sie nur berufsbedingt nach Gift suchen. Süchte und Gifte soll man aber nicht in einen Topf werfen, wenn es nicht einen Knalleffekt geben soll. Sehnsüchtige explodieren nicht so leicht, wenn sie nicht bekommen, wonach ihnen ist. Wohl aber beispielsweise die Nikotingiftsüchtigen, daher herrscht in allen Apotheken wegen des Rauchverbots bei längeren Wartezeiten erhöhte Alarmstufe. Für Alkoholgiftsüchtige gibt es neuerdings für die Regulation ihrer Entzugserscheinungen Möglichkeiten, ihren Spiegel bestimmen oder einstellen zu lassen – wie bei den Diabetikern. Nur geht es da weniger um Brot- sondern um Promilleinheiten, um gewisse Zeiträume ohne Flachmann zu überstehen. Für Notfälle überlegen die Pharmazeuten jedoch, den in Apotheken gelagerten Weingeist bei Bedarf in homöopathischen Dosen abzugeben. Meist ist dieser mit dem Etikett, ganz ikognito, »In vino vertias« versehen. Wenn sich Abstinente daran vergreifen, giften sie sich, nicht schon früher süchtig nach Veritas, der Wahrheit, wie das zu deutsch heißt, gewesen zu sein ... Prost!

Caprifischer

Arbeitslos – vier lange Monate und ein Warten voll Ungeduld. Warten darauf, dass Ginster und Akazien blühen und Gäste kommen – mit Schiffen oder Flugzeugen. Das Meer ist aufgewühlt – wie er. Vor ihm der Golf, dahinter der Berg – ein erloschener Vulkan. Es dämmert, sein Blick schweift zum Hafen hinüber, erste Lichter flammen auf. Er geht nach Hause. Morgen, denkt er, oder übermorgen wird man vielleicht nach ihm fragen ...

Es dauerte länger, aber dann ging alles sehr schnell. In der Früh steht er nun vor dem Hotel und wartet auf die Gäste und den Bus. Es sind betagte Leute, die einsteigen, und es ist Salvatore, der den Bus fährt. Paolo ist zufrieden. Er mustert die Reisegruppe und sie ihn. Er lobt die Fahrkünste des Chauffeurs – wie immer. Das macht Eindruck, gibt Sicherheit. Das Trinkgeld teilen sie sich wie immer. Paolos Späße kommen an. Es geht an den Fuß des Vulkans – nach Pompej. Wie oft schon hat er dort Menschen durch ausgegrabene Gassen zu Plätzen und Häusern geführt, wo ganz plötzlich alles Leben erlosch? Die Besucher sind beeindruckt, stellen sich das Grauen von einst vor. Bei Wein und Mozzarella inmitten eines Weingartens ist dann alles wieder vergessen.

Eine junge Dame mustert ihn. Sie gehört nicht zu seinem Bus, sie sieht Marietta ähnlich – seiner Frau. Es wird heute spät werden, sagte er ihr, bevor er die Kinder zur Schule brachte und dann zum Hotel fuhr. Die Frau nickte nur. Die Eheleute sind wie ausgewechselt, seit Paolo wieder Arbeit hat. Nicht so die Kinder. Eine lange Zeit nun werden sie den Vater kaum sehen. Die Mutter arbeitet halbtags in einer Wäscherei. In den Ferien aber werden sich die Eltern Urlaub nehmen. Sie versprechen es Jahr für Jahr, und stets kommt etwas dazwischen.

Vor zwei Jahren brach sich Paolo das Bein – zum Glück in den Wintermonaten. Kein Arbeitsausfall. Er spürt es noch immer. Vor allem, wenn das Wetter umschlägt. Man wünscht den Gästen Sonnenschein. Enttäuschte Gesichter sind nichts für Paolo. Mit seinen Scherzen hält er die Leute zwar stets bei Laune, aber Capri bei Regen, das schlägt selbst ihm auf das Gemüt. Auf dem Vesuv zu stehen und statt der wunderbaren Aussicht nur eine Nebelsuppe über dem Golf zu sehen, ist auch nicht erhebend.

Bei jedem Stopp macht sich die junge Dame vom anderen Bus an ihn heran – weicht nicht mehr von seiner Seite. Paolo weiß, es wird nicht lange dauern und Salvatore wird ihre Aufmerksamkeit auf sich lenken. Es ist das alte Spiel zwischen den beiden Freunden – noch immer. Und das will etwas heißen, nachdem einmal aus einem solchen Ernst geworden war. Salvatore ist noch immer ledig. Jedoch – was Frauen angeht, in den Augen seiner Freunde kein Kostverächter. An eine ernste Zweisamkeit denkt er nicht. Einmal, nur einmal wurde Paolo seiner Frau untreu. Damals ging auch die Freundschaft der beiden für länger in Brüche. Das ist schon wieder eine Zeit her. Die koketten Spielchen mit den Frauen treiben sie noch immer. Der Fremdenführer weiß, wie weit er gehen darf. Marietta vertraut Paolo und Paolo Marietta ...

Hin und wieder aber beschäftigt den Reiseführer sein Fehltritt, von dem seine Frau noch immer nichts weiß. Zuweilen denkt er darüber nach, ob dieser wohl ohne Folgen geblieben wäre. Er hofft es. Aber wenn schon – der Vater könnte genau so gut auch Salvatore gewesen sein. Manchmal konnten die beiden Freunde auch darüber reden – vor allem dann, wenn sich junge Leute unter den Reisenden befanden, an denen sie Ähnlichkeiten mit ihnen zu entdecken meinten. Dann neckten sie einander. Dieser Bursche? Hat er nicht deine Nase?, scherzt Salvatore. Nein! Deine Ohren!, entgegnet darauf Paolo. Ob Salvatores Angebot noch stand? Paolo ist sich da nicht so ganz sicher. Im Ernstfall wollte er alles auf sich nehmen. Wer weiß? Besser, sich nicht darauf zu verlassen ...

Die junge Blondine aus dem hohen Norden von damals aber ließ sich nicht mehr blicken. Nicht einmal Adressen tauschten sie aus. Das war gut so, denkt Paolo manchmal. Die Ähnlichkeit der Frau vom anderen Bus mit Marietta fiel auch Salvatore auf. Die beiden Freunde lachten darüber, Marietta jedoch lachte nicht, als ihr Paolo davon erzählte. Salvatore überlegte, warum ihn diese Frau über Paolo ausfragte. Das war zwar nicht weiter auffällig, denn der Reiseführer konnte sich sehen lassen – feurige Augen, gute Figur und vor allem ein liebenswertes Wesen ... Für ihn schwärmten Jung und Alt. Salvatore hatte nicht so viel Gelegenheit, mit den Gästen ins Gespräch zu kommen – beim Aussteigen, Einsteigen, während der Pausen beim Essen vielleicht ... Dennoch ließ er nichts anbrennen, wenn ihm ein weibliches Wesen entsprach – Paolo weiß das aus Erfahrung.

Capri bei Sonnenschein! Paolos Begeisterung für diese Insel springt stets auf die Gäste über. Er bringt sie an die schönsten Plätze, organisiert eine Rundfahrt, fährt mit ihnen hinauf auf den Berg. Bis zur Rückfahrt bleibt noch Zeit für die eigenen Erkundungen der Gäste. Freizeit für den Fremdenführer! Schnell macht er sich davon. Irgendwo abseits am Hafen hängt er seinen Gedanken nach, denkt zuweilen an seine ersten Lebensjahre auf dieser Insel. Dann ging es mit seinen Eltern für lange Zeit nach Neapel. Hier, auf der Insel, lernte er auch Salvatore kennen. Er war einige Jahre älter und nahm ihn überall mit. Meistens fischten die beiden Freunde. Salvatore kannte da einen Felsen hoch über dem Meer – schwer zugänglich. Auf diesem hockten sie oft stundenlang. Der Fang war nicht von Bedeutung. Die Leute winkten ihnen von den Schiffen aus zu. Salvatore musste schon in frühen Jahren Geld verdienen. Der Fischfang brachte weniger ein als seine Dienste auf den Bootsfahrten. Er half beim An- und Ablegen. Später durfte er dann allein die Leute in die Blaue Grotte rudern. Wann immer es ging, nahm er auch Paolo mit. Irgendwann trennten sich die Wege der Freunde. Salvatore blieb noch Jahre auf der Insel, während Paolos Familie nach Neapel zog.

Paolo war ein guter Schüler. Schon auf Capri setzte er sich in den Kopf, Fremdenführer zu werden. Er verblüffte seine Familie, wie er es schaffte, sich beinahe mühelos mit ausländischen Gästen zu verständigen. Er studierte Sprachen, und schließlich bekam er auch eine Anstellung – in Sorrent, wo Salvatore sesshaft geworden war. Das war vielleicht ein Glücksfall! So nahe der geliebten Insel arbeiteten die beiden nun beruflich zusammen. Der Freund schaffte bald die Buslenkerprüfung und brachte es zu einem gefragten Chauffeur.

Paolo begleitet seine Gäste zum Schiff. In Sorrent erwartet Salvatore wieder alle mit dem Bus. Zurück nun zum Hotel. Diesmal sollten sich die beiden zum Feierabend in ihrer Trattoria treffen. Doch Salvatore kam nicht. Schon in den letzten Tagen ging der Freund Paolo aus dem Weg. Er machte einen kränklichen Eindruck. Irgendetwas bedrückte ihn. Paolo glaubte auch, Unsicherheiten beim Lenken bemerkt zu haben. Er besprach sich mit Marietta. Als am nächsten Morgen ein anderer Fahrer den Bus beim Hotel vorfuhr, machte sich Paolo ernstliche Sorgen. Nach Dienstschluss ein kurzes Telefonat mit Marietta – nein, heute werde er nicht pünktlich nach Hause kommen. Er musste wissen, was mit dem Freund los war. Salvatore aber öffnete Paolo nicht. Er klopfte und drückte wie verrückt den Klingelknopf. Die Tür blieb zu.

Am nächsten Tag war Paolo nicht ganz bei der Sache. Auch die Firmenleitung wusste nichts über Salvatores Verbleib – er hätte Urlaub genommen, wurde ihm erklärt. Urlaub? Und Paolo wusste nichts davon? Tags darauf hatte Paolo seinen freien Tag. Mit seiner Frau und den Kindern suchte er ganz Sorrent nach Salvatore ab, denn zu Hause war er nicht anzutreffen. Spät am Abend entdeckte ihn Marietta am Hafen. Er war nicht allein. In der Dunkelheit war die andere Person kaum auszunehmen. Die beiden waren so ins Gespräch vertieft, dass sie niemanden um sich herum wahrnahmen. Paolos Frau berichtete, dass sie nur einzelne Gesprächsfetzen aufschnappen konnte. Von der Schweiz war die Rede. Das war zu hören, doch damit *war* nichts anzufangen.

In Sorrent begegnete dann Paolo wieder der Frau, die seiner Marietta so sehr ähnelte. Er lud sie zum Essen ein, doch sie lehnte ab, erkundigte sich aber, wo es am nächsten Tag hinginge – da ihre Gruppe einen freien Tag hätte. Paolo legte ihr die lange Tour nach Salerno und Amalfi nahe. Er aber hatte sich frei genommen. Das aber sagte er ihr nicht, auch nicht Marietta.

Der Bus fuhr ohne ihn ab. Stattdessen schlenderte Paolo vorerst planlos durch die Gassen der Stadt, dann suchte er das Krankenhaus auf. Dort aber fand er den Freund nicht. Ganz plötzlich aber tauchte Salvatore vor einer Bank auf. Er schaute blass aus und rauchte, was er schon lange nicht mehr tat. Zwischen den beiden herrschte anfänglich betretenes Schweigen. Der Freund wähnte ihn bei der Arbeit ... Dann aber saßen sie lange Zeit in ihrer Trattoria beisammen. Der Wein löste die Zungen. Wir sind doch Freunde?, meinte Paolo. Ein müdes Lächeln huschte über Salvatores Gesicht. Wir wollen es doch bleiben?, fragte Paolo ihn eindringlich. Salvatore machte wortlos mit einer Geste seine Zustimmung kund und stieß dabei mit der Hand ungewollt sein Weinglas um. Ein rotes Bächlein ergoss sich über den Tisch. Sie lachten. Das bedeutet Zuwachs!, schmunzelte der Kellner, der es rasch beseitigte und Salvatore neuerlich ein gefülltes Glas brachte. Salvatore aber winkte beharrlich ab. Zunächst sah es so aus, als würde er darauf verzichten wollen, Vater zu werden. Doch seine Ablehnung bezog sich auf den servierten Wein. Erst als er ihm als Geschenk des Hauses angeboten wurde, nahm er ihn dankend an.

Auch Paolo plante derzeit keinen Nachwuchs. Vorerst! Sie sprachen nun über alte Zeiten, auch vom Zerwürfnis nach dem Fehltritt damals. Lange Zeit gingen sie sich danach aus dem Weg. Für Paolo war es schwierig, Marietta die plötzliche Feindschaft, die nun zwischen ihnen beiden herrschte, zu begründen. Seine Erklärungen waren für Marietta wenig überzeugend. Paolo bereute es, dieser fremden Frau nachgegeben zu haben. Noch mehr aber schmerzte es ihn, dass die schöne Blonde aus dem Norden Salvatore davon berichtete. Da Paolo ihr nun die kalte Schulter zeigte, ließ sie sich mit seinem Freund ein. Salvatores triumphierende Blicke damals waren für Paolo schwer zu ertragen. Schließlich hatte er auch seinen Stolz. Die Angst, er könnte an Marietta verraten werden, brachte ihn fast um. Dass Paolo Salvatore zutraute, seiner Frau davon zu erzählen, bedeutete dann den eigentlichen Bruch zwischen den beiden. Salvatore war nun seinerseits darüber gekränkt, dass der Freund ihm das ernsthaft zutraute. Erst eine schwere Krankheit, die ihn heimsuchte, ließ sie wieder zueinander finden.

Du bist doch nicht krank?, fragte ihn Paolo, während sie über die Vergangenheit sprachen. Salvatore schüttelte den Kopf. Für Paolo wirkte das wenig überzeugend. Wenn ich dir helfen kann?, meinte er dann vorsichtig. Mir? Helfen?, der Freund sah ihn nachdenklich an. Als sie aufbrachen und es zum Zahlen kam, wurde Salvatore verlegen. Er kramte in seiner Börse, begann zu stottern – er hätte zu wenig Geld bei sich. Paolo legte dem wenig Bedeutung bei, beglich die Rechnung und schlenderte heimwärts. Zuletzt fragte er noch, wo es denn im Urlaub hinginge – in die Schweiz vielleicht? Paolo entging in seiner weinseligen Stimmung, wie Salvatore bei diesen Worten zusammenzuckte.

Zu Hause gab es dann eine Überraschung. Bei Marietta saß die Frau, die sich tags zuvor bei Paolo nach dem Reiseziel erkundigt hatte, fröhlich am Küchentisch. Betretenes Schweigen, als Paolo viel früher als erwartet auftauchte. Angeblich wollte sie nur Bescheid geben, dass sie abreisen würde. Paolo glaubte das alles nicht, wurde misstrauisch, nahm seine Marietta ins Gebet. Wie diese daraufhin reagierte, ließ Paolo keine Ruhe. Er begann zu überlegen, zu rechnen ... Woher wusste sie, wo Paolo wohnte? Von Salvatore? War sie vielleicht die Person, die seine Frau mit dem Freund am Hafen gesehen hatte?

Die besagte Dame musste aber tatsächlich abgereist sein, denn sie ließ sich nicht mehr blicken. Ob sie aus der Schweiz kam? Paolo musste es in Erfahrung bringen. Auch Salvatore war wie vom Erdboden verschwunden. Waren die beiden gemeinsam unterwegs? Typisch Salvatore, dachte Paolo, und war doch irgendwie erleichtert. Dennoch fragte er beim Reiseveranstalter über Salvatore nach. Undichte Stellen gibt es immer! Mit seinem Charme bekam er oft gewünschte Auskünfte. Diesmal erfuhr er nichts – weder über die Frau, weil er ihren Namen nicht genau wusste, noch über Salvatores Urlaubsziel. Dabei entging ihm, wie besorgt die Unternehmensleitung um den Mitarbeiter war.

Als der Reisebus nach einigen Tagen darauf in einen Unfall mit Blechschaden verwickelt war, bedeutete Paolo dem Verkehrspolizisten, den er gut kannte, dass es wieder Zeit würde, dass Salvatore den Bus lenkte. Darauf aber bekam er keine Antwort. He, Giovanni, was ist los? Aber der Wachmann widmete sich intensiv seiner Amtshandlung und drängte Paolo zur Seite. Als alles geregelt war, sprach ihn Paolo nochmals darauf an. Giovanni aber wies ihn darauf hin, dass er im Dienst sei. Freundchen, so geht das nicht!, polterte Paolo, heute abend in unserer Kneipe, wenn Dir Dein Leben lieb ist! Mein Leben? Kümmere Dich lieber um das deiner Gäste und vor allem deiner Freunde?, rief im der Polizist noch zu, ehe er mit dem Motorrad davonbrauste. Freunde? Paolo wurde nachdenklich.

Giovanni kam zur vereinbarten Zeit zum vereinbarten Ort. Ist Dir an Salvatore nichts aufgefallen?, fragte er sogleich. Paolo zuckte die Achseln. Der Polizist schwieg, mit jedem Gläschen aber wurde er redseliger. Doch Paolo bekam nur Andeutungen zu hören. Du weißt herzlich wenig über deinen Freund, tadelte ihn Giovanni. Was, um Himmels Willen, sollte ich denn wissen?, Paolo war ratlos. Viel Vertrauen scheint ihr zueinander nicht zu haben?, Giovanni schien es mit dieser Bemerkung bewenden zu lassen – es war nichts mehr aus ihm heraus zu bekommen ...

Paolo aber ließ sich nicht unterkriegen. Er tauchte in der Klinik auf. Zwar wusste er, dass er keinerlei Auskunft bekommen würde, aber irgendwie ließe sich schon etwas in Erfahrung bringen, hoffte er. Vielleicht auch nichts, zumindest nichts Besorgniserregendes. Dann umso besser! Irgendwann entschlüpfte ihm das Wort »Schweiz« – das schien ein Reizwort gewesen zu sein, denn die Schwester wollte Näheres wissen, auch der Arzt, der hinzugekommen war. Paolo rettete sich mit einem Schwindel über diese Situation. Spezialklinik?, sagt ihnen das nichts, flunkerte er und lauerte auf Antwort. Die Schwester und der Arzt wirkten plötzlich verunsichert. Die Adresse? Haben sie diese zufällig? Es sollte sachlich klingen, doch Paolo entging dabei nicht ein ganz merkwürdiger Unterton. Er setzte alles auf eine Karte. Adresse gegen Auskunft, das ist doch eine faire Sache!, schlug er vor. Doch den beiden war nichts mehr zu entlocken. Das war knapp, überlegte Paolo – einen Aufenthaltsort zu nennen, hätte ihn in große Verlegenheit gebracht. Nun aber war er auf der Hut. Unverzüglich begab er sich zu Salvatores Hausarzt. Auch dort dasselbe – »Schweiz« war wieder das Wort, das den Mediziner ganz offensichtlich stutzig machte – er faselte noch etwas von irgendwelchen Befunden und komplimentierte den Freund hinaus. Paolo war ratlos, irgendetwas stimmte da nicht, er war sich da nun ganz sicher. Alle Spitäler der Schweiz durchzurufen, war nicht zu machen. Zumal er gar nicht wusste, woran Salvatore überhaupt litt.

Wieder einige Tage später bekam er eine polizeiliche Vorladung. Es ging um Salvatore. Ist ihm etwas zugestoßen? Keine Antwort! Er wurde ausgefragt, ob er vielleicht wüsste, womit der Freund handeln würde. Handeln? Salvatore? Mit Rauschgift vielleicht? Gewiss nicht! Inzwischen wurde auch Salvatores Hausarzt bei Paolo vorstellig, um nachzufragen, wo sich Salvatore aufhielte ... Fragen Sie doch beim Reisebüro an!, antwortete Paolo gereizt.

Nun nahm sich der Fremdenführer einige Tage frei – zur Freude der Kinder. Sie durften mit nach Capri und dort mit der Sesselbahn fahren. Paolo dachte an die vergangene Zeit, als er den Gästen beim Aus- und Einsteigen behilflich war. Dann ging er mit den beiden Buben zum Fischen, Marietta mit der Tochter einkaufen. Wo ist Onkel Salvatore?, fragten die Söhne. Er schaute sich die beiden plötzlich genauer an. Hatten sie nicht eine Ähnlichkeit mit ihm? Salvatore ist anscheinend alles zuzutrauen, überlegte er bitter. Später traf sich die Familie zu einem Picknick. Die Kinder tollten herum. Marietta schmiegte sich an ihn.

Beide waren sie müde. Doch Paolo löste ein Versprechen ein – nämlich die Buben zum Felsen zu führen, wo er vor vielen Jahren mit Salvatore fischte und wo er sich immer mit ihm traf, wenn es etwas Wichtiges zu bereden gab. Dort oben war es nicht ungefährlich, doch die Kinder drängten ihn, und es kam, wie es kommen musste. Einer der beiden Söhne rutschte aus und stürzte ins Meer. Paolo schrie wie besessen. Dann spürte er eine Hand auf der seinen. Was ist?, Paolo schnellte mit einem Ruck in die Höhe. Das frage ich wohl besser dich, antwortete seine Frau. Ein Traum? Gott sei Dank nur ein Traum! Was?, Marietta sah ihn verwundert an. Wo sind die Kinder?, fragte er dann. Marietta wurde unsicher. Die Kinder, sagte sie gedehnt und blickte um sich. Paolo sprang auf, auch seine Frau, aber es dauerte nicht sehr lange, und sie kamen atemlos angerannt. Sie berichteten, Salvatore gesehen zu haben. Die Eltern schenkten ihnen keinen Glauben. Sie müssen sich getäuscht haben, redeten sie ihnen ein. Abends aber nahmen sie sich nochmals die Kinder vor. Sie beschrieben genau die Stelle und auch den Mann, mit dem sie ihn zusammen gesehen haben wollten.

Gut, dass Paolo noch einen Tag frei hatte. Er suchte die Insel ab, kletterte auf den Felsen, kroch in alle Höhlen, die nur Salvatore und er kannten. Nichts! Schließlich ging er enttäuscht zum Hafen, um nach Hause zu kommen. Das Fährschiff fuhr ein, und Paolo, der mit Sonnenbrille und breitem Hut nicht so leicht zu erkennen war, entdeckte auf dem Weg zur Anlegestelle tatsächlich Salvatore. Er war nur schwerlich zu erkennen – so verkommen wie er aussah, unrasiert – Salvatore, der so sehr auf ein gepflegtes Äußeres hielt? Auch der Mann, mit dem er verhandelte, glich den Beschreibungen der Kinder. Was war zu tun? Das Schiff versäumen? Salvatore ansprechen? Marietta machte ihm Vorwürfe, nicht geblieben zu sein und nachgeforscht zu haben. Paolo aber war am nächsten Tag wieder für eine Fahrt eingeteilt. So schnell wäre für ihn kein Ersatz zu bekommen gewesen. Leider ging es nicht nach Capri, sondern auf eine andere Insel.

Paolo war nicht ganz bei der Sache. Die Leute bemerkten das. Sie tippten auf Liebeskummer. Meine Familie, sagte er heute wieder wie immer und schaute in die Runde. Sind alle hier? Den Reisenden gefiel das. Und er kümmerte sich auch immer wie ein Familienvater um sie. Mit seiner charmanten Art brachte er ihnen schließlich bei, dass er Sorgen hätte. Ich weiß, sagte er dann entschuldigend, Privates hat hier nichts verloren. Doch die Gäste ließen nicht locker. Sind wir nicht eine Familie?, bemerkten sie. Das waren seine Worte. Ich muss sie enttäuschen, entgegnete er, meine Familie ist gesund und wohlauf, ich bin es auch, allerdings nicht sehr munter, ich mache mir Sorgen – um meinen Freund, das ist alles! Wenn er glaubte, damit die Neugier oder die Anteilnahme der Gäste zufrieden gestellt zu haben, täuschte er sich. Es war gut, dass der Tag sein Ende nahm, er konnte sich des Mitgefühls kaum erwehren. Die Gruppe würde er auch nicht wieder sehen, denn sie reiste tags darauf ab. Das war gut so. Privates und Dienstliches waren zu trennen. In seinem Job wollte er untadelig sein ...

Inzwischen telefonierte das Krankenhaus in Sorrent tatsächlich viele Spitäler in der Schweiz durch. Nichts! Auch die Polizeistation wurde eingeschaltet. Salvatore hatte Spielschulden und sein Konto war leer. Nur das war bekannt. Seit wann spielte er? Warum? Das alles reichte für eine Fahndung nicht aus. Schließlich erschien Giovanni bei Paolo und fragte ihn, ob er diesen jungen Mann, derzeit in Polizeigewahrsam in Neapel, kenne. Paolo durchzuckte es. Es wurde ihm ein Foto gezeigt, der Name genannt. Der Mann musste etwas mit ihm zu tun haben. Woher hätte er sonst seinen Namen? Auch den von Salvatore, wie sich später heraus stellte. Wo ist Salvatore?, fragte Giovanni ihn eindringlich. Auf Capri!, schrien die Kinder wie im Chor. Sie hatten, unbeachtet von den Eltern, an der Tür gelauscht. Der Polizist zog ab.

Er wird wieder kommen, meinte Marietta. Was ist mit dem Mann, wollten die Kinder wissen. Um Paolo drehte sich alles. Verdammter Salvatore?, sagte er nur. Auch sein Hausarzt und die Spitalsärzte in Sorrent, die fieberhaft nach ihm forschten, fluchten ebenso. Paolo wurde nun vor die Wahl gestellt, entweder für eine Vernehmung nach Neapel zu kommen – anderenfalls müsste er die Überstellung des jungen Mannes nach Sorrent bezahlen. Nur das nicht, dachte er. Schließlich organisierte er sich ein Boot für die Überfahrt. Pedro, eine zwielichtige Erscheinung, aber mit dem Herzen am rechten Fleck, hatte Verständnis für seine Notlage, er machte einen guten Preis. Das war möglich, da er noch einen Passagier zu befördern hatte. So zahle sich die Fahrt auch aus, meinte er.

Pedro war ein bekanntes Schlitzohr. Man sagte ihm dunkle Geschäfte nach, aber das zählte nun für Paolo nicht. Zwischen Marietta und ihm gab es Spannungen. Sie ahnte sofort, dass da etwas nicht stimmte. Vielleicht stimmt mit der Dame etwas nicht, die ich bei dir erwischt habe?, erwiderte er barsch. Ist sie vielleicht deine Tochter?

Marietta wurde rot – rot vor Zorn, doch Paolo deutete das anders. Jedenfalls herrschte dann Funkstille.

Paolo ging hinunter zum Hafen. Das Schiff stand bereit. Auf Pedro war doch Verlass. Die Abfahrt verzögerte sich aber. Giovanni kam mit seinem Motorrad, oben wartete eine Polizeistreife. Pedro wurde kontrolliert, auch das Schiff. Es schien alles in Ordnung zu sein. Doch Pedro fuhr noch nicht los. Es kommt noch jemand, bedeutete er nervös. Es war ihm nun bei der Sache nicht ganz wohl. Aha, meinte Paolo. Es lohnt sich eben nicht, allein deinetwegen zu fahren. Aha, sagte Paolo abermals und saß wie auf Nadeln. Schließlich hatte er in Neapel einen Termin einzuhalten. Giovanni kam wieder, er hatte einen Funkspruch bekommen. Da warf Pedro blitzschnell den Motor an und fuhr ab. Und der andere Passagier? Pedro antwortete nicht und gab Gas.

Bald wurden sie eingeholt. Paolo glaubte, im Polizeiboot, das ihnen gefolgt war, Salvatore erkannt zu haben. Er war es auch. Die Polizei hatte den Freund auf Capri ausgeforscht. Auch der Mann, den Paolo und seine Kinder gesehen hatten, war dabei. Im Hafen von Neapel hieß es in ein Polizeiauto umsteigen. Niemand sprach ein Wort. Aber wenn Blicke töten könnten ... Die Fahrt in die Stadt schien kein Ende zu nehmen. Nach der Ankunft in der Polizeistation wurde Paolo befragt, schließlich war er doch Mitwisser – oder etwa nicht? Er stellte sich nicht nur dumm, er war es auch in Bezug auf Fragen, die er nicht beantworten konnte. Dass ihn die Kinder unabsichtlich mit der Preisgabe des Aufenthaltsortes von Salvatore verrieten, ärgerte ihn. Mit dem jungen Mann hatte er aber wirklich nichts zu tun. Wirklich nicht? Mit Salvatore auch nichts? Sind sie nicht sein Freund? Verdammt, das war er auch. Warum brachte er ihn in diese missliche Lage? Inzwischen hatte man Salvatore verhört – das war in Erfahrung zu bringen. Auch der junge Mann wurde vernommen – er wurde bewusstlos auf dem Bahnhof von Neapel aufgelesen. Die Drogenüberprüfung zeigte ein positives Ergebnis. Unter seinen Papieren fand man Salvatores und Paolos Vornamen sowie die Ortsangabe: Sorrent.

Paolo wurde noch immer festgehalten. Sein Einwand, dass es in Sorrent auch andere mit diesen Vornamen geben würde, verärgerte die vernehmenden Beamten. Tausend Gedanken gingen ihm durch den Kopf. Er war sich bald sicher, dass Salvatore wirklich mit Drogen handelte. Vielleicht war er unheilbar krank? Brauchte vielleicht Betäubung für seine Schmerzen? Oder Geld? Zu allem Überfluss erschien auch noch Marietta. Was wollte sie hier? Pedro hatte Erbarmen und fuhr sie über den Golf. Sie war eine schlaue Frau. Salvatores Postkasten quoll über. Ohne Skrupel nahm sie die Post an sich, las sie aber nicht. Es war auch nur zu deutlich, dass es sich um Rechnungen oder Mahnungen handelte. Doch den Brief aus der Schweiz öffnete sie über Dunst. Dann verging ihr Hören und Sehen. War sie umsonst gekommen? Paolo ließ man alsbald laufen. Marietta war wider Erwarten zahm und umgänglich. Am Hafen, wo sie auf Pedro warteten, drückte sie ihrem Mann den Brief aus der Schweiz in die Hand. Dann wurde auch er kreidebleich. Das kann nicht wahr sein! In Sorrent angekommen, begaben sich die beiden unverzüglich zu Salvatores Hausarzt ...

Ende gut, alles gut? Das Sterbeinstitut in der Schweiz wartete umsonst auf seinen Kunden, obwohl es diesem ganz unmissverständlich mitgeteilte hatte, sich unverzüglich zur Abwicklung seines Todes einzufinden. Anderenfalls würden die diesbezüglichen Zahlungen verfallen. Und diese waren hoch – erschreckend hoch. Ein Strick wäre billiger gekommen. Warum dachte Salvatore nicht daran? Noch immer stehen Paolo und Marietta das Entsetzen darüber ins Gesicht geschrieben. Die Tat der unrechtmäßigen Brieföffnung aber stellte sich letztlich als richtig heraus. Der Hausarzt war sichtlich erleichtert. Unverzüglich informierte er das Krankenhaus. Auch die Polizei wurde eingeschaltet.

Nun sitzen die beiden Freunde wieder in ihrer Trattoria. Salvatore wurde länger festgehalten. Vorerst kam er in Neapel in ein Krankenhaus. Glückstrahlend kam er von dort zurück. Wie er nun gedenke, seine Schulden in den Griff zu bekommen, wurde er gefragt. Schließlich fasste er eine hohe Geldstrafe aus. Was es mit dem jungen Mann auf sich hatte, war aber noch immer nicht so ganz geklärt. Nur so viel, dass ihm jemand in ein Getränk unerlaubte Mittel mischte, aber mit Drogen hatte er nichts zu tun. Auch nichts mit dem, womit Salvatore handelte.

Dieser musste sich unentwegt den Vorwurf des Freundes anhören, nicht mit ihm gesprochen zu haben. Aber dann überwog die Freude darüber, dass die vertauschten Befunde, ihn von seinem Plan, Sterbehilfe in Anspruch zu nehmen, retteten. Salvatore würde nichts unversucht lassen und die Ärzte zur Verantwortung ziehen. Sie werden zahlen, und das nicht zu knapp! Und gegen den Sterbeverein lässt sich nichts unternehmen?, fragte Paolo, vielleicht bekommst du das viele Geld zurück? Da ist wohl nichts zu machen. Es ist alles rechtens, bedauerte Salvatore, aber ein Anwalt prüft das noch. Hm, Paolo kann das alles noch immer nicht fassen. Was war auf Capri?, Paolo konnte sich die Frage nicht verkneifen. Warum das Polizeiboot? Nur wegen des jungen Mannes aus Neapel? Wer war eigentlich dieser andere Mann? Salvatore gab nun zu, dass er illegal mit den Mitteln handelte, die das Institut für seine tödlichen Dienstleistungen benötigte. Das hast du getan?, Paolo schäumte. Da steckt doch diese Frau dahinter? Oder? Nicht nur, dass du uns zurückgelassen hättest in unserem Schmerz um deinen Tod, deinen sinnlosen, ohne etwas zu sagen. Du besorgst Mittel, dass andere sterben? Sie sterben auch so, nur mit diesen eben sanfter ... Salvatore schien keine Skrupel zu haben. Oder umsonst, wie du vielleicht gestorben wärst!, schimpfte Paolo, stand auf und ging. Nein, einen solchen Menschen wollte er nicht mehr zum Freund haben.

Wenn Paolo seine Reiseführungen hatte, war er nun darauf bedacht, dass jemand anderer den Bus lenkte – nicht Salvatore. Im Reiseunternehmen war man ratlos, entsprach aber Paolos Wunsch. Niemand ging das etwas an – nur Marietta und ihren Mann! Waren nicht alle froh, dass Salvatore wieder aufgetaucht war? Sollte man jedenfalls meinen. Von den Hintergründen wusste kaum jemand ...

Irgendwann, als Paolo abends todmüde nach Hause kam, gab es eine böse Überraschung – der junge Mann, den man in Neapel aufgegriffen hatte, war zugegen. Marietta verstand nicht, was er wollte. Gastfreundlich wie sie immer war, versorgte sie den strohblonden Jüngling mit Kleidung und Essen. Er sah erbärmlich aus. Die Kinder drängten sich neugierig um ihn, doch die Verständigung war etwas schwierig. Man versuchte es mit Händen und Füßen, bis der Vater nach Hause kam. Wie sollte er nun der Familie übersetzen, dass der Bursche vielleicht auf der Suche nach seinem leiblichen Vater war? Was sonst? Dass er ohne das Wissen seiner Mutter hier her gereist war? Was sonst? Dass seine Mutter dagegen war, dies zu tun? Was sonst? Dass es ihr gesundheitlich nicht sehr gut gehe. Dass er Geld brauche ... Was sonst?, dachte Paolo. Schließlich packte er ihn zusammen und brachte ihn kurz entschlossen zu Salvatore. Der schaute verwundert. Hier ist dein Sohn, sagte Paolo nur kurz und bündig, kümmere dich um ihn. Dann ließ er die beiden Verdutzten stehen und ging nach Hause.

Paolo wälzte sich in seinem Bett, auch seine Frau konnte nicht schlafen. Was verschweigst du mir?, fragte sie unentwegt. Einen Seitensprung? Paolo setzte sich auf. Was denkst du?, sagte er mit gespielter Entrüstung. Warum, glaubst du, habe ich ihn zu Salvatore gebracht? Es war nur eine Frage der Zeit, dass sie Salvatore aufsuchen würde, und der würde alsbald den Vaterschaftstest fordern. Es geschah jedoch nichts. Marietta war friedlich, und Salvatore ließ sich nicht blicken.

Eines Tages aber war ein Zusammentreffen unvermeidbar. Salvatore lenkte den Bus, in dem Paolo als Reiseführer eingeteilt war. Ein Chauffeur war ausgefallen. Paolo tat wie immer – lobte die Fahrkünste Salvatores, das macht Eindruck, gibt Sicherheit, sprach wieder von seiner »Familie«, seiner Reisefamilie. Und das Trinkgeld wurde wie immer zwischen den beiden geteilt ...

Das war aber noch nicht alles – Salvatore lud Paolo zum Essen ein! Als er kam, stand Paolos Lieblingsspeise auf dem Tisch. An diesem saßen ein junger Mann, der sofort aufsprang und ihn wie einen guten Bekannten begrüßte, und eine Frau. Paolo blieb das Herz stehen. Was soll das?, fragte er entgeistert. Die Frau nickte ihm freundlich zu. Dann meinte sie auf Englisch: Die zwei Väter meines Sohnes ... Mehr brauchte es nicht. Als Paolo davon stürzte, erschien noch ein Mann mit einer Weinflasche in der Hand und meinte: Drei! Nicht wahr, drei Väter ...

Am Felsen! Das war immer eine ernstzunehmende Ansage zwischen den Freunden. Sprach einer der beiden diese aus, war dem Ruf nach dorthin zu folgen. Paolo dachte diesmal nicht daran, sich an dieses Abkommen zu halten. Vielmehr wurmte es ihn, nicht beim Essen geblieben zu sein, da ihm später einfiel, dass ihm diese Frau dort bei Salvatore nicht sehr bekannt vorgekommen war. Frauen verändern sich – gewiss ... Überdies ärgerte er sich noch mehr darüber, Salvatore nicht selbst auf den Felsen befohlen zu haben – damals, als der Freund ihn im Ungewissen ließ, dann wäre ihnen vieles erspart geblieben – zumindest diese unselige Sache mit der Schweiz.

Marietta wusste Paolos Verstörtheit nicht zu deuten. Auch nicht, dass er sich krank gemeldet hatte. So konnte er den Termin auf dem Felsen nicht einhalten – Salvatore würde das schon erfahren. Aber er hatte die Rechnung ohne seinen Freund gemacht. Diesmal kam die »Vorladung« schriftlich, per Post! Und nun saßen die beiden da oben. Keiner sprach ein Wort. Sie schauten angestrengt in die Tiefe. Paolo hätte Salvatore am liebsten hinunter gestoßen. Da fuhr ein Schiff vorbei – man winkte ihnen wie immer zu. Nein, nicht wie immer! Schon von weitem war eine finnische Flagge zu erkennen. Das Boot fuhr ziemlich nahe an den Felsen heran. Ein junger Mann schwenkte sie wie eine Trophäe ... Mehr brauchte es nicht mehr! In Paolo kochte die Wut, doch er war gefangen da oben. Springen wir?, fragte Salvatore in die Stille hinein ...

Sie sprangen nicht. Nach dem Abstieg wurden sie mit lautem Hallo empfangen. Da waren Paolos Tochter und die beiden Söhne, die um den jungen Mann mit der Flagge herumtanzten, da war auch Marietta mit einem Picknickkorb, die ihn freudig empfing, und da waren auch die Eltern des jungen Mannes, die leiblichen. Sie nannten ihrem Sohn, der sich auf eigene Faust in den Süden aufmachte, den Namen des ausgezeichneten Busfahrers und des liebenswürdigen Reiseführers, falls er sich in Sorrent zu einer Besichtigungsfahrt entschließen sollte – wie einmal seine Eltern auf ihrer Urlaubsreise ...

Ein Leserbrief

Kein Wunder, dass alle Bemühungen unserer Stadt um olympische Sommerspiele erfolglos blieben. Zu halbherzig, zu zögerlich, zu kleingeistig waren bisher die dafür erforderlichen Schritte. Dabei hat Salzburg die allerbesten Voraussetzungen dazu:

Vor allem für den Triathlon – bestehend aus Felsklettern hinauf zum Museum der Moderne auf dem Mönchsberg mit anschließendem Sackhüpfen zur Festung und Gleitschirmfliegen von dort auf den Krauthügel, wo auch die Siegerehrung stattfinden sollte, sowie das Seifenkistenrennen vom Franziskischlössel auf dem Kapuzinerberg über den Stefan-Zweig-Weg und die Linzergasse hinunter bis zum Platzl, wo das Ziel vorgesehen ist, – für all dies sind die geländemäßigen und kulturell-sportiven Voraussetzungen bestens gegeben. Wie immer, legen sich aber borniere Grünlandschützer, die auch die Errichtung des olympischen Dorfes auf den Freisaalgründen sowie die eines Hochseilgartens in der Hellbrunnerallee missbilligen, quer.

Zugegeben – für die Abhaltung der Segelwettbewerbe erweisen sich die Brücken und Stege über die Salzach als hinderlich. Nach Machbarkeitsstudien eines holländischen Architektenteams würde aber dem Umbau der Flussübergänge in Zugbrücken – ähnlich wie in Amsterdam – nichts im Wege stehen.

Wie kleinkariert müssen die Überlegungen der Stadtväter nur sein, wenn sie sich daran stoßen, als ersten Schritt der Realisierungsphase, die Staatsbrücke in eine Towerbridge nach Londoner Vorbild umzugestalten. Zugegeben, alles kostet Geld – und zwar nicht wenig, jedoch die Finanzierung dieses Projektes wäre doch so einfach, würde man das Schloss Mirabell veräußern und in ein 10-Sterne Hotel umwandeln. Wäre der berühmte Garten samt Springbrunnen und den steinernen Zwergen nicht mehr der Öffentlichkeit zugänglich, käme es bei den Kosten der Gartengestaltung sowie des Pflegeaufwandes zu entsprechenden Einsparungen. Die Festung für eine erhebliche Geldsumme zu vermieten, stößt schon jetzt auf einen völlig unverständlichen Widerstand engstirniger Lokalpatrioten. Der Vorschlag eines Anbieters, den weißen Anstrich der Burg in freundlicheres Schönbrunnergelb umzufärbeln, versetzte die Altstadterhaltungskommission in helles Entsetzen – ein Zeichen für die Borniertheit dieser Beamten. Vielleicht fänden sie Zuckerlrosa passender?

Unverständlich, dass die Mozartstädter alles dafür zu geben scheinen, ständig im Staub der Vergangenheit dahinzukriechen, statt sich an den Städten ringsum ein Beispiel zu nehmen, wie man zukunftorientiert vorgehen muss. Kein halbwegs vernünftiger Mensch kann sich einer so wichtigen Sache verschließen, die dem Wirtschaftsstandort dieser Stadt Flügel verleihen würde. Wer gegen diese exzellenten Pläne ist, stellt sich gegen den Fortschritt und die Weiterentwicklung von Sport und Kultur in dieser Stadt. Festspiele gibt es auch anderswo, doch mit Olympischen Spielen können sie sich nie vergleichen.

Ich hoffe, Ihr Blatt wird dazu beitragen, der wirtschaftlichen Vernunft den Weg zu ebnen.

(Name ist der Redaktion bekannt)

Die Kastanienhexe

Unweit eines Dorfes erstreckte sich einmal ein tiefer dunkler Wald. Darin wohnte ein altes buckliges Weib. Auch ein Zwerg hauste dort in einer Höhle. Täglich ging der Zwerg zur alten Frau, brachte Tannenzapfen und heizte damit den Ofen. Die übrig gebliebenen schlichtete er an der Hauswand auf, das war der Wintervorrat. Für seine Arbeit erhielt er Speise und Trank.

Noch tiefer in diesem Wald lebte ein uralter Zauberer in einer windschiefen Hütte. Nur selten verirrte sich der Zwerg dorthin. Einmal aber, als er sich auf der Suche nach Tannenzapfen verlaufen hatte, fand der Zauberer ihn erschöpft und halb verhungert neben dem Buckelkorb kauern. Er nahm ihn mit sich in seine Hütte und gab ihm zu essen, worauf der Zwerg wieder zu Kräften kam. Der Tannenzapfensammler berichtete dem Zauberer, dass Kinder des Dorfes gekommen waren und ihn kreuz und quer durch den Wald gejagt hätten. Auch der Alten erzählte er diese Geschichte, aber sie glaubte ihm nicht und war böse, dass sie von ihm so lange allein gelassen worden war.

Als sich der Zwerg wieder auf die Suche nach Zapfen machen wollte, fand er keine mehr. Die Dorfkinder hatten sie körbeweise aus dem Wald geschleppt, um damit ihren Spaß zu haben. So beschloss er, sich auf den Weg ins Dorf zu machen, um das alte Weiblein nicht wieder zu erzürnen. Als der Zwerg so mutig mit seinem Buckelkorb durch den Wald schritt, merkte er, dass ihm jemand folgte. Das Weib humpelte hinter ihm her! So waren sie nun zu zweit unterwegs. Alsbald lichtete sich der dunkle Wald, sie blinzelten in die Sonne und gelangten schließlich ins Dorf.

Dort begegneten sie Kindern, die mit Tannenzapfen spielten. Sie tummelten sich unter einem mächtigen Kastanienbaum, tanzten, klatschten in die Hände. Sie warfen sich auch dunkle braune Kugeln zu, die aus grünen stacheligen Hüllen gefallen waren. Frauen und Männer saßen auf der Bank, die um den Stamm des Baumes herumführte. Sie lachten, schwatzten und hielten plötzlich inne, als sie das seltsame Paar erblickten. Auch die Kinder standen nun still und schauten die beiden neugierig an. Dann kicherten sie, spotteten, wie nur Kinder spotten können. Der Zwerg bückte sich nach den glänzenden Kugeln und füllte sie in seinen Buckelkorb, bis ihn die Kinder umstießen, sodass die Kastanien herausrollten.

Ein alter Mann mit einem langen weißen Bart sah die beiden lange an. Seine dunklen Augen glänzten. Mühselig erhob er sich und half dem Zwerg, die Kastanien wieder in den Korb zu füllen. Die Kinder aber höhnten: »Na, Alte, was hast du da nur für ein hässliches Kind dabei?« Der Zwerg stellte sich schützend vor das Weib. »Was willst du mit dieser alten Kröte?«, fragten sie ihn. »Hexenweib, Hexenweib«, riefen sie dann und warfen Kastanien auf den Buckel. Ein Mädchen an der Seite des alten Mannes blieb stumm. Es war wunderschön, der Zwerg konnte kaum den Blick von den himmelblauen Augen in seinem zarten Gesicht wenden. Es beteiligte sich nicht am Spott der Kinder und warf keine Kastanien nach ihnen. Schließlich wurden das Weib und der Zwerg in die Flucht getrieben. Bis zum Waldesrand waren noch ihre Rufe zu hören: »Hexe, Hexe, komm nicht wieder!« Erst in der Zwergenhöhle glaubten sie sich in Sicherheit. Drei Tage und drei Nächte verbrachten sie dort. Die Kastanien waren auf der Flucht in den Wald aus dem Buckelkorb gefallen. Sie hungerten und froren.

Schließlich fand sich auch der Zauberer in der Höhle ein. Er war verwundert, auch das Weiblein dort zu finden. Der Zwerg wurde verlegen, denn er wusste, dass sich die beiden spinnefeind waren. Der Zauberer besaß nämlich eine Kugel – eigentlich nur die Hälfte von dieser. Die andere war ihm auf unerklärliche Weise abhanden gekommen. Er war fest überzeugt, dass ihm die »Hexe« diese gestohlen hätte. Eine halbe Kugel war wertlos, man konnte mit ihr nicht zaubern. Im Augenblick dachte er aber nicht an seine Zauberkugel, denn die beiden jämmerlichen Gestalten taten ihm leid. So labte er sie und verschwand wieder.

Der Zwerg brachte das Weiblein in sein Häuschen zurück. Doch es sprach mit dem Zwerg kein einziges Wort mehr. Die Beschimpfungen im Dorf hatten es tief gekränkt. Der Zwerg musste sich nun von den Früchten des Waldes ernähren, Tannenzapfen fanden sich kaum mehr. Die Kinder kamen noch immer in Scharen und holten sie. Dafür aber lagen eines Tages dunkle glänzende Kugeln in stacheligen Schalen auf dem Waldboden. Aus den Früchten, die dem Zwerg aus dem Buckelkorb gefallen waren, wuchsen Bäume. Aber auch vor Fröschen und Kröten wimmelte es nun im Wald. Der

Zwerg ekelte sich sehr. Das Getier war überall, auch in seiner Höhle. So wagte er es, wieder einmal beim alten Weib einen Besuch zu machen, denn er glaubte, bei ihm vor diesen Tieren sicher zu sein. Er täuschte sich. Auch dort waren diese Tiere auf Schritt und Tritt zu finden. Er hielt sich die Ohren zu, weil er das Gequake nicht mehr hören konnte. Das Weib lachte, als es den Zwerg erspähte, und warf ihm eine ganz hässliche Kröte vor die Füße. Er stieß sie nicht von sich, sondern packte sie voll Mitleid in seinen Buckelkorb, ehe noch das Weib mit seinem Stock auf sie einschlagen konnte. Die Hiebe trafen nun den Zwerg. Sie schmerzten. Noch mehr schmerzte ihn aber, was ihm die Alte mit einem schadenfrohen Gelächter verriet – die Frösche und Kröten waren ahnungslose Kinder, die da in den Wald eingedrungen waren und jetzt von ihr zur Strafe in Tiere verzaubert wurden.

Todtraurig hockte der Zwerg in seiner Höhle. Des Nachts schlich er zum Haus des Weibleins, packte die Kröten und Frösche, obwohl ihn noch immer grauste, in seinen Buckelkorb und nahm sie zu sich. Der Zauberer ahnte, dass sich im Wald etwas Ungewöhnliches zugetragen haben musste. Wie Recht er nur hatte! Dem Zwerg wurde die Arbeit mit den Tieren allmählich zu viel. Er war nun auch überzeugt davon, dass das alte Weib nicht nur die eine Hälfte der Zauberkugel, sondern auch die andere besaß. Wie sonst hätte es die Kinder verhexen können? Wie aber war es zur anderen Hälfte gekommen, wo doch der Zauberer sie stets vorsichtshalber mit sich trug? Tatsächlich war dem Zauberer eines Tages im Wald die eine Kugelhälfte abhanden gekommen. Hatte er sie verloren? Wer hatte sie gefunden? Das Weib? Der Zwerg träumte davon, die Tiere wieder in Kinder zurückzuzaubern. Dazu aber brauchte er die Kugel. Wo sollte er sie suchen? Als der Zauberer den Verlust seiner Kugelhälfte bemerkte, wurde er wütend. Steckte gar der Zwerg dahinter? So machte er sich auf zur Höhle. Zu seiner Verwunderung aber fand er dort nur eingesperrte Kröten und Frösche vor und ahnte Böses. Er suchte das alte Weib auf.

Von weitem schon hörte er ein sein böses Lachen. Dann kam ein Storch aus dem Fenster des Hexenhauses geflattert. Vor Zorn hatte das Weib, als es den Zwerg dabei ertappte, wie er in allen Ecken und Winkeln nach der Kugel suchte, ihn in diesen großen Vogel verwandelt. Nun bestand für den Zauberer kein Zweifel mehr darüber, wo sich die verlorene Kugelhälfte befand, denn verlassen zwischen den vielen Kröten und Fröschen entdeckte er einen herrenlosen Buckelkorb ... Den Zwerg hatte er wohl zu Unrecht verdächtigt.

Als das Weib den Zauberer erblickte, verstummte es. Nun wusste der Zauberer, was geschehen war, denn hilflos flatterte der Storch um den Buckelkorb herum. Das Weiblein hob den Stock und rief: »Du, du hast ihn mir geschickt, um mir die Kugel zu stehlen!« – »Du hast sie mir gestohlen«, antwortete wütend der Zauberer. Sie pfauchte und spuckte. Der Zauberer verstand – der verwandelte Zwerg sollte nun die Kröten und Frösche fressen. So schnürte er nun dem Storch den Schnabel zu und trug ihn samt dem Buckelkorb in seine Hütte. Dort fütterte er ihn und sorgte dafür, dass ihm weder die Tiere noch das böse Weib zu nahe kamen.

Eines Tages gelang es dem Storch, sich seiner Fesseln zu entledigen. Er flog zu seiner Höhle. Angstvoll drängten sich die Tiere in ihrer Todesnot in eine Ecke. Der Storch hatte seinen Schnabel weit aufgerissen – jedoch nicht, um sie zu fressen, sondern um sich seinen Schmerz von der Seele zu klappern. Als er sie dann zärtlich mit seinem Schnabel berührte, begannen sie zu reden. Sie bettelten um ihr Leben. Nur die eine Kröte mit den flehenden Augen blieb stumm. Ob sie das Mädchen war, das er damals unter dem Kastanienbaum bei dem Alten erblickt hatte, der ihm behilflich war, die Kastanien wieder in seinen Buckelkorb zu räumen?

So packte der Storch, dem die Sprache der Menschen nun versagt war, die ängstlich zappelnden Tiere in seinen offenen Schnabel und flog sie in das Dorf zurück. Die Menschen dort waren in Aufruhr. Sie vermissten ihre Kinder, suchten überall nach ihnen, auch im Wald, doch sie fanden sie nicht. Plötzlich aber tummelten sich Unmengen an Fröschen und Kröten in ihrem Dorf, denn der Storch flog und flog und brachte die Tiere zum Kastanienbaum, von wo sie wild davon stoben – heim zu ihren Familien ...

Auf der Bank saß stets der alte Mann und wartete, ob nicht eines der Tiere bei ihm bliebe, an ihm hochklettere. Aber es blieb nie eines zurück. Die Menschen ekelten sich vor den Tieren, als sie diese in ihren Häusern, auf den Treppen und in den Gärten vorfanden. Doch als sie plötzlich die menschlichen Stimmen der Tiere vernahmen, hatten sie Erbarmen und erschlugen sie nicht. Dennoch trieben sie das Getier fort.

Als die Leute im Wald auf die Höhle des Zwerges stießen, wo noch immer Kröten und Frösche auf ihren Flug nach Hause warteten, wurden sie misstrauisch. Sie schöpften Verdacht und nahmen die Tiere mit. Der Storch fand nun keine mehr vor, nur die Lieblingskröte, die er in einem verborgenen Winkel versteckt hielt und die noch immer nicht sprechen konnte, obwohl er sie oft und oft mit seinem Schnabel zärtlich berührt hatte.

Die Wut der Menschen wegen ihrer verzauberten Kinder kannte keine Grenzen. Sie steckten den Wald in Brand, um dem bösen Spuk eine Ende zu bereiten. Der Storch konnte sich noch retten, indem er sich über die Baumwipfel in luftige Höhen schwang. Unentwegt kreiste er klappernd über dem brennenden Wald. Tief unten, zwischen den lodernden Flammen, wusste er seine Kröte, die er nicht mehr befreien konnte. Es zerriss ihm das Herz. Doch ganz plötzlich entdeckte er zwischen verkohlten Holzstämmen etwas Glänzendes, das im Sonnenlicht immer wieder aufblitzte. Er flog hinab, und zu seiner Verwunderung entdeckte er eine glänzende Kugel. Als er sie mit dem Schnabel berührte, fiel dieser von ihm ab und eine seltsame Verwandlung ging mit ihm vor sich. Unter seinen Füßen hob sich die Erde und formte sich zu einem Hügel. Auch die Dorfbewohner sahen das und jubelten, weil plötzlich aus den Kröten und Fröschen wieder ihre Kinder geworden waren.

Nur der Alte saß wie jeden Tag still unter dem Kastanienbaum und weinte vor sich hin. Seine verwaiste Enkeltochter war nicht wieder gekommen. Unverwandt starrte er auf den brennenden Wald, aus welchem ein Hügel emporwuchs. Auf diesem war ein wunderschönes Schloss zu sehen. Niemand wusste, was sich hinter den Schlossmauer zutrug. Der Zwerg, der in einen Storch verzaubert worden war, stand nun als Königssohn vor dem König, seinem Vater, und der Königin, seiner Mutter. Freudig fielen sie sich in die Arme. Als er dann seinen Eltern die kostbare Kugel, nämlich den Reichsapfel, überreichte, entdeckte er in ihren Gesichtern die Augen des Weibleins aus dem Wald und die des Zauberers. Der Königsohn aber dachte noch immer an die Kröte. Er ließ sein Pferd satteln, doch als er davon reiten wollte, tat der Schimmel keinen Schritt. So sprang er ab, und zu seiner Verwunderung sah er, dass das Pferd den rechten Huf gehoben hatte. Darunter aber sah er in die Augen einer Kröte. Da kniete er nieder, hob sie auf, herzte und küsste sie. Dann schwang er sich wieder in den Sattel und sprengte davon.

Um den Kastanienbaum war reges Treiben. Es wurde getanzt, gelacht, gescherzt, und die alten Leute erzählten einander die Geschichte vom verwunschenen Zauberwald, auf welchem sich einst ein Hügel mit einem herrlichen Schloss erhoben hätte. Ein hartherziger König und seine Königin, so wurde berichtet, hätten einen Bettler samt seiner Enkelin davon gejagt und den Prinzen verflucht, der damals verbotenerweise mit dem Bettelkind gespielt hatte – mit Tannenzapfen! Der Knabe war von diesen so entzückt, dass er dem Mädchen mit den himmelblauen Augen eine wunderschöne Kugel, den Reichsapfel, zeigte. Als der König und die Königin ihn dabei ertappten, fiel dem Knaben vor Schreck das kostbare Keinod aus der Hand und zerbrach in zwei Teile. »Du elender Zwerg«, herrschte der König seinen Sohn an. »Du elende Kröte«, schimpfte die Königin das Kind. Sodann aber vernahm man nur noch ein heftiges Donnergrollen, und das Schloss auf dem Hügel war spurlos verschwunden.

Als nun der Prinz auf dem Schimmel geritten kam, hielten alle mit dem Lachen, Tanzen und Schwatzen inne. Der Königssohn stieg vom Pferd und reichte dem alten Mann die Kröte, dann füllte er seine Satteltaschen voll mit den grünen stacheligen Kugeln, aus welchen die glänzend braunen Früchte blickten. Ein Gemurmel ging durch die Menge. Indessen traten der König und die König auf den Söller und schauten in das weite Land, das ihnen nun wieder gehörte.

Reumütig gedachten sie ihrer bösen Flüche von damals. Bald aber gewahrten sie den Schimmel, der den Hügel heraufsprengte. Der Prinz schwang sich vom Sattel und führte dann das Pferd am Zügel. Die Gestalt, die im Sattel saß, war aus der Ferne noch nicht zu erkennen. Wer immer sie aber sein mochte – sie würde von ihnen willkommen geheißen werden ...

Ein wilder Rosenstrauch

Wenn er nicht zum Fischen unterwegs ist, durchstreift er die Auen am Strom und sucht nach Kräutern und Pilzen. Auch in den Gemäuern einer Ruine treibt er sich oft herum. Eine stolze Burg soll sie einstmals gewesen sein. Raubritter, erzählt er, hätten sie überfallen. Die Leute werden nicht ganz klug aus dem Mann, der so wundersame Geschichten verbreitet.

Die »Geschichte ohne Ende« hat es besonders den Kindern angetan. Sie handelt von einem Junker, der lange glaubte, Sohn eines Bäckermeisters zu sein. Eines Tages jedoch nahm ihn ein Schiffer samt seinen beiden Geschwistern zu sich und behauptete, er wäre der leibliche Vater. So wurden die drei Kinder auf dem Wasser groß. Die beiden Buben packten tüchtig an, das Mädchen half der Frau, wenn es nicht in der Sonne saß und ihr Haar kämmte. Es glänzte wie Gold, und die Brüder bewunderten ihre wunderschöne Schwester. Wohin sie auch mit ihrem Schleppkahn kamen – die Schifferkinder konnten sich sehen lassen. Hinter vorgehaltener Hand jedoch munkelte man, ob nicht vielleicht den Eltern Kuckuckseier in ihr Nest gelegt worden wären ...

Eines Tages ankerten sie wieder einmal nach langer Zeit nahe der Stelle, wo die Kinder ihr früheres Zuhause verlassen hatten. Einer der beiden Söhne bat darum, den Bäckermeister aufsuchen zu dürfen – des Abends wollte er wieder zurück sein. Er fand ihn in einem elenden Zustand vor. In der Backstube herrschte wildes Durcheinander. Gebacken wurde darin schon lange nichts mehr. Seine Frau war ihm gestorben, und er lag krank zu Bette. Der Bursche versagte sich dennoch nicht die brennende Frage, warum ihm und seinen Geschwistern ihre wahre Herkunft vorerst verschwiegen worden war. Der Bäckermeister räusperte sich umständlich, dann noch einmal. Schließlich erklärte er, dass es für drei kleine Kinder zu gefährlich gewesen wäre, auf dem Strom aufzuwachsen. Überdies lag damals die Frau des Schiffers krank danieder. Bei ihm aber konnten sie so lange sicher und geborgen sein, bis sie größer geworden wären. Dem jungen Mann war diese Geschichte nicht ganz geheuer. Er kam jedoch nicht mehr dazu, sie seinen Geschwistern zu erzählen. Als die Sonne sank und er zum Schiff eilte, war dieses spurlos verschwunden. Dass man ohne ihn ablegte, wollte er lange Zeit nicht wahr haben. Wo immer er auch nachfragte, nirgendwo war über den Verbleib des Kahns etwas zu erfahren. Nicht der kleinste Hinweis ließ sich finden. Tagelang noch irrte der fassungslose Jüngling am Ufer des Stroms umher ...

Hier, an dieser Stelle, dürfen die Zuhörer – meist sind es Kinder, die Geschichte in ihrem Sinne weiter erzählen. Ein Wassermann hätte das Schiff in die Tiefe gezogen, da er das schöne Mägdelein für eine gefangene Nixe hielt, glaubten die Mädchen. Die Knaben aber meinten, das Schiff wäre von Piraten entführt worden. Was aber tat nun der einsame junge Mann? Traurig ging er zum Bäckermeister zurück und machte sich bei ihm nützlich. Bald brannte wieder Feuer im Ofen, und es roch nach Brot. Der Junker, wie man ihn nannte, da er sich in seinem Wesen von den wilden Bäckerburschen erheblich unterschied, stellte sich im Umgang mit Mehl und Sauerteig geschickt an. Noch hatte er von der Arbeit zu Wasser Schwielen an den Händen. Sein gutes Herz zeigte sich, wenn er mit seinem Buckelkorb das Brot zu den Leuten brachte. Immer fiel auch etwas für die Armen ab. Verstohlen legte er ihnen einen Laib ans Fenster oder auf die Türschwelle. Das erinnerte viele an den heiligen Nikolaus, doch ein Heiliger war er nun wirklich nicht. Zwar sann er stets darüber nach, wie er helfen könnte, doch dabei ging es nicht immer mit rechten Dingen zu. Er jagte und fischte unerlaubt, und zuweilen stahl er auch, wenn er es für notwendig hielt. Der Bäckermeister hatte oft Angst, man würde ihn eines Tages dafür in den Kerker werfen. Dazu aber kam es nicht, denn niemand fand sich, den Junker Nikolaus, wie sie ihn nannten, zu verklagen.

Irgendwann, als er wieder einmal am Ufer saß, um nach den Schiffen zu sehen, die da vorüber zogen, hatte er eine sonderbare Begegnung. Eine betagte Frau warf sich ihm zu Füßen und ergriff seine Hand. Herr Graf, sprach sie ihn an und Tränen standen in ihren Augen. Der junge Mann zog sie sogleich hoch. Ungläubig betrachtete er die Alte. Gute Frau, meinte er dann, Ihr müsst Euch irren, ich bin kein Graf! Die Frau aber schüttelte nur den Kopf und sah ihm unverwandt in die Augen. Vielleicht seid Ihr der Sohn? Der Sohn?, fragte er. Einer der beiden Söhne!, antwortete sie. Ich verstehe nicht, sagte er kopfschüttelnd, ich bin ein Bäckersohn, das heißt eigentlich der eines Schiffers – ach, Ihr macht mich ganz wirr, stammelte er. Doch dann lachte er: O, ich weiß, man heißt mich Junker, aber das hat keine Bedeutung. Damit aber gab sich das Weiblein nicht zufrieden. Wisst Ihr denn nichts von einem goldenen Löwen?, fragte es. Die Frau ist wohl nicht ganz richtig im Kopf, dachte er bei sich und wandte sich zum Gehen. Sie aber hielt ihn zurück. Der Löwe im Wappen?, sagte sie eindringlich. In welchem Wappen?, fragte ungläubig der junge Mann.

Diese Begegnung ging dem Junker, wie er sich nun selbst auch nannte, nicht mehr aus dem Sinn. Schließlich fragte er den Bäckermeister, was das alles zu bedeuten hätte. Dem jungen Mann entging nicht, wie der Bäcker plötzlich erblasste. Schließlich holte er ein weißes Seidentüchlein hervor, auf welchem ein goldener Löwe eingestickt war ...

An dieser Stelle hält der Erzähler wie immer inne. Ein Stecktuch? Wem gehörte es? Wie kam es zum Bäckermeister? Woher hatte er es? Kinder sind erfinderisch, wenn es darum geht, den Faden einer Geschichte weiter zu spinnen. War der Bäckermeister ein Graf? Nun, das gewiss nicht! Bald erfuhr der Junker, dass der Bäckermeister, sein Ziehvater, früher der Haushofmeister eines Grafen war, der seine Haut und die seiner Familie noch rechtzeitig vor dem Herannahen von Raubrittern retten konnte, ehe sie die Burg in Schutt und Asche legten und die gräfliche Herrschaft gefangen nahmen. Der Junker war betroffen, dass man ihm das verschwiegen hatte. Sagt an, fragte er dann, wo finde ich die Ruine? Ach, meinte der Haushofmeister von einst, das ist nicht von Wichtigkeit. Um keinen Preis wollte er ihm den Weg zeigen. Doch der Junker erinnerte sich an eine verfallene Burg, die er einmal nahe der Anlegestelle entdeckt hatte. Und er fand sie auch.

Von der Ruine schaute er dann sehnsuchtsvoll auf den Strom und die Kähne. Wie gerne hätte nun mit seinen Eltern und Geschwistern über das alles gesprochen. Er müsse sich auf die Suche nach ihnen machen, überlegte er. Schließlich fasste er den Entschluss, auf einem Schiff anzuheuern. Was aber würde der Bäckermeister, das heißt, der ehemalige Haushofmeister, dazu sagen, wenn er ihn verlassen würde? Der Abschied fiel dennoch leichter aus, als er befürchtet hatte, denn fahrende Sänger wären angeblich während seiner Abwesenheit vorbei gekommen und hätten berichtet, dass man auf der Suche nach dem Haushofmeister des Grafen wäre. Wir müssen fort, meinte der Junker! Nein, schüttelte der Bäckermeister den

Kopf – nicht ich! Ihr müsst fort! Wir beide zusammen, das wäre viel zu gefährlich! Ungläubig sah ihn der Junker an! Nehmt mich nicht auf den Arm! Heraus mit der Sprache, irgendetwas stimmt da nicht! Es ist alles gut, bedeutete ihm der Bäckermeister und forderte ihn dennoch auf zu gehen – so weit fort, wie nur möglich! Seht, ich bin schon alt, doch Ihr seid noch jung, habt das Leben noch vor euch. Nein, so leicht ließ sich der Junker nicht fortschicken.

Hier, an dieser Stelle, verstummt dann wieder der Erzähler und überlässt den Kindern das Wort. Meistens erraten sie auch, was nun folgt. Ich bin wohl doch nicht das Kind der Schifferleute?, fragte der Junker nun misstrauisch. Ihr habt mich belogen! Ist es so? Ihr seid mein Vater! Sagt es! Ihr habt eure eigenen Kinder weggegeben! Warum? Sagt nicht, Ihr hättet uns nicht mehr ernähren können! Ja? Nein? Warum mussten wir auf das Schiff? Kleinlaut kamen die Antworten. Man wäre angeblich wieder auf der Suche nach ihm und seiner Familie gewesen. Die Schifferleute und viele andere, welche die vielen Wohltaten des Grafen und des Haushofmeisters nicht vergessen hatten, machten sich alle erbötig, für die Kinder zu sorgen und ihnen gute Eltern zu sein.

Bevor der Junker fortging, stieg er noch einmal zur Ruine hinauf. Schwalben nisteten in dem verfallenen Gemäuer. An einer Stelle sah er etwas Grünes sprießen – ein kleiner wilder Rosenstrauch zwängte sich durch das Gestein! Er grub ihn sorgsam aus und nahm ihn mit auf seinen Kahn, mit dem er auf den Strom hinaus fuhr. Als das Pflänzchen erstmals knospete, traf er auf einen schon ältlichen fahrenden Sänger, der ihn mitzunehmen bat. Nun, Schiffer, sagte dieser, als er von Lust und Liebe sang, wann werdet Ihr ein Bräutlein heimführen? Es gab ein Wort das andere, man trank einen Becher nach dem anderen, und am nächsten Tag, als sich die erste Knospe öffnete, riet ihm der Sänger, das Weite zu suchen. Das hättet Ihr wohl gerne und vor allem den Kahn für euch, lachte der Schiffer, doch bedenkt, ohne Kampf wird das nicht abgehen. Dem Sänger aber stand nicht der Sinn nach Streit. Vielmehr sah er ihn mit traurigen Augen an und fragte: Warum nennt Ihr euch Junker? Ich habe nur zu tief ins Glas geschaut, wurde ihm darauf beteuert. Ich bin eines Schiffers Sohn und auf der Suche nach meiner Familie! Ihr? Eines Schiffers Sohn? Sagt die Wahrheit!, forderte ihn der Sänger auf. Wahr ist, ich bin eines Bäckers Sohn, nein, der eines Haushofmeisters, doch das versteht Ihr wohl nicht! Eines Haushofmeisters? Der Sänger erbleichte. Wenn Euch Euer Leben lieb ist, sagte er, dann verschwindet auf der Stelle, Herr Graf ... Der Junker erschrak. Der Mann auf seinem Schiff wurde ihm unheimlich.

Wenn er auch nicht der Sohn des Haushofmeisters war, wie sich alsbald herausstellen sollte, so war er doch einstmals sein Lebensretter, da er die Kinder des Grafen vor dem Wüten der räuberischen Gesellen unter Lebensgefahr in Sicherheit brachte, ehe sie später dann auf ein Schiff mussten, um nicht entdeckt zu werden. Während der fahrende Sänger sich eiligst davon machte, als wäre der Teufel hinter ihm her, blieb der Junker auf seinem Kahn und fuhr noch lange Zeit unerkannt stromauf und stromab, bis er sich entschloss, an Land zu gehen und dort zu bleiben. In den Stunden der Muße malte er sich das Wiedersehen mit seinen Lieben aus. Die Suche nach ihnen gab er niemals auf – wie auch nicht die Hoffnung, sie wieder zu finden ...

Für diese Geschichte ohne Ende finden stets die Kinder eines. Manchmal erzählten sie von einem Reiter, der den Junker nach dem Weg fragte. Auf der Satteldecke war deutlich sichtbar ein Löwe zu erkennen. Doch der Mann hoch zu Ross behandelte ihn so von oben herab und führte Reden, die dem Junker nicht gefielen. Besser keinen Bruder als so einen, meinten die Kinder dann und sahen den Erzähler fragend an. Aus der schönen Schwester ließen sie eine Piratenbraut werden, die den Bruder aus Rache dafür, dass er das Schiff verlassen hatte, in ein Verließ sperrte. Im alten Weib vermuteten sie die Mutter, die Gräfin, die wohl unerkannt bleiben musste. Fand sie in einem Kloster Obdach? Auch über den Verbleib des Vaters, des Grafen, rätseln die Kinder oft und überlegen zuweilen, ob dieser vielleicht, als fahrender Sänger verkleidet, in einem Stift Zuflucht gefunden hätte ...

Während dieser Reden schaut der Erzähler immer sehnsuchtsvoll in die Ferne. Oft hat er Tränen in den Augen, die er sich verschämt fortwischt – mit einem Seidentuch, auf dem die Kinder einen goldenen Löwen zu sehen meinen. Auch sein versonnener Blick entgeht kaum jemanden, wenn er nach dem mächtigen wilden Rosenstrauch hinter seiner Hütte sieht, aus dem Jahr für Jahr im Herbst blutrot die Hagebutten leuchten ...

Die Glücksgans

Einmal im Jahr schlägt den Gänsen die Stunde. Die Wut der Tiere auf ihre schnatternden Vorfahren und den Heiligen, der ihnen diese Suppe eingebrockt hat, ist nur zu verständlich.

Eine Gans aber, nicht mit der angeblichen Dummheit ihrer Artgenossen geschlagen, dachte nicht daran, diese auszulöffeln. Tapfer hungerte sie sich durch die Tage, sodass man es in Anbetracht ihres geringen Körpergewichts vorerst unterließ, ihr zur vorgesehenen Zeit den Hals umzudrehen.

Sie nutzte die Galgenfrist und büxte aus. Schicksal hin, Schicksal her, ein Fuchs bekam sie zwischen die Zähne. Sie schnatterte wie am Spieß, und der schlaue Fuchs, bemerkte bald, dass der vermeintliche Leckerbissen wenig gewichtig war. So ließ er sie fallen und machte sich davon.

Ein Bursche kam des Weges. Das Federvieh, das er da blutend auf dem Weg vorfand, dauerte ihn. Er nahm es auf seinen Arm und ging weiter. Auch er merkte sehr bald, dass es sich nicht um eine fette Gans handelte. Was nicht ist, kann noch werden, dachte er sich.

Er war einem Scherenschleifer zuvor gekommen, der unbedingt auch die Gans wollte. So versuchte dieser, dem Burschen einen Schleifstein aufzuschwatzen, wenn er ihm das Vieh überließe. Schließlich musste man diesem weder den Garaus machen, noch ihn rupfen. Aber er hatte kein Glück, sie wurden nicht handelseins.

Ein Schweinehirt kam des Weges. Er trieb ein Borstenvieh vor sich her und fragte den Burschen: Trägst du dein Mittagessen mit dir herum? Der dachte aber an einen anderen Schmaus, und das Wasser lief ihm angesichts dieses quiekenden Tieres im Mund zusammen. Vielleicht erriet die Gans seine Gedanken, denn sie schnatterte wie verrückt, sodass sie der Bursche erschreckt fallen ließ. Auch das Schweinchen lief plötzlich kopflos davon. Ein Schwein, das sich vor einer Gans fürchtet?, der Bursche sah den Hirten fragend an. Schließlich fingen sie zusammen beide Tiere ein. Und zum guten Schluss gab es sogar einen Schlafplatz und etwas zu beißen. Allerdings musste der Bursche den Stall ausmisten und auch sonst Arbeiten verrichten, die ihm nicht sehr angenehm waren. Die Gans wich nicht von seiner Seite und sorgte bei den Ferkeln für einige Konfusion.

Als er mit ihr weiter zog, kam ihm eine Kuh entgegen. Dahinter trottete ein Bauer. Der Anblick des gehörnten Viehs ließ die Gans wieder rebellisch werden, sodass die Kuh vor Schreck einen Satz nach hinten machte und den Landmann umstieß, worauf er gehörig fluchte. Der Bursche half ihm auf. Zum Dank bekam er frisch gemolkene Milch zu trinken. Das Ansinnen, die Gans gegen das Rindvieh zu tauschen, lehnte der Bursche aber dankend ab. Schließlich wusste er, welche Arbeit so ein Tier machte. Zufrieden setzte er mit seiner Gans den Weg fort.

Sodann begegnete er einem Reiter. Als das Pferd die Gans sah, scheute es, bäumte sich auf, und in hohem Bogen warf es den Reiter ab. Artig half ihm der Bursche auf, entschuldigte sich für die dumme Gans, die jetzt auch noch das Reittier in die Flucht schlug. In wildem Galopp sprengte es davon. Der Reiter verlangte als Entschädigung für diesen Schaden die Gans. Dem Burschen blieb nichts anderes übrig, als ihm diese zu überlassen.

Doch er hatte die Rechnung ohne die Gans gemacht. Dieser gelang es tatsächlich, das Pferd wieder zu seinem Herrn zurück zu treiben, um sich dann allerdings aus dem Staub zu machen. Reumütig kam sie zurück und trottete nun hängenden Kopfes wieder hinter dem Burschen her. Er tätschelte sie, bemerkte aber enttäuscht, dass sie noch kaum Fett angesetzt hatte. Wie auch? Sie rannte sich ihre Gänsestärken aus dem Leib, und ihrem Gänsehirn fiel stets eine neue Dummheit ein. Das musste ihr wohl auch auf die Gänseleber schlagen.

Nun aber begegneten sie wieder einem Mann. Einem, der kein Tier vor sich hertrieb und nicht hoch zu Ross saß. Er trug einen schweren Sack und schwitzte vor Anstrengung. Sogleich bot ihm der Bursche seine Hilfe an, doch die schwere Bürde durfte er nicht tragen – noch nicht, und das hatte seinen Grund. Abends lud der Mann den Burschen und die Gans zu einem Mahl und zu einem Nachtlager ein. Alle drei zusammen schliefen sie in der Kammer eines Wirtshauses. Doch immer wieder schreckte der Mann hoch und tastete nach seinem Sack.

Schließlich öffnete sich leise eine Tür, und jemand langte tatsächlich nach diesem. Sofort begann die Gans wie wild zu schnattern, sodass die Tür sogleich wieder ins Schloss fiel. Schweißgebadet erhob sich der Mann vom Lager, um ein Haar wäre er seine kostbare Habe losgeworden. Noch in der Nacht ergriff er die Flucht. Doch der

Bursche ließ ihn nicht alleine ziehen. Nun trug er dem Mann den Klumpen Gold, der sich im Sack befand. Erleichtert schritt der Mann neben ihm her, auch die Gans ...

Irgendwann überließ der Mann dem Burschen das Gold, er verlangte dafür auch nicht die Gans, sondern ging erleichtert und freudig von dannen. Der Bursche wusste nicht, wie ihm geschah. Nun wäre es ein Leichtes gewesen, die Gans los zu werden. Doch um das Gold zu bewachen, war sie unentbehrlich. Alle hätte sie in die Flucht geschlagen. Das sollte sich ändern, als der Bursche einem Bettler begegnete. Sollte er ihm das Gold geben? Oder die Gans? Wenn er Gutes tun wollte, musste er sich für beides entscheiden. Fürwahr – er hatte so viel Glück bisher erfahren, wie konnte er da nur zaudern?

So ging er seines Weges und wähnte sich frank und frei. Nachts, in seinen Träumen, war da immer die Gans. Nicht dass er Lust auf Gänsebraten gehabt hätte, denn der Gedanke, dass man sie vielleicht schon verspeist hätte, war kaum erträglich.

Warum so viel Federlesen um ein Tier? Er schätzte sich doch glücklich. Mehr bedarf es nicht, dachte er. Irgendwann einmal fühlte er sich plötzlich einsam und verlassen. Er war hungrig. Ohne Fleiß kein Preis. Es tat ihm leid, das Gold hergegeben zu haben. Die Sorge um einen solchen Besitz hätte er in Kauf genommen, für das sorglose Leben, das er mit dessen Erlös hätte nun führen können ...

Und als er einmal aus einem Stallgebäude ein Wiehern, Muhen, Grunzen und Schnattern vernahm, blieb er stehen. Es dauerte nicht lange, da öffnete eine Maid die Tür, und ein Gänserich watschelte hoch erhobenen Hauptes an ihm vorbei. Ihm folgte eine Gans – seine Gans! Der Nachwuchs drängte sich um sie. Der Bursche bückte sich, doch da fuhr schon der Gänserich dazwischen. Keine Annäherungsversuche also ... Verständnislos blickte ihn die junge Magd an. So ein Gänsebraten käme ihnen wohl gelegen, polterte sie. Was meinte sie damit? Machte er einen verhungerten Eindruck? Sie musterte ihn von oben bis unten ... Klauen wollte er die Gans gewiss nicht. Gekränkt suchte er das Weite. Unbeirrt folgte ihm die Gans samt ihrer Brut. Der Gänserich, bei welchem sie nun augenscheinlich in festen Händen war, kam schnatternd und bedrohlich nach. Umsonst bemühte sich das Mädchen, die Tiere zur Umkehr zu bewegen. Auch dem Burschen glückte das nicht.

Was tun? Irgendwann gelang es dann doch, das anhängliche Federvieh samt Nachwuchs in den Stall zu bringen. Dafür bekam der Bursche zu essen und einen Schlafplatz.

Am Morgen aber machte er sich schleunigst davon. Überall roch es nach Arbeit. Nur das nicht!, dachte er. Doch bald schon kam ihm die Gans mit ihrer Kinderschar nach. Auch gut!, dachte er und ging eiligen Schrittes weiter. Doch er hatte wohl die Rechnung ohne Gänserich gemacht. Mit wütendem Geschnatter kam er angerannt. Offensichtlich wollte er sein Weibchen zurück, zumindest keinesfalls mit diesem Burschen teilen. Teilen wollte dieser auch nicht. Was tun? Ihm den Hals umdrehen? Schon beim ersten Versuch hätte der Bursche den Kürzeren gezogen. Ratlos setzte er sich an den Wegrand und dachte nach. Die Gans nahm neben ihm Platz und schmiegte sich an ihn. Um dieses seltsame Paar liefen die Jungen und der Gänserich schnatternd herum. So ging das den lieben langen Tag. He, rief der Bursche, habt ihr denn keinen Hunger? Schließlich erhob er sich, nahm die Gans auf den Arm und wollte fort. Nach wenigen Schritten schon kam pfauchend der Gänserich nach, gefolgt von den Kleinen.

Er ließ von der Gans ab, aber sie nicht von ihm. Schließlich kehrte er zurück zum Stallgebäude. Das Mädchen würdigte ihn keines Blickes. Was nun?, fragte es, als alle Fluchtversuche des Burschen so endeten, dass er wieder die Gänsesippschaft am Hals, besser gesagt, hinter sich hatte ...

Schließlich blieb ihm nichts anderes übrig, als gegen seinen Willen zu bleiben. Lange noch trauerte er dem Gold nach, das er vermutlich bis ans Ende der Welt geschleppt hätte, um sorgenlos in Freiheit zu leben. Nun aber hieß es zupacken. Dumme Gans, entschlüpfte ihm stets, wenn dieses Tier seine Nähe suchte. Mittlerweile aber wurde aus dem Habenichts und Taugenichts ein tüchtiger Bursche, der sich samt dem Anwesen, das er nun bewirtschaftete, sehen lassen konnte. Stolz auf ihn war auch das Mädchen, aus dem eine hübsche junge Frau, seine Frau, geworden war ...

Mister Dablju

Es ist kein Vorbeikommen am Einkaufswagen, will man unter der Brücke hindurch. Auch nicht am Mann, dessen Habe auf diesem Gefährt verstaut ist. Und auch nicht am Geruch aus der öffentlichen Bedürfnisanstalt, der sich mit dem Duft von Kaffe und Kuchen aus einem Lokal von oben, wo noble Leute verkehren, mischt.

Der Mann auf einer der Ruhebänke neben dem Örtchen mit Ausblick auf die Altstadt gehört nicht zu ihnen. Wohlgefällig betrachtet er das schmale Blumenbeet vor sich, das den Gehweg vom Radfahrstreifen trennt. Es ist sein Werk! Achtlos fahren so manche daran vorbei, andere verwüsten es, wenn sie zu viel über den Durst getrunken haben. Viele aber schätzen diese winzig kleine Oase da unten nahe am Fluss. Immer wieder bekommt er Pflanzen geschenkt, die er auf einer kleinen Tafel erbittet – mit Mister W. ist sie unterschrieben. Auch Steine finden sich zwischen den Blumen und am Rande des Beetes – nicht irgendwelche, sondern solche von unten am Fluss. Mit Bedacht sucht er sie aus. Er sieht sich als einen Gestrandeten, sieht sich in den Steinen wieder, die das Wasser hier her wälzt, anschwemmt …

Mr. W. denkt auch über Gott und die Welt nach – über Gott beim Glockengeläut von den Kirchtürmen jenseits des Flusses, über die Welt, wenn er Zeitungen aus dem Abfallkorb holt und die Schlagzeilen überfliegt. Da jagt er zuweilen Gott zum Teufel mit seinen Flüchen, die er zum Himmel schickt. Vorbeikommende nehmen kaum Notiz davon. Ein Wunder, dass doch einmal jemand den Mann auf der Bank hörte, sein Fahrrad nach der Durchfahrt unter der Brücke wendete, zurückradelte und sich dann zu ihm gesellte. Mr. W. aber ließ ihn sofort seine Verachtung spüren. Ein Fliegenfischer hat nichts an seinem Fluss zu suchen. Diese hohen Gummistiefel, die lange Rute … Dennoch haben sie zueinander gefunden. Seit langem teilt dieser Petrijünger, der immer wieder flussaufwärts sein Anglerglück versucht, zuweilen den Fang mit ihm. Seit er Witwer und in Pension ist, versucht er sich in dieser Kunst – wie er das so nennt. Meistens lässt er die Fische wieder frei. Das freut Mr. W. ! Wenn er zum Fluss hinunterschaut, stellt er sich oft vor, wie die wieder in die Freiheit Entlassenen da unten an ihm vorbeischwimmen.

Wenn Nebel über dem Fluss liegt und die Möwen grässlich kreischen, ist auch die farbenfrohe Blumeninsel kein Blickfang mehr. Da wird es einsam um den Mann auf der Bank, der früher Schuhe putzte. Er ist ein guter Zuhörer, lässt die Leute reden, erteilt Ratschläge, und sogar in Sachen Liebeskummer finden oft Leute den Weg zu ihm. Über sich selbst aber schweigt er. Er kennt nur zwei Jahreszeiten – die der Möwen und die der Schwalben. In letzterer lebt er auf – wenn die Sonne die Leute auf die Uferböschung lockt und viele die Strahlungswärme auf den Bänken genießen. Da müssen auch die Buchsbäumchen vor dem Nobelcafé zu Kugeln geschnitten werden, und dafür gibt es Geld. Eine Aushilfskellnerin steckt ihm oft einen Kuchen zu.

Sein bescheidener Besitz steht wohl geschützt in einer Ecke unter der Brücke – auf dem schon erwähnten Gefährt türmen sich Säcke unbestimmten Inhalts, auch ein Koffer findet sich zwischen Plastiktüten. In den warmen Nächten schlägt er sein Nachtlager auf einer der Bänke auf. Morgens rollt er den Schlafsack zusammen, nimmt einige Schlucke aus der Thermosflasche, und manchmal gibt es sogar frisches Gebäck – immer dann, wenn sich die gute Seele am Geländer über ihm durch Zuruf bemerkbar macht, um es ihm hinunter zu reichen. Nicht immer ganz uneigennützig. Auch sie hat kaum einen Menschen, mit dem sie reden kann – so reden, wie mit Mister W. Früher nannte sie ihn »Herr« W. Wertschätzung wollte sie damit ausdrücken, doch der Mann auf der Bank bekam das in die falsche Kehle. Wie auch immer – wenn sie wieder mit Sonnenbrille vorbei schaut, weiß er, dass sich dahinter ein blaues Auge verbirgt, und auch, wer es ihr zugefügt hat.

Sein Gesicht ist wettergebräunt, sein Alter lässt sich schwer darin ablesen. Meistens trägt er eine Mütze, auch im Sommer. Der hagere Mann macht keinen ungepflegten Eindruck, und die Aushilfskellnerin schämt sich nie seiner Gegenwart. Er beeindruckt sie mit seinem Wissen, und es tut ihr gut, mit ihm ihre Sorgen zu teilen. Sein geringes Einkommen reicht für eine Notschlafstelle, wenn das Wetter Übernachtungen im Freien nicht zulässt. Frühmorgens rückt er samt Wagen von dort wieder aus und bezieht sein Zuhause am Fluss. Milden Gaben ist er nicht abgeneigt. Ob er spart? Wofür sollte er? Seit seine vermutliche Tochter als Novizin in klösterlicher Obhut ist, kann er sich das Sparen sparen. Er raucht nicht, trinkt nicht, aber er spielt – Lotto und Toto, sofern er es sich leisten kann. So verbringt er die Zeit auch damit, sich auszumalen, was er denn mit einem etwaigen Gewinn anstellen würde. Das macht ihm Angst. Die Aushilfskellnerin versteht das nicht. Sie wüsste, was sie tun würde ...

Gegen eine Wohnadresse hätte er manchmal nichts einzuwenden. Manchmal, das ist, wenn seine Tochter ihn aufsucht – falls sie tatsächlich seine Tochter ist. Mütter sind immer gewiss, so heißt es doch, sagt er jedem, wenn er die Rede auf sie kommen lässt. Das ist nicht oft der Fall. Auch dem Herrn, der neuerdings bei ihm auftaucht, sagt er das. Von irgendwo kennt er ihn. Aber von wo? Vom Gericht? Von der Polizei? Vielleicht ist er in Zivil? Er redet wenig, starrt auf die Brücke? Oder auf die Kirchtürme mit den Männerfiguren? Er fragt sich oft, was die dort oben zu suchen hätten. Den schweigsamen Herrn, dem offensichtlich nicht nach einem Gespräch zumute ist, scheint diese abfällige Bemerkung zu stören. Er redet etwas von Kirchenlehrern oder Kirchenvätern daher. Es war ein Fehler, ihn um die Namen dieser Statuen zu fragen, denn schon tags darauf erscheint er wieder. Vermutlich, um ihn zu prüfen, ob er sich die Namen auch gemerkt hätte. Hat er nicht. Selbst die Anfangsbuchstaben, die ihm als Stütze angeboten werden, helfen ihm nicht wirklich auf die Sprünge. Er gelobt Besserung – den Mr. AU., also den Augustinus, den würde er sich nun wohl auch merken, vielleicht auch den Mr. H., den Hieronymus, meint er und streckt dem verdutzten Mann seine Hand entgegen: Übrigens, ich bin kein Heiliger, ich bin Mr. W.! Ja dann, meint dieser ganz entgeistert, bin ich Mr. X.!

Und da ist auch noch Freddy. Einer der nervt. Er begeistert sich für Musik, kennt alle Mozartopern – zumindest dem Namen nach. Aber wen interessiert das schon. Mit Gelegenheitsarbeiten bringt er sich über die Runden. Früher einmal, da hat er das WC gewartet, aber man ist ihm dahinter gekommen, dass er den Vorraum dieser Lokalität in der Nacht als Schlafstätte nutzte. Nicht nur deshalb – einmal feierte er mit anderen Kumpels dort lautstark bis in die Morgenstunden. Das war ein Fehler, und vorbei war es dann auch mit dieser Anstellung, die für ihn eigentlich ein Abstieg war nach der Trennung von seiner Frau, die ihn betrogen hatte. So aber lernte er Mr. W. kennen, der ihn oft zum Kuckuck wünscht, wenn er plötzlich erscheint und sich in Gespräche einmischt, die ihn nichts angehen.

Manchmal ist Freddy Moslem, dann wieder Buddhist, zuweilen

auch Atheist, meistens aber katholisch. Dann vor allem, wenn die Mönche an der Klosterpforte ihn mit Kleidung oder Nahrung versorgen. Freddy ist wählerisch. Er nimmt nicht alles. Wenn ihm nach Bier ist, und das ist oft der Fall, begibt es sich dorthin, wo gratis Imbisse angeboten werden. Er kennt alle einschlägigen Szenen und weiß, wo es etwas für ihn zu holen gibt. Die Aushilfskellnerin, die es ihm angetan hätte, versorgt ihn mit aktuellen Informationen.

Über die steinernen Männer auf den Kirchtürmen weiß er allerdings nicht Bescheid. Er hält sie für Freimaurer. Freddy weiß alles über die Freimaurer. Nun ist er enttäuscht. Doch bei den Heiligen scheint er sich auch auszukennen. Der Augustinus, erklärt er Mr. W., war früher ein Hallodri. Aha, staunt Mr. W., da kann ja aus jedem ein Heiliger werden. Aus jedem?, Freddy denkt nach. Vielleicht waren wir beide auch einmal welche oder werden es im nächsten Leben! Freddy glaubt nämlich an die Wiedergeburt. Mr. W. glaubt an nichts, weder an das, was vor seiner Zeit war, noch daran, dass nachher etwas sein wird ...

Diese Ansicht teilt der Fliegenfischer nicht. Wenn vor deinem Leben nichts war und nach diesem nichts ist, dann ist jetzt auch nichts, bekommt er von ihm stets zu hören. Manchmal denkt Mr. W. darüber nach – in den Augenblicken, wo er sich glücklich fühlt, und das ist doch öfters der Fall. Die Wirklichkeit von Glück und Unglück – ist das nichts? Aber was soll vor seinem Leben gewesen sein? Und danach? Was soll da schon sein? Es ist wie mit dem Fluss, der irgendwo anfängt und irgendwo endet – eigentlich ist es mit allem so. Der Fliegenfischer braucht den Trost von einem Jenseits zum Weiterleben, denkt Mr. W. Er hat seine Frau verloren, hat sie bis zu ihrem Tod gepflegt, und jetzt klammert er sich an diese Hoffnung. Mr. W. braucht keine – das heißt, gesund möchte er nach Möglichkeit bleiben, aber sonst ist er rundum mit sich selbst zufrieden – weniger mit dem, was um ihn herum geschieht. Mit der Aushilfskellnerin möchte er keinesfalls tauschen. Sie hat einen Trunkenbold zum Lebensgefährten, von dem sie nicht loskommt ...

Am nächsten Tag erscheint Mr. X. wieder. Wieder zu Sonnenuntergang! Doch die rote Lichterflut, die sich über den Fluss ergießt, scheint ihn nicht zu beeindrucken. Angestrengt schaut er wieder an ihm vorbei – entweder interessieren ihn nun diese Heiligen da oben auf den Kirchtürmen oder die Brücke ... Dort drüben, unterbricht schließlich Mr. W. das Schweigen und deutet auf den Berghügel, da ist sie jetzt. In einem Kloster! Wer? – Wer schon, meine Tochter, antwortet der Mann und freut sich, endlich die Aufmerksamkeit von Mr. X. bekommen zu haben. Und?, fragt Mr. X.. Mr. W. ist verunsichert. Sie hat dort nichts zu suchen, erwidert er. Warum? – Warum, warum, Mr. W. wird unwirsch, für den da oben – er zeigt zum Himmel – hat sie doch nie etwas übrig gehabt. Ich allerdings auch nicht! Warum?, Mr. ??? – Dablju, ergänzt Mr. W., ja so nennt mich meine Tochter. Als »Erzeuger« bin ich ihr eben nur diesen einen Buchstaben wert, den Anfangsbuchstaben meines Vornamens, erklärt Mr. W. etwas kleinlaut. Vielleicht ist sie auch gar nicht meine Tochter. Aha, sagt Mr. X. nur. Mr. W. genügt das, wenigstens hört ihm jemand zu. Wissen Sie, erläutert ihm dann Mr. W., das ganze Theater macht die »Tabernakelschwalbe« doch nur deshalb, um einen festen Wohnsitz mit Verpflegung zu haben. Sie hat im Leben nichts auf die Reihe gekriegt, und ich auch nicht. Meinen Freiheitsdrang hat sie offensichtlich nicht. Oder doch?, fährt Mr. W. fort. Mr. X. wirkt schon wieder abwesend. Hört er überhaupt zu? Bald steht er auf und geht.

Mr. W. ist wieder einmal allein, nimmt den Radfahrstreifen ins Visier und wartet, bis der Fliegenfischer endlich wieder einmal kommt. Auch ihm erzählt er von seiner »Tabernakelschwalbe«. Der Freund lacht. Im »Nonnenkostüm« braucht sie bei mir nicht anzutanzen, das habe ich ihr gleich gesagt, berichtet Mr. W. Vielleicht hat sie sich geändert, wirft der Freund ein. Geändert?, niemals! Menschen ändern sich nicht, ist Mr. W. der festen Überzeugung. Der Fliegenfischer weiß, dass Mr. W. der Aushilfskellnerin immer wieder nahe legt, sich von ihrem Peiniger zu trennen. Wenn sie ihn aber liebt, gibt dann der Fischer zu bedenken. Liebe?, meint W. nur verächtlich. Wenn das Liebe ist ... Wenn e r sie liebte, meinte er dann, würde er eine Entziehungskur machen. Bei diesem Stichwort erscheint die Aushilfskellnerin auch. Sie trägt ihre Sonnenbrille ... Ich habe mich nun von ihm getrennt, erklärt sie den beiden. Mr. W. ist froh darüber, sie aber ist es nicht. Ob er eine Ahnung davon hat, wie es ihr schwer gefallen sein mag, nach so vielen Jahren einen Schlussstrich zu ziehen? Der Fischer zeigt Verständnis dafür ...

Irgendwann tanzte sie dann doch an – die Tochter, die »Tabernakelschwalbe«. In einen Kapuzenmantel gehüllt. Sie brauchte weder Rat noch Geld, doch zufrieden schaute sie nicht aus, und einen glücklichen Eindruck machte sie auch nicht. Das berichtet er Mister X., der wieder bei ihm vorbei schaut und nach der Tochter fragt. Er fragt auch nach der Mutter. Mr. W. kennt sie kaum. Da war nur eine kurze Episode, aber das Vormundschaftsgericht war schnell da. Obwohl es da noch andere Männer gab im fraglichen Zeitraum. Aber mit dem Zahlen war da nichts. Von irgendetwas muss ich doch leben ... Und jetzt ist ohnedies alles verjährt! Er hat sie erst im halberwachsenen Zustand zu Gesicht bekommen – und das auch nicht aus eigenem Verlangen. Und sie hat keine Wünsche, keine Träume?, hakt Mr. X. nach.

Mr. W. schüttelt den Kopf, vielleicht Todessehnsucht, aber die werden sie ihr da oben schon austreiben. Mr. X. hört wieder nur abwesend zu, starrt unentwegt zur Brücke. Ganz plötzlich aber bleibt Mr. W. fast das Herz stehen, lähmendes Entsetzen erfasste ihn. Nein, nein, nicht!, schreit er wie von Sinnen.

Mit einem Satz springt er auf, rennt die Uferböschung hinunter, und da stürzt sich auch schon die Gestalt vom Brückengeländer. Mr. W. tut alles, um sie zu fassen zu kriegen. Endlich! Es gelingt! Halte durch, ruft er unentwegt. Sophie, halte durch, wir schaffen es, hörst du? Dann tauchen beide unter, dann wieder auf. Es gurgelt unheimlich. Von Ferne ein Signalhorn. Das Ufer! Oder sind es Brückepfeiler? Mr. W. schwimmt um das Leben seiner Tochter, auch um sein eigenes. Dann schluckt er, hustet, er will weiterschwimmen, doch er ist schon an Land – er weiß es nicht, schreit plötzlich wie ein Irrer, starrt in besorgte Gesichter. Meine Tochter! Wo ist sie? Er fährt hoch. Man besänftigt ihn, wickelt ihn in eine Decke. Ihre Tochter?, hört er jemanden fragen, doch da ist er wieder im Wasser – kämpft und kämpft, kommt wieder hoch – blickt wieder in fremde Gesichter. Uniformierte sind da. Er hat es nicht geschafft, denkt er, als man mit ihm losfährt.

Der Einkaufswagen steht verlassen unter der Brücke. Erst im Morgengrauen nimmt man sich seiner Habe an. Sie wird nach Papieren durchsucht, man wird nicht fündig. Leute werden befragt. Unvermeidlich auch die Schlagzeilen in der Presse...

Mittags sitzt Mr. W. wieder auf seiner Bank, er stiert ins Leere. Es war nicht seine Tochter! Für die geglückte Rettung der Unbekannten gibt es keinen Dank – todunglücklich soll sie über seine Hilfeleistung sein. Das soll sie mir ins Gesicht sagen, denkt Mr. W., direkt ins

Gesicht! Abends sucht ihn seine Tochter auf. Vater!, ruft sie schon von weitem und umarmt ihn dann, drückt ihn fest an sich. Sie ist voll des schlechten Gewissens. Wie oft hat sie ihm gedroht, sich vor seinen Augen von der Brücke zu stürzen, doch ernst war ihr nie damit. Den Erzeuger zu ärgern – es ist ihr eigentlich nie gelungen. Er nahm sie nie ernst. Mr. W. fällt aus der Hölle in den Himmel und ist sprachlos ...

Tage später begibt er sich ans andere Ufer, sucht eine Kirche auf. Die Klosterkirche, wo er manchmal in der Christnacht Zuflucht sucht. Hinter dem Altarraum befindet sich immer die Krippe, und davor steht ein gepolsterter Betstuhl. Auf diesem ruht er sich dann auch aus. Jetzt aber ist dort niemand. Als er die Kirche verlassen will, stutzt er. Mr. X.? Sie hier? Mr. X. im Habit lächelt. Jetzt weiß Mr. W., woher er ihn kennt. Es war nicht meine Tochter, erzählt er ihm. Ich weiß, sagt er. Doch, was weiß Mr. W. schon von einem Beichtgeheimnis, auch nichts von einem anonymen Anruf bei der Polizei ...

Es war vorauszusehen, dass die Gerettete ihm Vorwürfe machen würde – der Pater hat offenbar die Schweigepflicht verletzt. Sie würde es wieder tun, ließ sie ihn wissen, es gäbe noch andere Brücken und nicht nur den Sonnenuntergang zum gewünschten Zeitpunkt, und niemand, niemand würde sie vermissen ...

Dass sie den Weg zu ihrem Retter gefunden hat, mag verwundern. Auch sie hat mitbekommen, dass er glaubte, seine Tochter zu retten. Ob er dies auch für sie getan hätte? Mr. W. hat Angst vor dieser Frage, stellt sich diese selbst immer wieder. Auch mit Freddy redet er darüber und mit dem Fliegenfischer und der Aushilfskellnerin – für die Drei ist und bleibt er ein Held – so oder so.

Pater X. schaut auch bei ihm vorbei, nicht bei Sonnenuntergang. Er schweigt nach wie vor – schaut nur auf den Fluss und ist nicht mehr in Zivil. Ich werde nicht beichten, unterbricht Mr. W. das Schweigen – weder hier noch in Ihrer Kirche. Ich weiß, meint der Mönch, Sie sind nicht auf dem Weg zu meinem Gott, Mister Dablju. So haben wir auch nichts gemeinsam, fügt er fast traurig hinzu. Nichts gemeinsam?, Mr. W. schüttelt verständnislos den Kopf. Und was war das dann mit dem Sprung? War das nichts? Wer war da an meiner Seite, an Ihrer? Gemeinsam sind wir hier gesessen! Schon vergessen? Welcher Gott war dann hier? Meiner? Ihrer? Überhaupt keiner? Ja, was glauben

Sie denn, ich meine, wie wäre denn alles ausgegangen, wenn ... Pater X. macht eine Geste der Abwehr. Sie wird wieder springen oder ist vielleicht schon gesprungen, verstehen Sie? Mr. W. versteht nicht. Erst allmählich begreift er, was im Kopf des Paters vor sich geht. Kein Beichtgeheimnis?, fragt er noch. Nein!, sagt der Pater dann und geht ...

Da hilft nur Beten, meint Freddy, auch die Aushilfskellnerin und der Fliegenfischer – nur Mr. W. schüttelt den Kopf. Ich weiß es nicht, hat er der Geretteten geantwortet auf ihre Frage. Keine barmherzige Lüge?, Freddy ist enttäuscht. Keine, antwortet Mr. X tonlos. Während die Drei zu einer Kirche pilgern, um angeblich dort den Segen von oben herabzuflehen, bleibt Mr. W. auf seiner Bank zurück. Es stellte sich heraus, dass sie alsbald irgendwo versumpften. Selten hat Mr. W. sie so erbärmlich erlebt wie am nächsten Tag. Er schämte sich ihrer. Ihr Katzenjammer war für ihn kaum erträglich. Von Freddy war nichts anderes zu erwarten, aber von den anderen war er enttäuscht. Der Fliegenfischer, der sich noch immer nicht entschließen kann, zu seinen erwachsenen Kindern nach Kanada zu gehen, scheint sich nun doch darüber Gedanken zu machen. Mr. W. sagt es ihm auf den Kopf zu. Aha, sagte Mr. W. nur – du wolltest Abschied feiern. Ohne mich? Oder? Jedenfalls ist es dir wenigstens peinlich, was du da abgezogen hast. Peinlich war das auch der Aushilfskellnerin ...

Diesmal hätte Mr. W. sie gebraucht. Beim Glockengeläut hält er sich fest die Ohren zu, er will nicht mehr über Gott nachdenken, nicht einmal ihn verfluchen – für sein eigenes Leben und für das vieler anderen auch, wohl aber wegen der Geretteten, deretwegen er nun keine ruhige Minute mehr hat – und der Pater wahrscheinlich auch ... Er nimmt einen der Steine in die Hand, wirft ihn ins Wasser und schließt die Augen. Er kann diesen Fluss nicht mehr sehen. Wer weiß, was er alles so mit sich führt. Vielleicht sollte er mit dem Fliegenfischer auswandern? Und die Bank? Ist sie noch sein Zuhause?

So einen Vater wie Sie hätte ich auch gerne, hört er plötzlich jemanden sagen und ist fassungslos, wer da vor ihm steht ... Sie haben keine Ahnung von mir, wehrt Mr. W. ab. Doch, habe ich, sagt sie dann und schaut ihn lange an. Die Frage, ob er sie vermissen würde, wenn ..., erschüttert Mr. W. zutiefst.

Ob sie es war, die ihn bewogen hat, den Weg hinauf ins Kloster zu seiner Tochter zu finden?